増補改訂　共同研究

現行
皇室法の批判的研究

皇室法研究会

序

本書は、現行皇室法についての共同研究をまとめたものである。

日本国憲法制定と同時に、皇室典範、皇室経済法が施行されて、四十年になる。これらの法は、祖国の敗戦の後の連合軍占領下で、極めて短期間に、十分なる検討審議の暇もなく、異常変則的に立法されたものである。その条文の解釈もまた、占領軍の絶対的命令と指令をうけて、残念ながらきはめて政策的、変則的に行ふことを余儀なくされた。

占領が終り、日本が独立を回復したとき、憲法、皇室法は当然に見直さるべきであった。しかし、当局や学者の法解釈は、いまにいたるも占領時代のそれを引きついだままで、変則的混乱をつづけてゐる。皇室法のまとまった検討、研究もほとんどなされないまま、現在に至ってゐる。そのことが、今日、皇室制度の運用上少なからざる問題をひき起し、皇室にとって最も大事な祭儀の軽視の風をきたすなど、皇室本来の高貴なるはたらきを妨げる重大原因ともなってゐる。皇室に深い関心を有する国民にとっては、まことに憂慮にたへない。日本の歴史伝統に基いた皇室法の真摯な研究が痛感される所以である。

われわれは、本質的には、皇室法の改正を希望するものである。しかしながら、現行法のもとにおいても、わが国二千年来の歴史を回顧し、不文の大法と国民の英知をもってすれば、良識ある解釈と健全なる法の運用が可能であることも少なくないと信ずる。この考へにもとづいて、われわれは現行皇室法についての問題点の検討、研究を進めた。

本研究は、占領下の神道指令時代から、皇室法の研究について格別の深い関心を有してきた神社新報社の社友である葦津珍彦氏、ならびに渋川謙一、西田廣義氏等による多年の批判的研究をもとにして、さらに、新しいメンバーを加へて行はれたものである。前篇の最初の草案は、葦津珍彦氏が執筆した。それに大石義雄京都大学名誉教授が意見を表明した。両者は東京および京都でしばしば懇談を重ね、文書を往復し、長時間の慎重なる検討を加へて第一次の修正案をまとめあげた。

その後も、共同研究者の間では何度も研究会が開かれ、問題点について討議が重ねられた。また、この問題に専門知識あり、皇室法に関心を有する十数名の熱心な学識者や弁護士などの法律専門家からも、修正案を頒布して意見と批判を聴取し、法理解釈の一層の確実公正を期して第二次の修正案を作成した。再び諸先生方に検討していただき、さらに、大石、葦津間では、何回かの真剣な討議がつみ重ねられた。この大石、葦津両氏を中心とする共同研究の到達成果を継承して、最終の本論の成文化と資料整理は、幹事の田尾憲男が担当することになった。また、その間の事務局の仕事は、代表幹事の川井清敏氏が引受けた。

皇室法の研究を進めていくなかでは、いろいろな問題点があった。なかでもとくに天皇の御退位の問題と拒否権行使の問題については、事柄が重大であるだけに、批判意見者の間に、反対や異論も少なくなかった。それで本文では、とくに断定を差し控へることにしたが、註において葦津説を参考として入れてある。

なほ、後篇では、前篇をさらに補強するために、研究会のメンバーが参考とした諸家の諸論文の中から、研究会員が主として指導をうけた大石義雄博士と、同じく明治憲法、皇室典範の制定史に詳しく、かつ占領期間中、占領軍と直接交渉し、そのいきさつと戦後の事情に最もくはしい葦津珍彦氏の諸論文を載せることにした。前篇と合はせて十分御検討願ひたい。

高貴なる天朝の彌栄を祈りつつ

昭和六十二年十二月

皇室法研究会

序

緒　言

日本が占領されて存亡の危機に頻したときに、懸命の精力を投入して政局を担当した首相吉田茂は、史上第一級の人物である。陛下の御信任も篤かったことは、御製からも察せられる。もっとも新憲法の提案者としての吉田論には、いろいろ問題もある。だが、かれの回想録には、銘記して聞くべき話が少なくない。

祭政一致といふこと。――占領時代に祭政分離の政策がとられるに至ったが、宮中における祭事は、少しも変るところなく、今日もつづけられてゐる。――

今日の憲法上の地位などに鑑みて、皇室を政治、宗教、文化など、社会のあらゆる方面における精神的、道徳的中心としてつづくやう仕向けて行きたいと思ふ。たとへば終戦時までは公式的意義を以て継続し来たれる宮中の諸儀式は、今後もやはり皇室御一家の祭典とするに止めず、いはば国民の祭典として執り行ひ、従って閣僚その他の有資格者のみならず、広く国民代表も参列し得るやうに致しては如何といふのである。これこそ日本国民の思想に合するものであり、歴史伝統を保持し、国民の精神的統合を成し遂げる所以の一つになるのではないかと思ふのである。

これは、吉田茂が「天皇象徴制」の憲法がよかったとして語り、マッカーサーの皇室への「理解ある措置」と卓見を銘記すべきだ、と論じてゐる話の中に出て来る文である。かれは「祭政一致」のよき伝統を、将来ともに「社会的」に残し、発展させたいといふのである。今日の法学者には、乱暴千万と思ふものもあるに違ひない。確かにこの吉田説には、法論理的に見れば、無準備な語が目立つ。しかし、新憲法を成立させた第一責任者のこの説は、立憲時代の社会思想として見ると、意味ふかい。公布された条文を法理的に解釈するのは必要だが、法起案者の思想も無視しがたい。

一般に、現行の皇室祭儀は「内廷の私事」との官僚解釈が当然かと思はれてゐて、「天皇の天下の御祭りを私事とはなにか」と怒る人が多い。私事説にたいして怒るのは、もっともだが、実際なにも法律に私事と書いてある条文は一つもない。そのやうな問題について、本書は皇室法を根底的に研究することを目的としてゐる。その一例として、神事私事説は、本書中での重要な批判的一問題となる。私事説の生ずるのは、

皇室経済法第四条の二項に、

内廷費として支出されたものは、御手元金となるものとし、宮内庁の経理に属する公

金としない。

とあるのを、条文中の傍点のところだけを見て、短絡解釈したにすぎない。前段の文も第一項の意味も考へないで、ただ「公金としない」と書いてあるから「私金だ」と即断し、「私金の支出」される事は一切何でも「私事以外にない」と独断解釈しただけの話で、論理的にも全く不注意、軽薄である。

ここに「宮内庁の経理」といふ語の意味が大切なのである。この立法をする前までの皇室の事務を担当した宮内省といふのは、憲法といふ国の大法典で立てられた国務上の政府(内閣)とは、まったく性格の異なる役所で、それは皇室典範に基づくところの別系列の存在であって行政機関でないことを大切な条件としてゐた。それには、いろいろの理由もあったが、その経費の財源は、主として国庫以外の皇室財産に依存するところが多く、その経費なども、国の行政的予算、決算審議権を有する議会の論議の圏外にあった。行政機関でない宮内省は、議会での政治論争のまったくタッチしない、国務の政府とは別の役所であった。これが本研究での大切な前提となる。

ところが戦後、憲法や諸法令、官制が変って、宮内省といふ政府の国務圏外の皇室の機関がなくなって、その事務の大部分が、内閣総理府の管下行政機関としての宮内庁に引きつがれた。この変化に応じて、宮内庁は他の行政機関と同じになり、その経理も事務も、当然に政治論争の主たる場所である国会の内閣委員会で監視され、論議されることになる。それは、宮内庁が行政機関となる以上、さけることのできない法理の当然である。

しかし、皇室のもっとも中核である、陛下の最側近の「内廷」だけは、旧宮内省時代のままではなくても、政治論争の集中する行政機関の圏外におきたいといふのが、前記条文のもっとも眼目とするところだ。一般行政機関としての「宮内庁」と一線を画する。「宮内庁の経理に属する公金としない」とは、すなはち行政機関の公金とはちがふとの意味だ。したがって「内廷」の職員は、旧皇室典範時代の宮内官と同じく、行政官ではなく、一内閣の大臣の命令をうけるものではなくして、天皇に直接する非行政官となったものである。

それ故に、内廷費は、行政機関の公金とはその本質上の性格がちがって来るが、行政機関の公金でなければ即「私金だ」といふのは、論理がまったく飛躍してゐる。とくに内廷費を、天皇の私的所得などと（官吏の俸給と同一視）する論は、この経済法の第一項を無視する者の俗流的誤解である。

第四条第一項には、

内廷費は、天皇並びに皇后――皇太子、皇太子妃、皇太孫――及び内廷にあるその他の皇族の日常の費用、その他、内廷諸費にあてるものとし、別に法律で定める定額を、毎年支出するものとする。

と規定されてゐる。この毎年定額支出とは、明治憲法の第六六条の皇室経費の条文をまねたものであって、年功によって昇給する官吏の俸給方式などとは本質を異にするもので、天皇の所得と解すべきではなく、明らかに「内廷」に於て必要な諸経費として、神事その他の経費を国会が算定して、国の立場から見て必要とみとめる「皇室の公金」として支出してゐるものである。

もっとも内廷費の中には、天皇直属の臣僚の俸給をもふくむ。その臣僚の俸給は、もとより支給された以後は、その人の私的所得になるのは当然であるが、内廷費そのものは、天皇直属の公的機関の諸費用なのであって、私的所得とは全くその本質が異なる「皇室の公費」であり、勿論所得税の対象となるものではない。

天皇が、憲法的意味における「国務」圏外の「皇室」を維持される旧宮内省の一部の残影が「内廷」である。

内廷の神事は、天皇が、そのもっとも本質的な意味において皇室の重事として執行なさるものであって、これを私事などと称することは、無知か不敬としか評しがたい。

内廷の神事は、政府の世俗的行政圏外にあるところの「皇室の重儀」「天下第一の公事」と解するのが正しい。

内閣総理大臣以下の諸官は、概して国家施設の役所や公邸で公務を執行して、私宅に帰れば私人としての私生活をする。しかし、天皇は、全く特殊の御生活をなさる。天皇は、その御生涯を、国の施設たる皇居ですごされる。御用邸でも国の施設であって、私宅などはマンションの一室もなく、あたかも兵舎内寝起する将兵にも似て、原則としては公務執行、公生活の不断の連続である。

表の御所であれ、内廷であれ、天皇は、日本で唯一、すべて天下の公事をなさるといふのが原則であって、「天皇に私なし」といふことは「国及び国民統合の象徴」となられた今日でも決して変らない。現行皇室法を深く研究すると、むしろ「天皇に私なし」の原則は、法制度的には、ある意味ではいよいよ徹底化してゐると解してもよいほどのものがある。

本書は、占領下に皇室法が準備不十分で早急に立法化された事情と、その故に批判すべき諸点の存することを明らかにすると共に、幾多の欠陥の存することを前提にして、現行皇室法の正しい解釈と運用のために、研究を重ねて来た共同研究の成果の一端である。

実は、この研究は、昭和五十六年秋から始まり、昭和五十九年末までの約三年余でほぼ大綱が固まったが、「問題が重大なので慎重を期し、できるだけ多くの学者、研究者の批判を求めて万全を期し、大成を期せよ」とのことで、約二百部をタイプに印書して、私、田尾が主として持参して諸家の見解を聞いて歩いた。その間に、多くの先学知友から貴重な示唆や激励を受ける一方、「速やかに出版して公にせよ」との強い要望もうけた。そこで、私が編者として多少の加筆をして出版することを、大石、葦津の両先生の諒解を得て、ここに公刊することにした。このような事情の下での編集者として、本書の文責は、私、田尾にあることを記しておきたい。

皇室法研究会幹事　　田　尾　憲　男

目　次

序
緒　言
前　篇
前　書……17
第一章　皇室法の沿革……23
第二章　現行の皇位継承法……30
第三章　皇族の自由権とその監督……39
第四章　明治以後の皇室財産……51
第五章　皇室経済法（一）……69
第六章　皇室経済法（二）……79
第七章　神道指令下の皇室と神道（一）……88
第八章　神道指令下の皇室と神道（二）……108
第九章　皇室内廷の法的意義……113

第十章　皇室の祭儀……119
関係資料……137

後　篇

解　題……143
一　皇室祭儀と憲法との関係……大石義雄……145
二　皇室典範研究……葦津珍彦……151
Ⅰ明治憲法と皇室典範——その区別と関連の歴史……151
Ⅱ明治以後皇室財産制度の法思想史……185
Ⅲ天皇に私なし——内廷神事の端的な意味……202

関連法令㈠

日本国憲法（抄）…… 217
皇室典範…… 220
皇室経済法…… 229
皇室経済法施行法…… 235
元号法…… 238
皇室典範（旧）…… 238

関連法令㈡　追録

天皇の退位等に関する皇室典範特例法…… 253
皇室経済法（平成二十九年現在）…… 258
皇室経済法施行法（平成二十九年現在）…… 262
登極令…… 265
皇室祭祀令…… 291

付載　関係文献・資料

(一) 復刊にあたり……307
(二) 皇室の祭儀礼典論―国事私事両説解釈論の間で―　葦津珍彦……310
(三) 「この書を読まれる方へ」……320
(四) 『現行皇室法の批判的研究』―その出版までの本社の歴史―　澁川謙一……324
(五) 『葦津珍彦選集（第一巻）―天皇・神道・憲法―』「第三部　皇室法・憲法」解説（抄）　田尾憲男……329
(六) ［読書］『現行皇室法の批判的研究』　所功……333
(七) 刊行の経緯ほか関連文献等略年譜……338

前篇

前　書

明治時代に制定され、その後に部分的な増補の行はれた「皇室典範」。それは古代天朝の不文の大法を基として、天智天皇以来しだいに成文化された律令制度、この一千数百年間の永い皇室法の「伝統的な長所」と「旧来の陋習」とみとめられるものを精細に判別し、しかも十九世紀の西欧諸外国王朝の制法をも詳しく参考としながら立法された。それは帝国憲法とともに、いはゆる「不磨の大典」とされてゐた。

しかるに、連合軍占領下において帝国憲法が、大きく変更された。政府（吉田内閣）は、それを以て、皇室典範及び諸皇室令が失効したものと解して、新憲法にしたがって、同じ名ではあるが、まったく別の「皇室典範」といふ新しい法律と「皇室経済法」といふ新たな法律の立法を提案して、議会の議決を経てこの二つの法律が、昭和二十二年以後の皇室法のバックボーンとなって、今日に及んでゐる。

この法の変遷については研究すべき問題がすこぶる多い。新憲法は、明治の憲法とは、その精神、内容について、条文を一見しても分るやうに根本的な変革が行はれた。しかし、その立法の手続きについては、法形式的には前憲法の改正手続法たる第七三条によって、天皇（帝国政府）の発議により、帝国議会の三分の二以上の議決を経て、天皇の裁可の詔勅が公布されて、正しく新旧憲法の連続性が保たれた。

これに反して、皇室典範の方は、その立法改正の諮問機関たる皇族会議の議決を経ないで、皇室経済法といふ新規の法律と二本立ての形でいきなり議会で、前典範とは全く異質、不連続の「新法律」として立法された。しかしそれらの法の規定してゐる問題は、皇位継承とか、皇室経済とかいふ前典範と同一のことである。しかもその立法の時は、前典範と帝国憲法が未だ有効として作用してゐた時期（新憲法が効力を発する昭和二十二年五月以前のことだった。そのやうな立法行為が、はたして、帝国議会（貴族院と衆議院）の権限としてみとめられるのか否か、そこに深い疑問があった。この二つの法案は貴衆両院で、かなり詳しく審議されてゐる。（註）

政府は「新憲法が施行される以上は、新憲法が規定してゐるところの憲法附属法として、皇室関係法がなくてはならない。皇位継承法については国会の議決した典範を要する。摂政についても、皇室経済についても同じである。しかも明治いらいの典範は失効せざるを得ない。新憲法は、未だ発効してゐないが、その第百条によって、そのやうな過渡的立法権能を帝国議会に対してみとめてゐる」として、その立法を要求した。

それは、かなり無理な法理論ではあったが、議会の側でも、軍事占領下の非常緊急の条件下にあるとの共同認識があって、審議に応じた。ただそれは帝国議会の権限外の立法なのではないか、あるいは将来には無効理論が生じないかとか、いろいろ本質的な疑念を表明した学識ある議員もあった。しかし、かれらもただ公式記録に、疑義を残しておくと考へたらしく、疑ひを質して政府（主として金森徳次郎国務相）からの答弁があると「疑念は残るが、このあたりで打ち切る」と言ってゐる。

（われわれが、衆議院、貴族院の長文の委員会記録を通して読んだ感じでは、だれも表に一語も言はないが、政府も議員も、そのころ開かれた東京裁判に、非常に気をつかってゐるらしく見える。ある者は、天皇の自由退位制の道を残しておいて、退位を宣言することによって、戦勝連合諸国の追及をさける最後の道とした方がよくはないかと考へたらしい。頻りに陛下の自由なる御意思の表明を、一切封ずるのはよくないと言ふ。それに対して吉田内閣は、連合国の要求通りの憲法ができて、その憲法では退位できない天皇制が固まった、その天皇を被告にして裁判するやうでは、連合国の望む新憲法の体制も守れないと主張する線を固めるのが緊急だと、強く意識したらしく見える。）

貴族院などでは二荒委員長が、政府とＧＨＱの交渉説明をさせたいと思ったのであらう、二、三回も「速記中止」を命じて、政府答弁をさせてゐる。注目をひくのは、貴族院のみでなく衆議院でも、委員長が、しばしば議事終了を宣言して「以後は、懇談会に移る」と言明してゐる点である。おそらく懇談会は、まったく速記がなくて、しかも傍聴者を入れないので、実質的には「秘密会以上の秘密会」となって、政府の立法要請が行はれたものと見られる。

公式の問答では「その点については、未だ十分でなく今後の研究工夫に待ちたい」といふやうな、はなはだあいまいな未熟さを残す法案であることを政府も自認してゐたのにもかかはらず、ほとんど全員一致で法案が可決されてゐるのは、議会が、政府の対占領軍対策の必要をみとめて、戦災バラック的な緊急法案として可決した、との感がふかい。

このやうな事情の立法であったにもかかはらず、その条文は、存外に形の上では明治の典範の条文と相似たものが少なくない。金森国務相の説明でも「明治の典範と大宝令との中間のあたりをとった」――親王の規定等――といふやうな訳で、存外に伝統的な古法を重んじたかの色彩が強く、――国民一般にはそれゆゑに新しい皇室典範への違和感が少ないのではあるまいか――憲法が変革したのよりも、より断絶的な立法だったにもかかはらず、今になってもその改正についての論は有力にはおこってゐない。

われわれの考へでは、皇室と国民との間に、古代の不文法制いらいの皇室の本質についての信が強く生きてをれば、現行法のままでも、大過なく良識的な通常の運用は、決してできないこともないと思ふ。しかし、法制度的に見た場合、本質的には重大な不備、欠陥が存する。皇室の大事については、この現行皇室法のどこに問題があるかといふことを確りと知ってをらなくては、将来、不測の過ちなきを保しがたい憂念がある。ここに問題の所在について、われわれの見解を提示して、同憂諸賢の参考に供したい。

註　この法案審議は、新憲法の発効が予定されてゐた昭和二十二年五月に先立って昭和二十一年十二月から、貴衆両院で審議された。貴族院は、五ケ月後には廃止されるのが決定してゐるわけであるし、新憲法のいはゆる「国会の議決した皇室典範」といふ国会ではない。新憲法の論理からすれば、当然に五月には貴族院は廃せられて新しく参議院が成立する。その上で新憲法に基くところの「国会」ができるわけで、その国会が新しい法典を作るのでなくてはならない。帝国憲法によって構成された貴族院、衆議院が立法するのは権限外で、すぢが通らないとの理論は、衆議院でも貴族院でも論議された。これはロジカルだ。

しかし政府は新憲法の実施と同時に、効力を発生する皇室法がなくてはならないと強く主張して、未だ効力を発生してゐなかった新憲法百条を引出して来て早急の立法を要求した。それでなくては、新憲法が発効しても、皇室法に空白を生じて困ると主張した。

現実的に考へれば、摂政設置の必要がさしせまってゐるわけでもなく、皇室経済は超憲法的な占領軍総司令部の命によって、急速に解消整理が進んでゐた。なにも緊急でなければ困るといふことはないらしく見える。しかし、速記には見えてゐないが、その時点では東京裁判が進行中で、法廷の激しい論争が国際的に報道されてゐた。連合国では、天皇訴追の論も有力だったし、退位要求の国際世論も強かった。政府が多少の無理を感じても緊急としたのは、連合国の命による「新憲法体制」の下における皇位継承法の確定にあったかと推察される。貴衆両院もその事情を知って、立法手続の無理を指摘したのみで、強ひて固執することなく、審議に応じて可決した。

第一章　皇室法の沿革

この共同研究では、古法については詳しく論及しない。本文は現行法の研究である。しかし皇室法は、古代不文法時代いらいの基礎の上に立つものであって、古法を無視しては二十世紀の現行法も研究できない。そこでここでは、古法研究ではないけれども、古法についてもぜひとも前提として、心得ておくべきだと思はれるかぎりにおいての常識的な点について、多少の見解を述べておきたい。

皇位。これは皇祖神への祭り主としての地位であり、祭り主であることが、統治者であることをも意味してゐた。祭り主としての天皇は、神武天皇いらいの皇統のなかから次々に継承されることに定まってをり、皇統以外のいかなる者もみとめられない。その皇統は、男系の血統による継承で、女系の継承でない。この祭り主の継承といふことが第一義であるから、神勅にいふところの神鏡をはじめとして、三種の神器を継承されることが、皇位継承にとっては、欠くべからざることとされた。神鏡は、皇祖神を斎きまつるものであり、唯一のものであって、分割したり、皇位継承者以外のものへの譲渡といふことは絶対にありえない。神器の継承とは、祭祀継承の意である。

しからば、同一の皇統の中のいかなる親王が継承権者とされたか。それは不文法時代のことは「日本書紀」などの伝承事実から推測するほかにないので、史家の諸説必ずしも一致しない。端的にいへば、結局するところは、皇祖が親しく神意をもって決せられる、との信がきはめて強かったと思はれる。(註)

この古法の思想が基礎にあって、次々にその上に条件が加へられて行く。同じく天皇の皇子といっても、その母たる御方の身分によって、優先順位を条件づける法思想は、古くからの日本固有のものと思はれる。

しかし、応神帝の後に約三年の空位期間があって、仁徳帝が継承されたが、この時に初めて、兄弟長幼の序といふ法思想が浮び上って来る。しかし、兄弟長幼の序を、皇位と結びつけるのは異国の思想ではないかとの意識は、つよく生き残ってゐた。

天智天皇を後世では永く「律令国家制の始祖」とする法思想が有力となり、律令の制定者たちの思想には、兄弟相続をさけて、父子相続の原則を立てたいとの意思が強かったと見られてゐる。律令での継嗣令は、明白に父子直系で、同列の兄弟の中では長幼の序を立てる、との原則が明文化されて、それが後世までもつづき固まって行くが、これは、あくまでも皇位の継承法ではなくて、臣下の継嗣令なのである。

皇位の継承は、一般の法令がシナ法思想に準じた律令制時代になっても、古法不文法時代の思想が根づよく、ただの形式系図的な血統順位の形式では定めがたいとする思想を解消しえない。

それで、皇位継承について、桓武帝以後もいくたの波瀾の悲史が展開されて、明治にいたるまで形式的に固定することができなかった。

この皇位継承法が形式的成文的に確定されないで、しかも皇室の諸機関が、それぞれに明文で大きな権限を有するにいたり、とくに後宮職（その中枢が内侍局）が、大きな力を有したのは、律令制の一つの弱点であったかと思はれる。平安末期には、この後宮職が皇位継承について策動する一つの拠点となり、つひには保元、平治の乱のごとき亡国的情況をも呈するにいたった。

この皇位継承についての混乱の時代には、皇室の仏教化の影響も加はって、天皇が仏門に入って、法皇となられることもすこぶる多かった。法皇が名目的には、幼年の親王を皇位につけて、自らは法皇として隠退した形をとり、実は法皇の政治――院政が行はれる事例も少なくなかった。この院政は、実際的には皇室の精神的権威を二分し三分することとなり、結果的には天皇の統治権総攬の作用を弱めてしまった。

このやうな国情の下では、国家の統一的秩序が維持しがたいこととなった。この情況を克服すべく、本来は天朝の一武官にすぎなかった源家の棟梁頼朝が、武門政治を断行すべく幕府を創設した。幕府は天下の世俗上の実権を武力によって確立した。しかし幕府は、古法いらいの皇位――最高の祭主権者としての天皇の地位は、これを決して侵さなかった。国家の統治権も、名目的には天皇に帰属するとの理法を固守した。しかし実際の世俗政治権力の作用においては、幕府の征夷大将軍が、天皇よりの「委任」命令をうけたとの名分のもとに、武家政治を執行した。

明治維新では、王政復古が行はれたが、それは、ただ幕府によってゆがめられてゐた律令制の万全なる復古といふやうな道をとらなかった。律令制は、千数百年の皇室法にとって一つのバックボーンではあったが、そこには、参考すべき多くの伝統とともに、旧来の「陋習」の根となる欠陥の少なくないことが、強く意識されてゐた。この「陋習打破」こそは、維新の一つの大切な目標だった。

そのいちいちについては、ここでは論及しないが、律令制の中で、一つの決定的な「陋習」として打破されたものは「後宮職、内侍局」であった。この点では、西郷隆盛、木戸孝允、大久保利通の所信が全く一致してをり、明治四年に、一千年来の「陋習一洗」の大改革が断行された。この前提なくしては、明治以後の公明なる皇室法の大道は開かれなかったであらう。改革の断行者は、西郷を主としたが、その点では大久保もその路線を固く守って、改革推進につとめた。

明治維新では、国政の大業については、「萬機公論に決すべし」との大綱領が立てられ、それがやがて立憲制度の樹立となった。この立憲制度によって、天皇は日本の統治権の総攬者としての地位を、確乎不動のものとして明示された。しかしそれと同時に、日本国民の公議が決定的に重んぜられることとなって、あらゆる国政については、帝国議会、内閣(国務各大臣)、裁判所等の公機関の権能と責任とが明白に規定された。

この帝国憲法の成立は、一方では天皇の大権を明白に強く公示するとともに、他方においては、国政がただ天皇御一人の自然人的な能力にのみ依存することなくしても、萬世一系の健全なる天皇統治の実をあげ得るとの保障ともなった。かくのごとき立憲制の確立と相俟って、明治の皇室典範は、はじめて政治的能力の優劣の条件などに顧慮することなく、皇位継承の大法を確固として成文化し、不動のものとする自信を固め得たといひ得る。

明治の皇室典範の皇位継承は、前記のやうな数千年の波瀾経験の積み重ねの上に、はじめて決定的に明文をもって成文化したものであって、その史的意味は、まことに深い。その歴史背景には、実に複雑な二千年のわが国の歴史伝統がある。きはめて、あらましの文ではあるが、少なくとも前記の歴史を前提にしなくては、皇位継承法の重みは分らない。現行法も、一通り前記した歴史を前提として成立してゐるわけである。

註　神器は神意のままに動かれるのであって、人間の恣意によって動かされるものではない、との古人の信は、伊勢、熱田の神宮史などを見ても明らかであるが、それは現行法研究の本文とは別に「神道論」にゆづりたい。この思想は、現代でも「神器渡御」「神器動座」等の語に残ってゐる。ここでは「侍従、神器を捧持す」といふ場合とは異なって、「神器」の語が主語であり、古代の信を残してゐると思ふ。

このやうな日本固有の古代神道思想をもって、明治以後の憲法学、行政学を解明するのに努力した学者に、筧克彦博士がゐる。博士は、皇位継承法について、日本書紀などに「禪天皇位」を「くにさりたまふ」と訓ませた意義を論じてゐるが、それは古法における天皇と皇国との間を知らねば理解しがたいことで、「天皇様と皇国とを対立したるものとして其の間に代表関係を説くものも、或は統治権が皇国に属すれば、天皇に属せず、天皇に属すれば皇国に属せずとするのも、自然科学の為に設定せられたる形式論に拘泥せる論理である。アリストテレースより近くはフランシス・ベイコンを経て今日西洋に流行しつつあるものは此の種の形式論理である。更に進んで生命の論理たる表現の哲理に入ることを要する」(筧克彦『大日本帝国憲法の根本義』岩波書店)として、皇国の法、皇室法の思想研究には、現代一般人の思考の論理そのものの根底から改めてかからねばならないとされてゐる。前掲の「神器」に関することと共に、本格的な「神道」の立場での古法研究には大切な一要点である。

しかし、われわれの研究は、昭和二十一年に成立した現行「日本国憲法」とその附属法典として、米占領軍当局の法思想によって立法された、新「皇室典範」「皇室経済法」を対象とするものなので、この註で述べたやうな「神道信仰」は、それらの問題意識を内心に秘め参考としつつも、以下本文の論述は、いはゆる「形式論理」を主としながらも、なほ不備欠陥のまぬかれないこと、是正を要すると思はれる程度のことに限られるであらう。

第二章　現行の皇位継承法

明治の典範における皇位継承法の原則は、ほぼ現皇室典範でも似たやうな条文になってゐるかに見えるが、本質的な根底がちがふことをまづ知っておかねばならない。

明治の憲法では、皇位継承については、「皇位ハ皇室典範ノ定ムル所ニ依リ皇男子孫之ヲ継承ス」（第二条）と定めて、その継承順位とか、中古いらい問題とされた退位の問題とかは、皇室典範と称する特殊の宮務法によって定めることとした。この宮務法の立法および増補改訂は、第七四条で「帝国議会の議を経るを要しない」こととなってゐた。それは、一般の国務については、「萬機公論に決する」議会の権限を重視されたが、議会は当然に政見、政策の相対決する場であり、激しい政治闘争の場ともなる公算が大きい。その政治闘争の場で、皇位継承法を討議することは、本来的に超党派たるべき皇位を政争圏内にひきいれることとなるおそれがあるので、特にこれをさけねばならないとする、古くからの歴史回顧の思想が、その根底にあったからである。

しかし、現行法では、皇室典範は一般の法律と同一のものとされ、議会の過半数決議で変更される。しかも天皇の裁可（同意）なくしても有効に成立し得る（このやうな変則例は、諸外国にも例があるまい）。

法理論的にいへば、議会は過半数を制すれば、停年制その他等々の条件を設けて天皇を退位せしめたり、当然に即位さるべき親王の継承権を妨げて、順位を変更するやうに即位資格、年限条件を定めたりすることすらも合法的にできるわけである。しかもその変更については、天皇の意思に反してでも強行し得ることとなってゐる、との学説がある。

これは、中古いらい権臣が、皇位継承を政争の手段としたのと同じく、断じてよろしくないことである。これは、現行法律の皇室典範を改正したのみでは本質的な解決をなし得ない問題で、憲法からして改めてかからねばならないが、日本の皇位継承法の立法改正としては、国務法と区分せる宮務法として、国会の議の圏外におく明治の制度の方が好ましい。それができないまでも、少なくとも皇位継承法については、天皇の裁可、同意をぜひとも要することとしなければならない。

今の典範の新制定にさいしては、主として二つの問題があった。それは女帝の認否と、退位の認否の問題であった。前者については、われわれは、女帝は国史に前例があってもこれを認める必要がないと確信してゐる（その理由は、明治神宮編『大日本帝国憲法制定史』中の論と重複するので略す)。

退位については、これは非常に重大な問題であるので、慎重な検討を要する。天皇在世中には、いかなることがあっても退位を絶対無条件的に認めないとの法を初めて確定したのは、明治の典範で、その歴史は古くはないが、深い理由がある。それは中古いらいの皇位継承の紛議が、退位の制を前提にして初めて生じたことが多く、天皇以外に在世の先帝の存在されることは、長いいくたの歴史の実績によって見るに、国民精神の統合といふ点から、はなはだしく制度的に好ましくないとの結論にたっしたからである。それは二千年の歴史の教訓を集約したものである。

論理の上から言へば、天皇が即位なさるといふことが、もともと私的自由意思に基くものではなく、皇祖皇宗の意思に基き、御自身のためでなく、日本国のためになさる行為である。それがただ一私人と同じく、皇祖皇宗の意思でもなく、日本国のためでもなく、御自身の意思で、御自身のために退位なさることは、論理が立たないことになるとされた。それは、日本国のためにも慎重に考へられた法であったが、この絶対無条件な退位を許さぬとの法については、なほ考へるべき余地があるかもしれない。(註一)

現行憲法では、天皇は「国政に関する権能を有しない」(憲法四条)とされる。「国事に関する行為」も、天皇は国会の意思によって首相を任命し、内閣の意思によって最高裁判所長官の任命（第六条）を行はれるのみで、第七条の諸行為も、すべて内閣の助言と承認によって行はれ、天皇自らの意思による行為は、まったくありえないかのやうな解釈論が、ほとんど学者の通説となってゐる。われわれの解釈説によるとしても、天皇がその御意思を表明なさる余地は、きはめてきびしく制限されてゐる（前述の皇室典範の改変についても、現憲法の天皇制を形式的に残存しつつも、その国民統合の精神的権威を、次々にダウンさせて行く立法技術は、いくらでもある。天皇は、それを御不満とされても拒否権がない）。（註二）

法は、あらゆる場合を予想して万全を期さねばならない。国会や内閣が、次々に「日本国と国民との存亡に関する重大事」について、「日本の国体上の重大事」について、天皇の御意思とまったく相反する決定を下して、それに関連する国事行為を天皇に強制しようとする時に、天皇としては、いかになさるべきであらうか。

それは、絶対にありえないことではない。鎌倉いらいの朝廷対幕府の間にも、そのやうな不祥の歴史が、いくたびかあった。その時には、天皇は「退位」することによってのみ忠良の臣民にたいして「幕政」にたいする抗議の意を表明された。御退位といふことは、その理由と事とによっては、武門の権力にたいしても少なからざる精神的な畏れでもあったのである。

天皇退位の歴史のなかには、幕府権力が天朝をコントロールしようとして、幕府にとって好ましい皇位継承権者を立てたいといふ例もすこぶる多い。しかしこれと反対に、天皇の側で「国家大局のために」幕府への抗議の意を示すために、自ら退位を最後の切り札とされた例も少なくない(近い例をあげれば、孝明天皇が、幕府の非を憤らせられて退位の御意思を示された。それは、深い精神史から言へば、明治維新への大きな源流ともなった)。

この退位の問題については、貴族院本会議において、佐々木惣一博士と南原繁博士とが注目すべき発言をしてゐる(昭和二十一年十二月十七日官報、速記)。佐々木博士は、そこで天皇が御自身のためでなく「国家の行くべき道、国民が自己を律すべき道」を教へるために御退位の御希望があれば、国家機関との御相談の上で、御退位もあり得るとした方がよくはないか、との思想を表明してゐる。南原繁博士の退位論は、これとは趣を異にしてゐて、終身在位制が、全面的、絶対的に天皇の「自由意思」を閉ざすといふのは、基本人権の思想からしても行きすぎではないか、との論理に立つもので、同じく「退位もあり得る」との案でも、その思想の根底がちがふと見られる。

なほ、新皇室法の立法手続の不合理とか、新典範の不備についての佐々木博士のこの日の発言は、精細であるが、金森国務相が「綿密なる研究を今後に残したい」との答弁をしたのを諒承して追及をやめてゐる。当時の緊迫した非常の時についての「政治配慮」であらう。しかし、その後に四十年を経ても「綿密なる研究」は一歩も進んでゐない。そこに本研究の必要な問題がある。前掲官報の速記は、現皇室法の研究者にとって、貴重な参考資料となるであらう。

註一　（葦津珍彦氏の説）「もしも現行憲法が、いつまでも改正されることなく、あるいは改正されたとしても、天皇についての条文に決定的な是正が行はれないままに推移する時には、天皇の「退位」の条件についても、改めて考へねばならない。

現憲法は、在位中の天皇が、国体、国家、国民の重大事についての公式の意思表示をなさることを、決定的に至難にする制約を加へてゐる。天皇が、萬世一系の皇位にあらせられて、国家国民のために、日本国の道が決定的に誤ってゐると思はれる時には、その公的御意思によって、退位を表明なさる「権能」があるべきではないか。明治典範の終身在位制は、きはめて慎重なる研究と法理の結論として成立したものではあるが、それは、帝国憲法によって確保された強大な「天皇大権」

とのふかい関連を前提としてゐた。このことは決定的に重大な条件であった。その前提条件が、まったく異なる場合には、退位の条件もまた変っても然るべきものではあるまいか。」

これは、きはめて重大な問題であり、ここで早急に断定することは、はばかるけれども、一つの研究問題として、提示しておきたい。

註二　一般に、象徴としての天皇の国事行為は、すべて内閣の決定するところであり、天皇には自らの意思で一切決定する権能がないとの説が多い。これに対して、

憲法九九条　天皇又は摂政及び国務大臣、国会議員、裁判官その他の公務員は、この憲法を尊重し擁護する義務を負ふ。

との明文によって、天皇は、明らかに憲法を擁護する「義務」を有する以上は、その行為が合憲であるか違憲であるかを判断する権能がなくてはならない、と主張する有力説がある。もっともこれに対しては、「天皇および摂政の無答責」の憲法上の基礎理論からして、天皇に違憲行為のあった時は、それは、すべて内閣の責任であって(憲法三条)、憲法は天皇にたいして独自の法的判断能力を要求しないとの反対説もある。

葦津珍彦氏は、天皇が内閣の「助言と承認」によって、国事行為を行ふといふのは、ただ天皇が、内閣の指示のままに行為するといふのではないとする。天皇は、内閣からの助言があれば、国事行為を行ふのを原則とするが、これとは別に、天皇の側からの意思表明があって、それに内閣が同意

し「承認」して、儀式等の国事行為を行ふ場合がある。天皇の側からの意思発動のあることを予想しなければ、内閣の「承認」の語は、もともと存在の理由がないとして、天皇に国事行為執行の意思発動の権能があるのみでなく、問題によっては、国事行為執行を拒否する権能もあるとする。この論は、『中央公論』昭和五十四年七月号の「天皇と元号」の中で詳述され、同人著『みやびと覇権』（昭和五十五年、日本教文社刊）に転載されてゐる。この論は、おそらく現憲法解釈としては、天皇の権能をもっとも広く解釈したものであるが、この説をとるとしても、現憲法における天皇の権限は、いかなる立憲君主国の君主のそれに比しても、微力のものとすべく制約されてゐる。

天皇に内閣の助言による国事行為の執行を拒否する権能があるとの説は、例示すれば、内閣が政局を見てクーデター的決意をして、国会の同意しない条約や法律の公布を助言したり、国会の指名しない者を後継首相として任命されたいと申し出た場合等、明白にして公然たる違憲の助言をする時には、天皇はこれを拒否なさることを憲法は期待してゐるもの（憲法九九条）と葦津説では論じてゐる。

憲法の事実としては、田中内閣時代に、首相および外相がしばしば訪米なされることを助言したが、陛下は御同意なさらなかった。当時ニクソン大統領は、ウォーターゲート事件で危機に瀕してをり、外政についての業績によって人気回復を策してゐた。このニクソンを支援するための田中首相・太平外相の訪米要請は、天皇を政策的に利用するものとして、後日、内閣委員会で非難された。田中首相は、その事実を否認したが、宇佐美宮内庁長官は、事実の否認をしなかった。陛下は、ニクソンが引退し、福田内閣の時代になって御訪米なさった。

天皇の外国御訪問は、厳格に言へば「国事行為」でなく「国事行為に準ずる行為」とされてをり、陛下がニクソン時代に訪米をなさらなかったのは国事行為の「助言拒否」ではなかったとも言ひ得るかもしれないが、内閣に不同意だったのは確かである。日米両国の政府間では、御旅の日程打合はせまで進行してゐたといふ。この時の内閣総理大臣、外務大臣の助言は「明白にして公然たる違憲」とはいひえないが、はなはだ不謹慎とされ、陛下の御判断、御進退は賢明とされてゐる。「助言と承認」による国事行為とは、天皇と内閣との同意によるものでなくてはならない、といふのが葦津説の主張である。

第三章　皇族の自由権とその監督

天皇は、一般国民とは全く異なる格別の地位を占められる。その即位そのものが私的自由意思によるものでない。天皇は、格別の特権を有せられるとともに、格別の権利の制約をうけられる。国民の自由な基本人権なるものは、天皇としては行使されることがない。

それは法理上、当然のことであるが、その天皇に近い立場にある皇族——皇位継承権者の場合は、どうであらうか。明治の典範においては、皇族は「天皇の監督」の下におかれて、厳格なる公的義務をつくされるとともに、皇族として特別の法的権利がみとめられてゐた。皇族にたいする公法私法の裁判とか、課税などについても別段の定めがあった。

しかるに現行典範では、天皇以外の皇族については、格別の権利・義務を有するものとはしないで、新典範では（万やむをえざる結婚条件等のほかは）原則として、一般国民と同一の公法私法の支配をうけることを目標として立法されてゐる。これは、新憲法の立法当初から考へられた法思想であって、それにしたがって、新典範では、皇族の監督とか裁判については、まったく明文上の規定がない。

しかし、裁判についてはしばらく措き、立法提案者（金森国務相）が、「天皇の監督」権を否定したのには同感しがたい。皇族とは、皇位の継承権者、または必要の時には摂政の任に当らるべき義務者である。そのやうな重大な公的任務をもたれる皇族の心得が、いかにあるべきか、いかなることを禁ぜられるべきかは、天皇が当然に指導し、教育し、監督なさるべきが自然であらう。明治の典範では、ただ「皇族ハ天皇之ヲ監督ス」（第三五条）と記されてゐるが、この監督のなかには、より積極的な指導教諭の意もふくまれてゐたと解せられる。

しかるに新典範では、この監督のことを、ことさらに削ったと説明されてゐる。政府はその理由として、憲法上、天皇は国政に関する権能を失はれた、と説明してゐる。

いささか良識的には分りにくいが、おそらく詳しく言へば次のやうなことらしい。皇族は、国から皇族費を支給されて、公的責務を有する公人である。その公人を監督するといふのは「国政」の権能となるから、天皇には許されないといふことらしい。監督といふ語はないが、皇族の進退を決定するのは、新典範では、天皇ではなくして、天皇とは全く関連しない皇室会議であらう。しかしこの会議にも、天皇の意思は表明されない。

皇室会議は、皇嗣の順次変更、皇族の身分離脱、摂政の設置等の皇室の重大事を決する機関で、内閣総理大臣を議長とする。

ただ皇室会議は、その構成は議員十名と法定されてゐるが、その中でわづか二名の皇族が議員となるにすぎない。これは議会の立法審議に際しても論議されて、あまりにも皇族の発言権が少ないとの評もあったが、この程度がアメリカ側の「民主化」プランだったらしい。

しかし、皇族が、一般刑法、民法の適用を受けられるのはよいとしても、「皇族としての品位を保つこと」を要求されてゐるが、それはどのやうなことなのか。当時は、政府も今後研究すべき点が残ってゐると言ってゐたが、皇族には、当然に象徴たる天皇に近親の立場として、「品位を保つために」一般国民とは異なる多大な基本人権の制約があるのではないか。

この法律が成立した直後のころ、美濃部博士は、次のやうに書いてゐる。

選挙法や地方自治に関する法律も（以前は）皇族には適用なく、皇族は選挙権及び被選挙権を有せられなかったが、新憲法に於いては、此等総ての法律が皇室にも適用せられ、皇族は一般国民と等しく納税義務を負ひ又選挙権及び被選挙権をも有せらるるのである。（美濃部達吉『日本国憲法原論』）

佐々木惣一博士は個々の具体的な人権については明記しないが、その『日本国憲法論』のなかで「社会諸部層の国民的無差別」の章において、国民の法的無差別の明確化を解説し、この無差別の明確化とは「先づ、皇族の国民性を明確化することにおいてあらはれる」として、その無差別性を力説してゐる。

これは、新憲法を、条文どほりに論理的に解するかぎり、怪しむべき説ではない。憲法改正とともに、そのやうな解釈理論が力説されたのが事実である。

しかし、憲法運用の実際について見れば、皇室典範は、まづ皇族の結婚が、両性の合意によってのみ成立するとの重要なる人権についての制約を明示した。次に法明文の規定はないでも、皇族が私的な営利行為で激しく一般人と競争するやうな職業を選択されることは、「皇族の品位」を傷つけるものとして、制約されるにちがひない。

それのみでない。皇族が特定の一政党の同志または支持者としてのポストについたり、一政党、一宗教教派の反対者に対する抗争論議に参加されたりすることがあるとすれば、それを皇位継承権者としてあるまじきこととして、国民良識は制約の法文がなくとも制約を要望するのが当然である。改憲直後には、論議十分ではなかったが、「国民統合の象徴」の予定者または予備者たる皇族としては、当然に、象徴たる天皇が「基本的人権」を制約されてゐるのに準じて、その人権を制約されざるをえない。事実においては、宮内庁の官僚によって、いろいろの制約をうけられてゐるのが実際である。
いま、ここに基本的人権として憲法が保障してゐるもののなかで、皇族が皇族であるが故に、制約されるであらう人権を試みに列挙してみる。

憲法一四条　すべて国民は、法の下に平等であって、人種、信条、性別、社会的身分又は門地により、政治的、経済的又は社会的関係において、差別されない。

これは、人権条章の大前提であり、皇族にたいして、皇室典範によって特定の法的権利をみとめ、他方で自由の権利の制約をするのは、この第一四条に一致しないのではないかとの問題は、立法のさいにも二、三の議員から質疑が出された。しかし、政府は「皇族に限ってそれはやむを得ない」と言明し、議会も諒承した。その後の議会答弁でも政府の公権解釈は、皇族といふ「門地、社会的身分」は、一般国民とは平等ではなく、そこから法的に差別の生ずるのは、良識上当然であって、やむを得ないとしてゐる。

憲法一五条は、選挙権の問題であり、美濃部博士は、皇族の選挙及被選挙権は、国民と同一であると明記してゐるがどうか。選挙法を詳しく調査したわけではないが、少なくとも皇族が議員に立候補されたことはなく、選挙権の行使もされない。皇族が特定政党の候補として選挙に臨まれることには、国民良識が強く反対するのは当然である。

憲法一九条　二〇条　思想、良心及び信教の自由について。これは自らの思想、信教の内面的な自由を保障するのみでなく、その信条を積極的に主張し弘め、かつ自らの信条に反するものを、非難し論争することの自由をも保障したものである。しかし、皇族がこのやうな論戦の自由権を行使されることは制約される。政府、宮内庁等は、新憲法後も、その制約を当然とする見解を維持してゐる。

憲法二一条　集会、結社及び言論、出版その他一切の表現の自由は、これを保障する。

政党や宗教的対決のきびしい結社へ参加すること、それらの集会へ出席すること、それらの主張に反対し、あるいは支持する言論出版をすること、その思想の表現等は、皇族にたいしては当然になんらかの制約があり、時には厳に禁ぜらるべきものと思ふ。

憲法二二条　何人も、公共の福祉に反しない限り、居住、移転及び職業選択の自由を有する。

何人も、外国に移住し、又は国籍を離脱する自由を侵されない。

これも一般国民とは異なる。皇族が外国に無期限的に永住することは、格別非常の条件を公認されない限り許されないと解すべきであらう。皇室典範を見れば、明らかに、皇族の「国籍離脱の自由の不可侵権」などはみとめられないといってもいい。「職業選択の自由」は、いちじるしく制約されるのが当然である。

憲法二四条　婚姻自由の条件。これは、皇室典範第一〇条の明文によって、「皇族男子の婚姻は、皇室会議の議を経ることを要する」とのきびしい制約がある。

以上は、基本的人権のなかでも大切な六ケ条について一覧したものであるが、皇族にとっては自由の禁止または相当の制約条件である。その禁止または制約が必要である以上は、それが守られるための「監督権者」がなくてはならない。しかし現行皇室法は、それを明示してゐない。立法提案者は「天皇には法的監督権がない」と説明したのみである。これらの制約、禁止の理由を法理的にもとめるとすれば、皇室経済法に、皇族費支出の理由として、「皇族としての品位保持」の語があり、皇室典範には「品位保持」のできない皇族が身分を失ふ趣旨の規定もあり、前記の諸制約または禁止は「品位保持」のために必要といふことにもなるであらう。しかして、品位が保持されてゐるか否かを判断するものは天皇でないとすれば、皇族の身分の離脱喪失を決する「皇室会議」といふことになるかとも思はれる。法的権限者が何者であるかの法理は、しばらく措き、実際的には、宮内庁長官がその任に当ってゐるかのやうに見えるのが現況である。

しかし、このやうなことが放置されてゐてよいものであらうか。憲法の明文を表から見れば、この法の成立した時代の一流憲法学者、美濃部、佐々木両博士の改憲直後の説のやうに、皇族は、一般国民と全く同一の権利、義務者となられたと解せられた。しかし、憲法の天皇象徴の法理からすれば、憲法の運用上、前記のやうな制約や禁止は、当然に必要となって来る（それは前記両博士も、皇室典範その他の税法規定などもみとめてゐたごとく、例外の存することは認めたであらう）。けれども、それを「例外」としても、これは基本的人権のほとんどの自由権に及ぶ制約であって、皇族としては、非常に重大な特殊の義務となる。そして、さらに考へねばならないのは、その制約条件が、どの程度に及ぶかといふことが、ほとんど明文でしめされてゐない。これは、皇族にたいして不親切である。ただ国の一公務員たる宮内庁の行政官の一存で、その制約が重くなったり、軽くなったりしたのでは、皇族としては御迷惑である。また日本人の国民良識としても、そのやうな大事を、その任期中の一行政官の自由判断に任せておくといふことは、許しがたいのではないか。しからば、この禁止なり制約のためには、いかなる手段がとられるべきであらうか。

われわれの見解を端的にいへば、「天皇は皇族を監督す」との法文は明記さるべきである。皇族とは、天皇に直属する者であって、天皇が皇族を監督なさるのは、不文法的に自然かつ当然であって、これを「国政に関する権能」などといって、その監督権をみとめないとした現行法そのものが、非常識なのである。

法の上では、天皇の監督権を明記する。その監督権の実際的な行使については、勅旨によって慎重な研究をして懇切な「皇族への勅諭」とも称すべきものを定める。これは国会の議決を要しない皇室の文書として、皇族へお示しになる。その宮務文書の精神によって、天皇が皇族を法的にも公然と監督なさるといふことになるのがいいと思ふ。宮内庁長官などが、天皇のお使ひとして天皇監督権の行使の命をうけ、あるいは自らの職責として、皇族にたいする「進言」「勧告」「助言」などを行ふ場合は、この天皇の「勅諭」の精神によってなすべきで、今日のごとく、あたかも長官や侍従などの一公務員の判断によって、皇族の進退について指示を与へるかのやうな行為をとるのは、はなはだ好ましくない。非礼である。それは当然に諸皇族にたいして、抑制しがたい不快感を誘致するにちがひない。皇族にたいする「人権制約」の条件が、いかなる形においても、皇族にたいして明示されてゐないのは、重大な欠陥である。

追記。本文は、かつて神社新報紙上で公表した「皇室典範第二章―皇親、親王の進退についいて」(昭和五十七年)を参照されたい。なほ、この神社新報の文に関連して、用語について一つ補足しておきたい。

今日の政府および諸学者は、今の皇族法を「永世皇族主義」と称してゐる。それは「皇族は、永久に皇族であり得る」といふ意味で、大宝令で五世以下の王を、皇親の限りに非ず、とした制度とは異なるといふ意味である。

このやうな概念の立て方とは別に、明治の柳原前光、三條實美などは「ヨーロッパの永世皇族主義は不可」との主張をした。それは、明治二十二年の典範で「皇族に対して永久に臣籍降下の法が明示されてゐない」といふことをもって永世皇族制と称して反対したのである。前掲神社新報の解説では、永世皇族制の語の概念を、柳原、三條等の意味で用ゐてゐる。

現行法は、現代の諸学者の用語概念によれば、永世皇族制と称し得る。しかし、現行法は、皇族の意思により、または意思によらずしても、臣籍降下の道を大きく開いてゐることは(皇室典範第一一条)、柳原、三條の主張以上である。柳原的概念によれば永世皇族制ではない。

永世皇族制といふ同一の語を用ゐても、その語の法概念の定め方がちがふ場合が出て来るが、それは当然で怪しむにたらない。混乱の生じないやうに一語ことわりしておく。

なほ、前掲の「皇族への勅諭」を、法律ではなくして宮務文書とすることについても少々補足しておきたい。

皇族への勅諭については、当然第一に、宮中祭儀の大事が明記さるべきものと信ずる。しかし、それを国務法として議会の決議をもとめることは、賢明ではあるまい。それは「新憲法だから」といふのみのことではない。明治の大御代においても、教育勅語も軍人勅諭も、国務文書の形をとってゐない。井上毅は「教育勅語は、大臣の副書なく国務に関する詔勅ではなくして、天皇の社会的著作」と性格づけをしたが、これは、ここでいふところの宮務文書の意である。宮務文書を社会的に公示するか否かは、皇室の都合によることであるが、教育勅語や軍人勅諭は、国務文書ではなくして宮務または軍務文書である。しかし、それは国務文書以上にも深い作用をした。日本の国体の然らしめるところである。宮務の文書における「勅諭」に祭儀第一が明記されることは、現行憲法下においても何等議論の余地がない。新憲法下においても、宮中祭儀が皇室にとって欠くべからざることは公認されてをり、その予算も支出されてをり、皇族とともに、歴代の大臣等も参列してゐる。

後述の皇室経済法の論をも参照されたい。

第四章　明治以後の皇室財産

新しい皇室法の研究には、その前提として前の明治の帝国憲法、皇室典範がいかなるものであったか、との正確な知識がなくてはならない。それでここでは、まづその前提として必要な知識のいくつかについて、多少の整理を試みたいと思ふ。

帝国憲法では、皇位継承とか摂政の問題については、皇室典範で定めるといふことになってをり、それらの諸点については、先学の詳しい学説がある。しかし、皇室典範でも、経済についての宮務法については、それは憲法でいふところの「国務大臣の輔弼」の枠外のこととされてゐたし、議会のまったく関与しない所であったので、憲法学者の詳しい法学研究や討論は少なかった。宮内大臣の所管であったが、それは国務大臣ではなくて、行政法学の枠外のこととされてゐたので、行政法の学者も、あまり詳しい研究をしてゐない。ごく少数の学識者の研究に止まってゐた。われわれの管見によれば、その点でとくに注目すべきものとしては、宮内省秘書課長の酒巻芳男著『皇室制度講話』（岩波書店刊）があり、これは宮内当局の見解として公認に近いものだったと思はれる。ほかには、宮沢俊義著『皇室法』（日本評論社刊）があるが、宮沢説は、ほぼ酒巻説によって書かれてゐると見てよい。

酒巻説の特徴として見られたのは、美濃部博士などが、皇室典範をはじめ皇室法を「国家の法たるものと、単に皇室内部の法たるものがある」とするやうな説に反対して、「宮務法は、すべて国家の統治権者たる天皇、又はその委任に基いて発せられるもので、すべてが国家の法である」とするところにある。日本国の法と皇室の法との二つがあるのではなくて、すべては「国家の法」なのであるが、分類すれば、国務法と宮務法との二系列の法があるとするのである。詳しく論ずれば、議論の余地があるが、本文では、しばらくその説で進む。

この宮務法で、酒巻説について注目されるのは、皇室財産の所有権者をもって、御料財団であると断じてゐることである。

この酒巻説を述べる前に、先づそれ以前の有力な諸学者の説をも一通り見ておきたい。

東京帝国大学の憲法教授、美濃部博士は、

天皇ノ財産ヲ御料ト云フ。御料ニ世伝御料ト普通御料トノ別アリ。世伝御料ハ皇室ノ世襲財産ナリ。―世伝御料タル土地物件ハ法律上ノ不融通物タルモノニシテ、売買贈与等法律行為ノ目的物タルコトヲ得ズ。——普通御料ハ民法ノ規定ニ依リ売買其他ノ処分ヲ為シ得ヘキコト一般ノ私有財産ニ同ジ。（美濃部達吉『憲法撮要』大正十二年版）

これは当時一般に通用してゐた説明であるが、ここに「天皇の財産」といふ語が、「天皇を財産権者とする」との意味なのか、それとも「天皇の御役に立てる財産」の意なのかは必ずしも断定しにくい。しかしそれよりやや前に、博士が文部省の依頼によって講演した『憲法講話』では、君主の法的無答責といふ法理について次のやうに説明してゐるが、そこのところと併せて読むと、その意味が分るやうである。

　君主が無責任（註、これは法的に責任を問はれないといふ意味）であるといふ原則は今日では総ての君主国に於て認められて居る原則であります。共和国に於ても、例へば佛蘭西は大統領に付て同じ規定を設けて居りまして、即ち佛蘭西の大統領は、無責任の者となって居るのであります。——少し古代に遡りますと、君主が人民の批評の的になったといふことは、外国においては、必ずしも其例に乏しくないのであります。——近世に於ては各国とも君主の無責任を厳密に認めて居って、総ての国家の政務に付いては、国務大臣が其の責任者であるとして居るのであります。——

　君主は此の如く全く無責任ではありますが、唯財産関係に付ては君主も亦財産権の主体としては民事裁判所の裁判を受くることを妨げない――財産関係に付ての民事裁判所の裁判は敢て君主の神聖を害するものでなく――皇室財産令には、御料に関する法律上の行為に付ては宮内大臣又は其の代理官を其の当事者とみなす――宮内大臣又は其代理官が被告又は原告の地位に立っての訴訟当事者となるのであります。――併しながら――刑事裁判は如何なる場合にも君主に対して行はるることの出来ないのは勿論であります。――英吉利のダイシーといふ学者は――英国の国王は、たとへ自分の手を以て総理大臣の首を斬ることがあっても、国王に対しては何等の制裁を加へることが出来ぬと言って居りますが、其の通りに如何なることがあっても、法律上の制裁が無いのでありますす。(『憲法講話』大正九年増刷版から引用)

これは憲法の「天皇ハ神聖ニシテ侵スヘカラス」との条文が、各国の元首――君主はいふまでもなく一部の共和国の大統領――にも共通してゐる原則を説明したものであるが、その法的無答責は、刑法に関することで民法裁判は別であるとして、天皇が財産権の権利主体としては、民事裁判の原告又は被告となることを説明してゐる。この説では御料の所有権の主体人格が天皇と考へられてゐる。宮内大臣は、当事者にはなっても天皇の代理者と解せられる。

美濃部博士は、皇室財産の権利主体を天皇とし、それを特に法律上売買を禁ぜられてゐる特殊の世伝御料と、一般民法による売買をなし得る通常の私有財産、普通御料との二種があるとし、「君主も亦財産権の主体」であると説明してゐる。このやうな説の当否は別として、これと相似た説は多かった。

ところが美濃部博士は、おそらく当時において憲法学の著書が社会的にもっとも普及してゐた学者であったと思はれるが、すでに大正五年のころから前掲の著書の法理とは、かなり異なる独自の見解を『国家学会雑誌』に発表してゐる。大正七年の同誌の論文では、その独自の法理論がいよいよ明らかにしめされてゐる。そこでは博士は、皇室といふ存在をもって、一つの法人格を有するものであるとの立場で皇室法を論じてゐる。その法理からして、皇室財産の権利主体は、「天皇」なのではなくして、「皇室」といふ法人格なのだとする説である。

この法理は財産権のみでなく、皇室法の根本解釈のすべてに及んで行くが、これに対して、京都帝国大学の佐々木惣一博士は、昭和三年の『法学論叢』第二十巻第一号で「皇室典範及び皇室令」と題して、長文の詳細な反対論文を書いた。これは国法の本質論から論じた長文の論であるが、ここでの問題に関していへば「皇室をもって、美濃部説のやうに一法人格を有するとの説は認められない。皇室財産権の主体が、法人格としての皇室にあるとの説には反対である」「美濃部博士は、殊に世伝御料の世襲的永久性を論じてゐるが、世伝御料と普通御料とは、その法的取扱ひ（処分の可、不可等の方法）などの別を定めたもので、権利の主体そのものを別としたのではない。美濃部説は、同博士の『憲法撮要』その他の法理と相矛盾してゐる」と反論をした。

これに対しては、美濃部博士は、翌四年の『国家学会雑誌』で、自説を再確認する論を発表した。ただここで注目しておくべきは、前掲の世上一般にひろく読まれた美濃部博士の著述は、博士が憲法の一般知識の教養書として書いたものであり、博士独自の法理論は、一般学者の通説や当局の公権解釈とも異なるので、特にそこでは論述をさけたと釈明した。けれども法学研究専門家としての博士の所信は、大正の初めから「皇室を法人格とする」との論を正しいとしてゐるとして、さらに強く詳細に、皇室財産（殊に世伝御料）は、決して天皇を所有権の主体とするものではなく、皇室といふ法人格を権利の主体とする、と力説してゐる。

ここでは、まづ美濃部博士が一般通説であると解して著述した説と、それとは別に、博士が「美濃部独自の私説」とされる説と、それに反対する佐々木説との三説をあげた。その佐々木博士の前掲論文は、主として美濃部説への反対を論じたものであるが、そのほかにも多くの法学者の諸説をもとりあげて、不同意を表明してゐる。皇室典範ができて四十余年を経た昭和初年にいたるまで、典範、皇室財産に関して、学者の論争史は比較的に少なかったが、法理学的には諸学者間に全く定説が固まってゐない。

この財産権法理についての解釈は、民法の訴訟法理と深く関連してゐる。しかしその点で、美濃部博士は、「君主の神聖とは、刑法上の無責任（無答責）といふことで、民法上の裁判を受くることを妨げない」とあっさり説明してゐるが、この点についても、上杉慎吉博士などの見解は、かなりに違ってゐたと見られる。

上杉博士は、この天皇無答責についての憲法第三条を解して、

刑法ヲ以テ天皇ノ行為ヲ律スルコト能ハサルナリ、警察法租税法等概シテ行政法ニ属スルモノモ亦同ジ、民法商法等私法モ亦天皇ニ適用セラルルコトナキヲ原則トス。（上杉慎吉『憲法述義』）

と書いてゐる。

その二説の中で、どちらが一般法学理論としてロジカルであるかは、しばらく措き、こ

の点では、上杉説が日本の古くからの国民心理に共感者が多かったと思はれるし、前記の宮内省の酒巻説は、上杉説以上にも強く、天皇無答責の憲法は、刑法民法いかなることについても、天皇は、裁判の原告、被告とはなりえないとする。それでは、皇室財産令に基く民事裁判をいかに解するか。酒巻説によれば、

天皇の御財産に関しては法人たる御料財団が存し、天皇の御料に関する法律上の御行為は、天皇の旨を承けて御料財団の機関としての宮内大臣之を執行し、宮内大臣が法律上の当事者となる(財産令第二条)。而して御料財団の如き大財団には、其の財団の行為に関する組織と共に、財産の運用保管及出納に関し夫々規律ある手続を執らしむべき組織あるは当然である。此の後の組織が即ち皇室会計の組織であって、此の組織は言ふまでもなく御料財団組織の重要なる一部門を成すものである。(酒巻芳男『皇室制度講話』)。

その詳しい法理論は、同書について検討されたいが、この宮内当局者の思想によれば、同じく「天皇の御料」と称しても、その財産所有権の主体が天皇だといふのではない。天皇の旨を承けて、天皇の御用に役立つために存在する財団があるとする。法的な意味での権利主体は、この財団としての公法人であって、民事裁判の原告、被告として国民との訴

訟にあたるのは、この法人であって、決して天皇ではない。宮内大臣は、この法人の機関としての立場で訴へられることはあるが、天皇の代理人として、国民と争ふのではないとする。

この解釈は参考すべきである。この説は、皇室そのものを法人とするのでなく、その財産を財団と解する（もともと日本の固有法と西洋法学との間には、すこぶる異質のものがある。明治以来の法制の近代化が、必ずしも十分に成功したとはいひがたいのは、この異質性の根の整理が困難だからである。宮内当局の前記の法解釈は、論評の余地を残すとしても、日本の君民関係の心理―君民の権利対決を拒否するためによく考へた学説とみとめられて然るべきものと思ふ）。

この御料財団を廃絶することが、戦勝国占領政策の一つの大きな目標とされ、財産税その他の方法によって次々に御料の国有化が進められた。その決着をつけたのが、憲法八八条である。

すべて皇室財産は、国に属する。

と。

この条文を解して、美濃部博士は、これは「公の資格に於いての天皇の財産、即ち一般の普通御料及び世伝御料に適用せらるるのである」として、それ以外の「旧皇室財産令に、いはゆる内廷に属する財産は、言はば私産とも見るべきもので」、この規定は、当然にそれらの私産には適用されないとした（『日本国憲法原論』）。

右の限りにおいては、実質的立法者であった米国人の意思とも一致してゐると思ふ。美濃部説は、おそらく御料をもって「財団」とする説には同意しなかったと思ふが「公の資格に於いての天皇の財産」をもって、天皇の私有財産とは解しないで公的財産だったと解することでは、酒巻説とも共通してゐるといっていい。（註一）

しかしてこの公的な皇室の財産が今後は、第八八条によってすべて無に帰するといふのであらう。

ところが同じ憲法の第八条に、

皇室に財産を譲り渡し、又は皇室が、財産を譲り受け、若しくは賜与することは、国会の議決に基かなければならない。

とある。

この第八条の「皇室の財産」と第八八条の「皇室の財産」とは、同一の法典の同一の語でも概念がちがふ。第八八条によれば、皇室には財産がなく、すべて国に属するのであるから、賜与すべき財産は無いはずである。それを前掲のやうに、皇室には公産と私産があって、第八条は、その私有財産に対する制約なのであると解すれば、一応わかる（新憲法解釈では、宮沢俊義教授はこの説をとる。『全訂日本国憲法』参照）。

しかるに、美濃部博士は、さうは解しないで「内廷の私産は、純然たる私有財産と同一視せらるべきもので、其の処分に付き、固より国会の関与すべきものではない」と断じてゐる。これは、おそらく私有財産制度を基本原則とする近代憲法で、皇室の私有財産にたいしてのみ国会が干渉するのは条理が立たないとの法理に基くものであらうかと思ふ（実際そのやうな制約を設ける奇妙な憲法は世界のどこにもない）。

では、いかなる皇室の財産の授受が国会の議決制約をうけるのであらうか。博士は「ここに所謂皇室財産は、国有財産たる皇室用財産を意味するものと解する外はない」と記してゐる（『日本国憲法原論』）。この説によれば、この第八条は、皇室の所有する財産の規定ではなくして、国家の所有する財産のなかでの皇室用国有財産の処分規定となる。

だが公権解釈では、美濃部説をみとめてゐない。美濃部説では、内廷私産の授受は自由としてゐるが、実際的には、いはゆる内廷資産の授受を専ら制約してゐる。もっとも美濃部博士も「かくの如く譲渡又は譲受を制限してゐる所謂皇室財産がなにを意味するかは、やや明瞭を欠いてゐるが――」とことわつてはゐるが、明瞭でないのが当然である。第八八条と第八条とでは、同じく「皇室」とか「財産」といふ語を用ゐてゐて、しかもその概念に異同があり、その異同を判別すべきなんらの用語上の用意がない。解釈に混乱を生じても怪しむにたらない（われわれの見解は後述「註二」参照）。

最後に、明治の典範で大きな皇室財産が設定された理由と、それを新憲法でまつたく解消させるのに、米占領軍が強い要求をした理由について追記しておきたい。

明治の皇室財産設定の目的については、この制度形成を推進した人々の間に、多様多種の思想があつた。その中には、豪華な外国王朝の財産の大きいのを見て、それにあやかりたいと思つた人もないではない。だが、皇室は天下の皇室であつて、決して私の資産を「所有」すべきでないとの強い主張も、重んぜられた（元田永孚等が有名）。それで、皇室財産設定の目的は多様であつたが、それぞれに、その財産の存在理由は、国の元首としての天皇の公的な目的のために、必要とされることが考へられた点では共通してゐた。それは、「天皇家といふ一私閥の繁栄のための私有財産」の形成ではなくして、あくまでも天皇の公的な存在とその公的な使用を目的とした。その形成は、帝国憲法の発布を前にして急速に進められたのは事実である。それは、立憲後においては、国家目的に必要な経費でも、すべて議会の予算同意がなくては支出できなくなる。議会政治に全く未経験だった当時の臣僚としては、万一にも議会の予算審議が難渋しても、天皇の統治および皇室伝統の確保に支障なきを期するためには、政府及び議会の関与なくしても、勅旨によって支弁し得る公的財産があるのが好ましいと思った。それで、その財産の存在理由は、まったく国家的なものでも、これを「議会審議圏外の公的財産」としたとの事情がある（明治の皇室財産の形成史については、本書後篇の研究論文「明治以後皇室財産制度の法思想史」を参照されたい。なほ、明治神宮編『大日本帝国憲法制定史』には、かなり詳細な説明がある）。

この皇室財産は、主として世伝御料と普通御料とに分類された。世伝御料は、皇位とともに世襲さるべきもので、天皇御一代の御意思（勅旨）によっても処分を許されないものであり、普通御料は、随時に下賜などなさることのできる財産である。この分類は、英国など外国法をも参考とされたが、日本の古法にもその型の源を見ることができる。その分類はあっても、いづれも天の下しろしめす天皇の公的目的の財産である。議会の審議圏外にあるので、日本国家の国有とは、区別さるべき公産とされた。

日本を占領した米国としては、あらゆる点で、天皇の権勢をうばひ、「民主化」を徹底させるためには、この皇室の公産を一切すべて解消して、議会コントロール下の国有財産とするのがよいと断定した。そのために、すべて皇室の経済を徹底的に調べあげて、いやしくも、公的性格とみとめる物は、すべて国有とせよと命じて、公産と私産との別を立てさせたわけである。そのほとんどすべてが公産とされ、国有化された。

日本の法制度が、外国風の近代法理で考へられるやうになっての明治からは、後には一般には諸学者の説も皇室の財産を公産と私産とに区別するやうになったが、財産を公産と私産とに区別する考へ方が、しだいに進んで来てゐた。しかし日本の古法では、公（おほやけ）といふ概念は、本質的には西洋のパブリックに似たところも多いが、全く同一のわけではない。公とは、本来は、皇室の事といふ意味なのであって、皇室の経費は、すべてが公費であって、皇室の財産は、すべて公産といふのがその本質なのである。その財産を、あくまでも公と私とに区分し割りきってしまふことが、もともと無理なのである。

この皇室経済の本質は、日本の古法に全く知識なく、西欧の世襲王国の法すらもよく理解してゐない米国人には分らなかった。ただかれらは、皇室の社会的国家的権勢を削ぐのには、早急に、皇室経済を公と私（パブリックとプライベート）に割りきって、その大部分の公産を国有にしてしまふのがいいと考へた。その目標の線で、憲法も早急につくり、それに基く皇室経済法も立法を急がせたのであった。そのために生じた矛盾と混乱については、さらに稿を改めて次に述べる。

註一　美濃部博士は、皇室を公法人とし、天皇をその機関とし、世伝御料の財産権者は天皇でなく、公法人としての皇室である、との説を主張した。但し、普通御料については明瞭でない。

註二　憲法八八条と八条との関係

憲法八八条と憲法八条との関係は、条文自身が混乱してゐるので解釈しがたいが、ここに立法事情とわれわれの一通りの解釈を試みる。

米国の要求によって、憲法草案を提出した時の首相吉田茂は、この条文については、特に苦労させられた事情をその回想録で語ってゐる（『回想十年』第八章に記載）。それを要約すると、総司令部側から最初に手交された案には、「世襲財産を除くの外、皇室の一切の財産は国に帰属する。一切の皇室財産から生ずる収入は国庫に納付すべし」といふ条文があった。吉田茂によれば、世襲財産の所有を許されても、その収入が一切国庫に納付されるのでは、皇室のために何の役にも立たない、まことに不合理だとして、しばしばＧＨＱに修正を求めたが許されない。それならば修正して一切の財産を一旦失っても、今後国家の予算から支出される収入を節約したり、また献上された財産を積み上げて行けば、皇室の私産を作るのには、現在の形に修正した条文の方が「有利」になるであらうとの考へが有力になって、結局現在の簡単な規定に修正されて条文が決まった次第だ、といふ。

吉田首相の解釈では、第八八条は、あくまでも公産としての皇室財産が国に属するといふのであって―本論でいへば、公法人としての御料財団を一切解消するといふだけの意味であって―私産としての「皇室の財産」は、将来、積み上げて行くことができる。第八八条は、私産を否定したものではないとの意味になる。それで、将来大いに私産への献金もあるだらうからそれを積み上げる。第八条は、その私産を授けたり、譲り受ける場合に、国会の同意を要することを条件とした。このやうな線でＧＨＱの諒解を得たといふのであらう。

それは立法意図者の考へであったかもしれない。第八八条に皇室とは「公的皇室」の意で、それは財産権を有しない。しかし、第八条の皇室は「私的皇室」の意で、財産権の主体となるといふことらしい。それはＧＨＱとの諒解線だったのかもしれないが、憲法には、公とも私とも書いてないし、正しい法理解釈とはいひがたい。第八八条では、公とも私ともなく、皇室には財産権がないことを明記してゐる。同条はそのやうに解するほかにない。事実としては、公的御料財団を一切廃止するといふ意味である。

もともと天皇を中心として構成される「皇室」といふのは、財団でも社団でもなく、財産権の主体となる法人格なのではない。帝国憲法時代には、皇室の御用に供する御料財団があったが、第八八条は、それを廃したものと解すべきであらう。しかし、それは皇室に属せられる各皇族（親王、内親王以下）に財産所有権がないといふのではない。高松宮、三笠宮以下の各皇族には多かれ少なかれ、資産があり、その資産については、原則的には一般国民と同じく民法による権利・義務があることは、ひろく認められてゐる。

問題は、天皇御一人の場合である。天皇には、私産も私債もなく、私的所有権者ではないといふのが、古来の日本の法思想であり、第八八条も、「天皇には一切の私なし」との意味に解するのがいい。皇室といふのは、もともと財産権上の「法人格」と解するのには無理な条件が多い。ただ国の象徴としての天皇の宮廷を維持して行くのには、経費を必要とする。それは当然であって、国は予算をもってその経費を支出して行くことを約してゐる（憲法八八条後段）。この予算は、それぞれの定めがあって経費として支弁されてゐるが、その定め以外に皇室の御経費を献上したい者がある場合、または皇室が、国会の予算審議の際に思ひ及ばなかったやうな経費を支出される場合（下賜）には、国会の同意をもとめられると解するほかにあるまい。皇室の経費中には、前記のやうな献金もあり得るので、予算審議をしてゐる議会は、国費以外の皇室経費の収支を概ね承知しておくべきだといふのが憲法八条の意味だと解すべきであらうか。天皇には、本来経費のみがあって財産はない。しかし、皇室が経費の献金を受けられる場合には、その相手方にとっては財産を譲り渡す形となり、皇室が経費を支出なさる場合（賜与）には、その相手方にとっては財産の譲り受けといふ形になる場合もあるだらう。第八条は、この旨を表記したものと解するほかあるまい。

この第八条は、もともと米国が、皇室に対する強い不信感と猜疑心をもって作らせた諸外国にも例のない変則の法である。しかも日本皇室の何たるかも知らずして立法したもので、われわれは、その廃棄を強く望むが、法が現に生きてゐるかぎり、日本古来の思想をもって、このやうな解釈をしておく以外にあるまいと思ってゐる。

第五章　皇室経済法　（一）

憲法の改正によって、皇室典範とともに皇室経済法が立法されることになった。この法律は、新憲法の第八条及び第八八条に対応して立法されたものである。しかもその第八条は、諸外国の憲法に、類似のものすらも見出しがたい奇妙、変則の規定であって、立法直後の諸学者の解釈も、いちじるしく分裂情況を呈した。第八八条も、諸外国の憲法では、その例を見出しがたいものである。

その憲法を基礎として、早急に立法された皇室経済法であるから、この法に不備、欠陥のまぬかれがたいのはいふまでもない。ここでは、とくに皇室の伝統を重んずる立場からしての批判と解釈について記す。

皇室経済法第一条

皇室の公用に供し、又は供するものと決定した国有財産（以下皇室用国有財産）はこれを国有財産法の公用財産とし、これに関する事務は、宮内府でこれを掌る。

（以下三項略す）

但し、この第一条は、その後の法改正で削除されて、今は第一条は空白となってゐるので、ふかく論評しない。これは、憲法八八条によって、皇室の財産（御料財団又は公的天皇の財産）が日本国に移ったとしても、その中でも特に直接的に天皇の御用に供する財産（皇室用国有財産）としては、その実質を残すために有効な条文であったと思はれるが、削除されてゐる。しかし、皇室用国有財産の制度がなくなったわけではなく、どこの役所でも、その意味を大切に確保するとすれば、それでよいことで、これは、われわれの立場からすれば、必ずしも法の上での重大事ではない（旧皇室財産の所管は、農林省、文部省、大蔵省等々へ、それぞれに分割されてゐる）。

第二条は、憲法八条に関連して、「その度ごとの国会の議決を必要としない財産の授受」についての定めである。そこには、

一、相当の対価による売買等通常の私的経済行為に係る場合

二、外国交際のための儀礼上の贈答に係る場合

（以下二項は略す）

等が列記されてゐる。

一項は当然至極のことで論ずるまでもない。二項については、憲法は、皇室に国家的公

的財産を一切保有することを禁じて、皇室に必要な経費は、すべて国費で支弁するとの原則を立ててゐる(憲法八八条)。しかも天皇には、国事行為として、頻繁なる外国交際の重い役を果していただいてゐる。外国人は、世界に例のない憲法八条のやうな奇妙な国法があることは知らないから、陛下を表敬する外国人が贈物を持って来られるのが通常である。これを譲り受けていいか否かを、その度ごとに国会の議決をもとめられるなど非常識なことはできない。「譲り受けられてよい」と決めておくのは当り前である。

しかし、陛下から外賓に対して、儀礼上の品物を渡されるのは、これはいふまでもなく天皇の国事行為に関する費用であり、日本国の国費から支出されるのが憲法八八条の上からは当然である。

第三条は、

予算に計上する皇室の費用は、これを内廷費、宮廷費及び皇族費とする。

として経費を三分類してゐる。この三分類について、内廷費を第四条、宮廷費を第五条、皇族費を第六条で説明してゐる。この三ケ条のなかで、第六条皇族費の説明は明白に分るのだけれども、第四条と第五条との区分が明らかでなく、ここに実はこの経済法が占領下立法であった混乱があるかに見える。即ち、その条文を見ると、

第四条

① 内廷費は、天皇並びに皇后、太皇太后、皇太后、皇太子、皇太子妃、皇太孫、皇太孫妃及び内廷にあるその他の皇族の日常の費用その他内廷諸費に充てるものとし、別に法律で定める定額を、毎年支出するものとする。

② 内廷費として支出されたものは、御手元金となるものとし、宮内庁の経理に属する公金としない。

③および④は略す。

第五条

宮廷費は、内廷諸費以外の宮廷諸費に充てるものとし、宮内庁で、これを経理する。

第四条だけを見ると、その意味はわかる。憲法八八条が規定するやうに、皇室の財産はすべて国有財産となった。その代りに、皇室において必要な経費は、これを国から支給することになった。天皇は、いはゆる国政上の地位を去られたけれども、依然として「日本国および日本国民統合の象徴」として、荘厳なる国事行為をなされる。そのためには、然るべき宮廷の維持をなさらねばならない。そのために必要の費を、政府が議会の同意を得て支出するのは当然である。その御費用を一括して宮廷費と称してもいいし、内廷費と称するのもいいであらう。それを何故に二分しなくてはならなかったのであらうか。

条文によって見ると、内廷費の意味は明瞭なのであるが、宮廷費の方は、ただ内廷費以外のものといふだけで、意味明白を欠く。しかも実際上の予算は、大部分が宮廷費である。ただわかるのは、内廷費は、宮内庁といふ行政官庁の公金としての経理をしないとし、宮廷費の方は、宮内庁の公金としての経理をするといふちがひだけである。その別を、提案者（政府）が、「公」と「私」との別であると説明したところから混乱を生じてゐる。

これは前にも一言したが、日本の固有の思想から言へば、宮廷のことはすべてが公事なのである。公事であればこそ、内廷の諸費も国費から支出するのである。ただその経理については、皇室と一般官庁とでは異なる特別の事情もあるので、一般の国家機関の諸費用とはちがふ点をみとめて、行政官庁の公金経理方法とは区別する、といふのならわかる。そしてそれは、当然のこととして経済法そのものがみとめてゐる。

ところが、立法当時に金森国務相は、この点についての質問に対しては次のやうに答へてゐる。

内廷費、宮廷費の分け方は、非常にはっきりした限界はございません。内廷費と考へますのは、大体個人的な意味のもの、宮廷費と申しますのは個人と公けとの両面が合

体しておるような意味のもの、かように考えております。(衆議院議事録、昭和二十一年十二月十七日)

この法案解釈は、まことに理義不明であいまい拙劣であるが、このあいまいで不明確な説明が、その後の学者や政府の法解釈として定着してしまひ、内廷費で行はれることは、皇室の私事であり、宮廷費によって行はれることは、皇室の公事であるといふことにしてしまってゐる。そのために、皇室の大切な祭事等をすべて「私事」と割りきり、やがてはその意義を軽んじ、蔑視するやうな風潮が一部宮内官僚のあひだにすら生じて来た。その混乱の実状には、近時甚しいものがある。それについては別に論ずることとしたいが、ここでは、この公私といふ区別の弊の大要について記す。

金森国務相が、内廷費を個人的な意味のものと説明したところから、皇室の私事といふ説が広まったが、法文そのものには「私」の語はない。宮廷費を公費とし内廷費を私費とするといふことは、公式の法律の法文に書いてあるわけでなく、立法当時の提案者の対占領軍説明ではあったが、このやうな説明は、提案説明者の金森国務相も理義明白と思ってゐたわけでないことは、その言葉ででも察せられる。あへてこのやうな言葉を用ゐたのは、一つは、神道指令にたいする「政策的」な意味も大きかったのであらうかと察せられる。

神道指令は、占領軍の一方的な命令であつて、事前に日本国政府にも予告されたわけではない。しかも、それは憲法の上位にあつて、絶対の命令であつた。憲法に反することでも強制する権威があつた。詳しくは後述するが、この指令では、いかなる理由があるにせよ、日本の国家機関（天皇をふくむ）に対して、宗教儀式（とくに神道に関する一切の行為）を厳禁したが、ただ天皇や公人が私人の資格において、私事として、神道儀式を行ふことは必ずしも禁じないとした。天皇に対して、神道祭儀を行ひたいならば「私事」としてのみ行ふべしと命じたのである。

これは占領軍の絶対無条件命令であり、占領中は、なんともならなかつた。天皇は、私事としての形で祭りをつづけられるほかになかつた。そこで、理義明白でなくとも、内廷費を特に「私費」と説明して、皇室の祭儀を天皇の「私事」と称して、占領軍の命令に違反しないとの理論を立てることを、やむことをえずと考へたのであらう。

しかし、占領が終り、指令が失効すると、そのやうな制約は必要でなくなつて来た。指令失効後には、宗教や神道に関する憲法上の制約は、憲法二〇条と八九条のみとなつた。

昭和三十四年には、国民の強い要望があつて、東宮殿下の御成婚の儀が賢所の大前で神道儀礼をもつて、国家の国事行為として執行された。それは神道指令下であれば行ひがたい条文の明記があったけれども、そもそも憲法二〇条では、宗教（神道）の行為や儀式の執行そのものを禁じたわけでなく、それへの参加を強制するのを禁じてゐるのみである。皇室が皇室の慣例を重んじて神式結婚式をなさっても、それへの参加強制がなければ差支へないといふことになった。皇室の祭儀は、占領後はじめて政府案により国会の同意を得て、堂々たる神道儀式をもって執行された。野党の社会党議員も賢所大前の儀に参列して慶祝した。神社新報は、その熱望が達せられたので「十余年の暗夜の後あかつきを迎へる心」（昭和三十四年一月三十一日）との感激の社説をかかげた。

この時に、憲法の解釈運用では、皇室の祭儀は、とくに重大なものは「内閣の助言と承認」によって国事として執行されるとの前例ができた。宮内当局として、この時点で、皇室の祭儀は「陛下の私事」との占領中の「政策」的便法解釈を、はっきりと改むべきだった。ところが、宮内当局は、皇室の行為には「国事」と、「公事」と「私事」とに三分類されるとの説を常に繰り返して来た。そして、占領中のままに、祭儀は「私事」のみなどと言ってゐるが、そんな道理はない。国事の実例もすでに厳存してゐる。

われわれは必ずしも、すべての祭祀をいちいち「内閣の助言と承認」を要する国事行為とせよとは主張しない。しかし、皇室の慣例として毎日行はれてゐる侍従（現在は国家公務員）の任務とされてゐる、賢所などへの毎朝御代拝のごときは、一括してその慣例を内閣が承認したものであって、国事と解するのが穏当かと思ふ。この国事と解しがたいものであっても、陛下の思召で（内閣の助言承認なしに）執行される祭祀は、大切な皇室の行為なのであって、それは天皇が国事行為以外になされる公的非政治的社会行為と共に、憲法の「国事行為」に劣らない貴重な公事と解すべきである。

しかるに、この理義を無視して、宮内当局者の間に、今もなほ「天皇の祭儀は、私事としてのみ行ひ得るもので、公事でない」などと称してゐる者がをる。これは全くの無知といふほかない。もしこのやうな神道指令時代のままのロジックを固執するならば、昭和三十四年の東宮御成婚の盛儀は、天皇、政府、国会が一致して違憲不法をあへてしたといふことになり、ゆゆしきこととといはねばならない。

昭和三十四年の東宮殿下の神式の祭儀は、皇室にとって、神道指令失効後の新憲法下における臨時の大切な祭儀がいかに行はるべきかとの、著しい一前例をしめされたものである。この意義を宮内官が十分に認めないで「神事は私事に限る」などと称してゐるのは、皇室経済法立法のさいの変則説明に、いまだに固執したままでゐるからである。

皇室経済法の「公私別」といふ神道指令下の間に合はせの一時的「政策」説明理論は、

今日の皇室制度の運用上に少なからざる不条理な悪影響を及ぼして、本来の制度の運用を混乱させ、祭儀を蔑視するといふ許すべからざる弊風の源泉となってゐる。徹底的にこの解釈理論を清算して、根底から整理し直さねばならない。根底から整理し直すべきことは、すこぶる多い。

第六章　皇室経済法　（二）

皇室経済法第七条

皇位とともに伝わるべき由緒ある物は、皇位とともに、皇嗣が、これを受ける。

この条文は、日本の皇室法のなかで、とくに注目さるべきものである。皇位とともに伝はるべき由緒ある物とは、三種の神器、宮中三殿、壺切の御剣等を意味する。本条は、これらのものが、皇位とともに必ず継承さるべきことを明記した。

前記のやうに、米占領軍は、皇室財産をすべて公産と私産とに分類して、公産を国有とすることを命じた。かくて世伝御料以下のほとんどすべての皇室財産は消失してしまふことになった。しかし、日本側では、当然に、皇室法としては神器継承の大切なことは十分に考へたものの、神道指令直後のことで、米軍の反神道政策がきびしくつよい。これを公法としての皇室典範に明記することは、非常に困難なので、神器をはじめ、宮中三殿および壺切御剣等の国体上絶対に必要なものは、経済法によって、皇位とともに継承さるべきことを規定し、皇位継承の裏づけとすることを考へた。議会でも、当然に「神器継承」の大切なことは論ぜられたが、金森国務相は、必ず先帝から新帝へと御継承になる経済法がある以上、神器渡御の御儀式等は、その譲渡の形式としては、当然にこれまでと同じく行はれるだらうとの苦しい答弁をしてゐる。神器継承とは、前にも述べたやうに、本来は祭祀権の継承なのであるが、占領下の立法では、それを経済的権利の継承としての形をとって保存したのである。

しかし、米占領軍の側では、最初この条文は解釈しかねた。前の天皇から新天皇へと公的地位の継承とともに伝はるのであって、それを国家の公法（旧典範）で定めてをり、天皇（の私的意思）によっては、譲渡することも処分することも決して許さないとの法理が明示されてゐる。ならばそれは公的な性格のもっとも著しいものであり、公産と解して国有財産に渡すべきではないか。日本人の説明するやうに、在位の天子に必ず必要だといふのなら、国有財産として、即位の時に、主権者たる国民代表の国会議長かあるいは首相から、新帝に渡すことにすればいい、との説も出たといふ。公的世襲制についての知識のない米人とすれば、ホワイトハウスの公的財産は、すべて国有たるべきもので、国有でない大統領某の財産は私産である。日本側では、米人のいふやうな国有では、日本の国体上はなはだ困るし、私産であるけれども、私人には処分権をみとめない公的な性格の著しいものであると説明するにつとめて、その間の事情の解明のためには、英国のクラウン・プロパティを引用したりして諒解をもとめた。

ところが、このクラウン・プロパティといふのは、明治の典範を立法するにさいしても参考とされたもので、世伝御料とほぼ同じで公産なのである（藤波言忠等の調査進言。詳しくは『大日本帝国憲法制定史』参照）。皇室に公産は残存させないといふのが、米側の大原則ではあるが、実質的には公産と解するほかない条文だが、形式的には内廷の私産といふことで、日本側の希望を入れてやらう。米国の目標は、皇室が巨大な財産を有することのないやうにするといふのが政治の根本なのだから、経済価値としては大したものでもないし、承認しようといふことになった（上記の説明は、当時の内閣法制局の担当官だった井手成三氏の談話による。その要点筆録は、神社新報社刊『天皇、神道、憲法』の附録参照）。

これは条文のしめすとほりに、いはゆる天皇の私的な意思による分割も処分も絶対に禁じて、天皇といふ国家的地位の継承とともに必ず同一条件で移行して行くものであり、その性格の実質は、あくまでも国家的公的である。しかし「皇室には私産は残すが、公産を残さない」といふのが米占領軍側の大原則なので、私産のなかでの特殊例外的なものを格別にみとめたといふことである。このやうな事情を知った上で、当時占領下の帝国議会の速記録を読むと、政府答弁の法理論的なあいまいさにもかかはらず、議会がきびしい追及をしないで、通過させ成立させた歴史事情がわかる。

次に、多少当時の速記録を引用する。

(昭和二十一年十二月二十二日、皇室経済法特別委員会——貴族院の記録では、この日に速記中止が二度あってゐるが、その後の政府答弁のなかから)

政府委員(入江俊郎君)

——之に付ては(皇室経済法第七条の皇位とともに伝はるべき)由緒ある物と云ふのは、三種の神器とか、宮中の三殿とか云ふやうなものを考へて居ると云ふことを申上げたのでありますが、併し其の以外にもまだ色々あるかも知れない、それでそれ等の認定は、「皇位とともに伝わるべき由緒ある物」と云ふ、一つの日本の国家として、又皇室の御特色として、客観的に決まるものでありませうけれども、併しながら其の認定は矢張り重要なことでありますので、之に付ては何か其の判定をするのに適当な組織を将来一つ考へたいと思ふと云ふことを御答をしてございます、併しそれだけの組織の細かいことはまだ決って居りませぬけれども――

これは、第七条については、法立案者が三種の神器と宮中三殿だけは明白に意識してゐたものの、それ以外のものについて、また法の将来の運用についても、その考へが未定、未熟のままに提案したことを告白してゐる。なほ同じ七条について、それより前の十二月十八日の衆議院皇室典範案委員会議録では、この七条の物件の性格について、金森国務大臣の答弁は、とくに注目される。

いわばこれ（第七条の由緒ある物）は、ほんとうの意味の私有財産、それから公的意味の財産とのまた中間的にくらいするような趣旨のものでありまして、この扱い方をどうしていいかということにつきまして実は相当苦慮しておるわけであります。――何としてもかような財産をきめまするにつきましては、その適正であるということを考えなければなりませんし、それが、はっきりされておるということが必要でありまするし、またかような財産を国家が特別に扱うならば、それは間違いなく管理されて行くということを注意しなければならぬということになるのであります。つまり認定、かような財産であるということの認定と、それからその認定を公の帳簿等によりまして、はっきり確定させておくということ、それからさような財産の今後の扱い方につきまして、若干の保證をすると言いますか、間違いのないように注意をして行くという、この三つの任務が、どこかにはっきりなければならぬのでありまして、これは皇室の権能のみとすることは少し不十分であろうと思います。でありますから、やはり、これに対しましては、何か国と皇室との両方面の人たちが関係するところの、正式な委員会のようなものがあって、それが始終この問題を扱って行くということにしたならばいいのではないか。

と答弁してゐる。

ここでも法の運用についての見識の未定を告白してゐるが、特に注目されるのは、この三種の神器、宮中三殿などを形式的に私産と称しつつも、実質的には、法文の意味からしても、国家にとって公的意味の重いことをみとめて「私産」と「公産」との「中間」に位するといふ苦しい答弁をしてゐることである。しかし、いかにも法論理的でない。万全の説とは言ひがたいが、せっかくクラウン・プロパティの理論まで引用して、ともかく米占領軍を諒承させたのだから、ここでは第七条のものは、「皇位の存立のためにのみ存在すべき公的財団」とでも解釈するのがよりよいかと思ふ。

その国との関連についての政府の説明は、まづよいとして、第一に明白なる認定、第二に、その認定を確実に公的に記録すること、第三に、その管理保全には、その公的性格にかんがみて、国が若干の保障、注意を要するといふのである。

かやうな約束をして立法したのであるが、はたして政府が公約を果して来たか否かについては、実は疑念がある。それといふのは、占領中には政府の苦慮を察して追及しなかったが、占領後に、神道的な国民から「伊勢、熱田の神器は、当然に皇室経済法第七条の中にあると思ふがどうか」との質問が出された時に、政府は回答しえなかった。認定し公的に記録してをれば、即答しえたはずである。数年間の論戦討論の後に、昭和三十五年に池田内閣が、はじめて議会にたいして「第七条の中にある」との公的回答を示した。おそらく、立法後十有余年は未確認のままで、昭和三十五年に認定がすみ、確認の記録ができたと解するのが、国民としての良識と思ふ。（関係資料　参照）

この第七条の物件には、そのほとんどが、占領軍の嫌った「神道」とのふかい関連がある。まづ「神器」であり「神殿」がそれである。その保全のためには、国は「保障」し「注意」しなければならないと言ったが、はたしてその経費については、政府はいかに考へたか。

政府としては、それは、憲法八八条によって「皇室の経費」として予算に計上し得ると考へた。皇室経済法によって、とくに国法が、皇位にとって欠くべからざるものとして定めたものである。それを皇室の経費として予算に計上しえない道理はない。事実において、第七条に規定されてゐる宮中三殿の建造物の維持、管理（補修工事費とか警備費）は、公然と国費をもって支出されてゐる。しかし、その祭事の費は、その源泉は国庫から出るのだけれども、その実際においては、内廷費にわづかの支出をしてゐるにすぎない。

神器、神殿（とくに賢所、皇霊殿、神殿）を、皇位とともに伝へねばならないといふのは、その趣意からも、古文化財の物件として保存すればいいといふのではなくして、皇室の伝統祭儀の継承の意味をみとめたものにちがひない。その神殿の建造物の補修工事等は公金を支出するが、祭儀は、公金経理を憚るといふことは、現行法の立場から見ても、決して理義明白でない。それはただ皇室の伝統信仰儀式を嫌ってゐた米占領軍への「政策的配慮」が、独立後三十数年を経ても、そのままに惰性的につづいてゐるだけとしか解釈の道がない。

それに問題は、伊勢、熱田の神器については、政府が昭和三十五年になって、はじめて認定、確認したとしても、その後に、いかなる「保障」と「注意」を行ってゐるのであるか。仮に政府が祭儀にはふれたくない、神器や神殿の物件だけだ、その物的な保障と注意だけで、神事には及ばない、といっても、伊勢や熱田の「神器」の保全のために、単に祭務の奉仕をしないのみでなく、ただの一名の警備官を派遣したといふことすらも聞かない。

第七条の「皇位とともに伝わるべき由緒ある物は、皇位とともに皇嗣がこれを受ける」との皇室経済法を提案し、その法の運用について、政府（金森国務大臣）がその立法について議会の同意をもとめるために、公的に言明した程度のことも行はれてゐないのが実情ではないか。皇室経済法の立法は、しばしば速記を中止させて審議しなくてはならないほどの外国権力の重圧下に行はれたものである。そのやうにして立法された法律の許す限度の事務すらも十分に行はれないといふのは、国務大臣（内閣）の責任であらうか。その事に直接する宮内庁当局の怠りとすべきであらうか。

第七章　神道指令下の皇室と神道（一）

米軍が日本を占領した時に、日本国民を精神的に変質させるために、古くからの日本人の皇室への崇敬心理を変質させ、日本人社会から神道的心理を抹殺したいと考へたのは、よく知られてゐる。それはアメリカの根本的な占領政策として、すでに一九四四年三月の国務省（国務、陸軍、海軍三省連絡会議で作成）における決議文にも明記されてゐる。占領後にその政策は「神道指令」として、昭和二十年十二月十五日に日本政府と国民に対しても公示された。

その後、間もなく米占領軍が立法を命じた新憲法にも、その趣旨がほぼ第二〇条と第八九条に引きつがれてゐる。マッカーサーは占領行政の事実によってその目的を熱心に追求した。しかしアメリカ人の意図は、大綱においては一致してゐるのだが、二義的な点では神道指令の担当者と、憲法の立案者と、マッカーサーの行政意図には必ずしも理論的に明確な打ち合せの一致がなかったので、微妙な点でギャップが見られる。それが占領終了後、三十余年を経ても日本の憲法や皇室法の解釈に微妙な混線的影響を残してゐる。その事情をよく理解しておくことは、この混線を整理し、正しく立て直して行くためにも必要と思はれる。以下その三者の微妙なギャップについて概略的に解明しておく。

㈠　神道指令の起案命令者の思想

この指令では、日本国の公的な場所から神道を一切追放しようと考へたが、「神道を禁止する」とのあまりにも露骨な宗教圧迫を強行することは、「信教自由」の立場で臨む連合国としては、さすがに躊躇されたので、いはゆる「政教分離」「信教自由」の原則を表に立てて、神社神道の過去の特権を奪ひ去るとの立場をしめした。しかし、それは本質的には神道を敵目標としてゐたので、諸外国一般で用ゐられる「国家と教会（宗教教団）との分離」すなはち「国家と神社の分離」といふ語を用ゐないで「国家と宗教の分離」「国家と神道の分離」といふ特殊の語を用ゐた。

この特殊の語を用ゐたのには、指令担当者の深い謀略があった。欧米で「国家と教会の分離」「政教分離」といふのは、その歴史に明らかなやうに、宗教教会間の戦闘的対決になやんだ国家が、いづれの宗教教会に対しても支援しないし反対もしないで、無干渉、中立の立場をとることを意味してゐる。国家はカトリック教会、ルーテル教会、カルヴィン教会そのほか等々の各教会間の対立にたいして、いづれの教会の特殊の儀礼や教義説に対しても無関係の立場をとる（国教会を設けない）といふことである。しかしそれは各教会の対立を超えて、欧米人社会に浸透してゐるキリスト教といふ宗教そのものを社会公共の場から追放するのではない。それはトルコ、エジプト等のイスラム教圏でも同じ論理で、国家は、シーア教会とかスンニー教会との分離を意味してゐるのであって「アラーの神との分離」を宣言するわけではない。

米国は、世界でもっとも早くから「国家と教会の分離」を宣言した憲法を作った国であるが、それは各教会との分離であって、キリスト教との分離——ゴッドや聖書との絶縁ではない。公的な誓約には、聖書が用ゐられ、貨幣には「われらゴッドを信仰す」と刻印され、いたるところで「国家と宗教」とは交流してゐる。それは、むしろ各教会平等の意味とすらいひ得る。キリスト教会以外にユダヤ人の社会勢力が進出して来ると、ユダヤ教会にも同じ権利をみとめる。国軍のキャンプには新旧キリスト教の外にユダヤ教も同権をもってチャプレンをおく。このやうな政教分離思想は、多くのヨーロッパ諸国の法思想や制度にも見られる。

しかしこの「国家と教会（宗教教団）との分離」といふ通常の法原則を日本に移入して

神社と国家を制度的に分離させたとしても、日本人の社会心理のなかに深く広く浸透してゐる神道意識を破砕することはできない。そこで「国家と教会」「国家と神社」の分離ではなく、特に日本では「国家と宗教」「国家と神道」の切断、分離の語を用ゐて、日本人社会から神道の学派、流派にかかはりなく、いやしくも「日本国家」を重んずる神道的意識、神道的色彩を、できることならば抹殺してしまふことを目標としてゐた。指令のなかの次のやうな語は、とくに注目される。

全面的乃至部分的ニ公ノ財源ニ依ッテ維持セラレル役所、学校、機関、協会乃至建造物中ニ、神棚ソノ他、国家神道ノ物的象徴トナル凡テノモノヲ設置スルコトヲ禁止スル。而シテ之等ノモノヲ直ニ除去スルコトヲ命令スル。(指令ノ中ノ一ノk項)

本指令ノ各条項ハ同ジ効力ヲ以テ、神道ニ関連スルアラユル祭式、慣例、儀式、礼式、信仰、教へ、神話、伝説、哲学、神社、物的象徴ニ適用セラレルモノデアル。(指令ノ中ノ二ノb項)

神道指令では「本指令ノ目的ハ宗教ヲ国家ヨリ分離スルニアル」(二ノa項)と明記してゐるが、公の場から指令に明記して撤去を命ぜられてゐるのは、とくに国家神道の物的象徴であったし(一ノk項)、慣例、礼式、伝説等にいたるまで、追放追及されるのは神道色彩のものだった。もっともこの指令を徹底させるために、日本政府の内務省、文部省が昭和二十一年十一月に発した「公葬等について」の通達では、

地方官衙および都道府県市町村等の公葬その他文民としての功労者、殉職者等への儀式は、今後「宗教的儀式及び行事」を行はないことを命じ、「神道の物的象徴」を禁ずるのみでなく、忠霊塔、忠魂碑から銅像にいたるまで「国家神道的」な色彩の感ぜられるものは、その建設を禁止し、公共的場所から撤去することをきびしく命じた。

わが国においての葬儀とか追悼式などは、神道又は仏式によることが社会慣例であったが、少なくとも公共の場ではその慣例も指令に反するとして、新しい「非宗教」儀式が強行された。公園、役所、学校等からは、室内の神棚や鳥居、燈籠などは勿論、公用自動車内の神札でも指令で禁ぜられた。国鉄の観光ポスターでも、神社風景は避けられた。

それは諸外国の反宗教革命時代のやうな情況で、常軌を逸するものだった。やがて、事実においては公の殉職者の葬儀などは、社会慣例としての仏式がみとめられることになったが、公の場からの「神道の象徴」の撤去は、非常に熱心であった。これは指令のk項の明文のやうに「神道」のみが目標とされたのであって、仏教の地蔵とか仏堂、あるいはキリスト教の十字架などには及ばなかった。その点で指令は「国家と宗教の分離を目的とす

る」と明記したが、「国家と神道」の分離の範囲に止まったともいひ得る。

しかし、指令の法理論では、過去からの既存の神道の特権をうばふのであって、神道から国家主義的特権の残影がすべてなくなれば、将来の目標は「すべての宗教は平等の自由が守られるべきだ」といった。

(二)　憲法起草者の立場

憲法起草者は、明らかにアメリカの反神道政策をつらぬく意思はあったが、そのために「神道指令」のやうにきびしく「神道」のみを名指して、特に追及する条文を書くのには躊躇せざるを得なかった。ここでは、通常の「国家と教会（教団）の分離」を原則とする諸外国憲法の原則理論を明示しておけば、占領後も神道が国からの特権を回復することはあるまい、といふ程度の考へで条文が立てられてゐる。そのために、憲法にはことさらに神道を特定して制禁する条文がない。

占領終結の後には、神道指令が失効して、憲法のみが残ったので、神道的な儀式（地鎮祭とか追悼祭）などが、国民の希望によって仏式儀礼などと同じやうに、社会慣習として行はれることが非常に多くなった。これに対して、神道指令そのままに神道を制禁しなくてはならないと主張する少数の反神道的な者と、社会慣例によって神道儀式を公的に執行するのは（参加強制しなければ）差支へがないとする者との間で、しばしば憲法論争を生じてゐる（一例、最高裁の津地鎮祭に関する憲法裁判等）。

この社会慣例としての神道儀式を、神道指令が禁じたのは前記したやうに明らかであるが、神道的なひとびとはそれを国際法に反すると考へてゐたし、指令の当局者に対しても「国家と教会の分離」には一理をみとめても「国家と宗教の分離」の理論は、乱暴にすぎると抗議勧告した（P・Wウッダード編『コンテンポラリー・レリジョン』参照）。

憲法の起案者は、明らかに「国家と教会」の法理で考へてゐて「国家と宗教」といふのは、占領中の一変則と考へてゐた。現憲法の社会権などの法思想は、古い米国法よりも新しい二十世紀のワイマール憲法の思想を参考としてゐるのは明らかであるが、ワイマール憲法の宗教法文には、次のやうな条文が明記されてゐる。

○何人モ教会ノ集会又ハ宗教上ノ行為ニ参加シ又ハ宗教上ノ宣誓方式ヲ用フルコトヲ強制セラルルコトナシ（第一三六条）。

○国教ハ存スルコトナシ（第一三七条）。

○法律、契約又ハ其ノ他ノ法律原因ニ依リ、宗教団体ニ対シテ有シタル国家ノ寄進義務ハ邦ノ立法ニ依リテ之ヲ廃止ス。之ニ関スル一般原則ハ独逸国之ヲ定ム（第一三八条）。

以上、ワイマール憲法の条文の中から。

正に「国家と教会」の分離原則がしめされてゐる。この第一三六条こそ、日本国憲法の第二〇条の第二項の原型といっていい。だがワイマール憲法が、宗教上の行為へ「参加を強制してはならない」と言ってゐるのは、公の場に於ける宗教行為のあり得ることを当然の前提としてゐるのであって、社会慣例をも多数国民の意思をも無視して「宗教」そのものを公的場から追放、禁止するのではないことは、次の条文を見れば明らかである。

○軍隊、病院、監獄又ハ其ノ他ノ公ノ営造物ニ於テ祈禱及精神修養ノタメ必要アルトキハ宗教団体ヲシテ宗教上ノ行為ヲナスコトヲ得シムヘシ。但、何等ノ強制ノ手段ヲ用フルコトヲ得ス（第一四一条）。

これは条文こそないが米国でも憲政習律は同じである。自由諸国での政教分離は、どこでも似たもので、国家が特定の一教会の宗教をひろめる積極活動や特定教育はしない。しかし社会慣例上、一般に行はれてきた宗教儀式や行為は、社会習律によって行はせる自由をみとめるが、そこでも強制参加はさせないといふのである。占領軍権力による「神道指令」は失効したのであるし、日本国現憲法の解釈は決して神道弾圧指令のままではなく、米国や西欧でキリスト教がみとめられてゐる程度の自由を、日本の神道ないし仏教は回復していい。このわれわれの法理論を「神道指令」は拒否してゐたが、現憲法の条文は、その解釈は、われわれと「妥協もなし得る」線のロジックで起案されてゐる（現に津地鎮祭の最高裁の判決以後の諸裁判の判決は、ほぼわれわれの主張を認めるに至った）。

㈢　マッカーサーの立場

神道指令の担当官や憲法起案者は、政教分離を考へる時に、ともかくキリスト教のほかに日本で有力な仏教とか神道について、あれこれとの法理論を考へてみたが、マッカーサーはそこに拘泥することなく、端的に日本をアメリカと同じくキリスト教化することを理想とする占領政策を推進した。

かれも米国の憲法が、「国家と教会の分離」を大原則とすることは十分に承知してゐたし、アメリカと同じく特定の一教会に偏してはならないとの配慮はあった。かれはカトリック教会、プロテスタントの諸教会——聖公会、クェイカー教徒等のいづれに対しても、日本キリスト教化のために活動することを積極的に援助した。かれは、新旧あらゆる教会の牧師や宣教師が日本キリスト教化のために活動するのを援けた。但し、日本の神道は抑圧されなくてはならないし、仏教そのほかの日本人の宗教教会は無視された。これは直接に、日本の宗教事情を一通り知った上で「各宗教教団の平等原則」の理論を主張し約束してゐるＧＨＱの部下の担当官をしばしば困惑させた。かれらは日本人の御用学者の助言を得て、苦しい弁解もせねばならなかった。クリスマスを機としての公権力の活潑な伝導を「季節（シーズン）の行事で、宗教活動ではない」との理論を作りあげたのも、日本人の御用法学者だった。

マッカーサーは至上最高の権力を握ってをり、そんな弁解などはどうでもよかった。「軍服の法王」として、マッカーサーは米国人と同じく日本人をキリスト教化してしまへばそれでよい。「権力は国教会を樹立しない」とのアメリカ憲法下と同じ宗教情況をつくり出すことを自分の使命だと信じてゐたらしい。かれは妄想を追って、キリスト教化に熱意をそそいだ。マッカーサー自身、熱心な聖公会の信者であった。かれにとっては、キリスト教が人類最高の宗教であることは自明であって、日本の天皇および国民のキリスト教への改宗こそが問題のすべてを解決するものだった。

しかし、かれも中世の十字軍や宗教戦争時代のやうな乱暴を、あへてすることは慎しまなければならないことを知ってゐた。それにかれは陛下の人格には敬意を感じてゐたし、陛下がキリスト教へ改宗なさるまでは、陛下に対して「私人としての信教の自由」をみとめざるをえないと考へた。それで陛下に対しては、あらゆる改宗勧告者をさしむけたけれども、陛下が祖宗いらいの信仰を守って神道の祭りをなさることを、権力的に圧迫することはさすがに遠慮して、その信仰的御祭りを「内廷の私事」として承認する態度をとった。これは憲法起草者の立場からは了解されても、神道指令者の立場からは、皇室の非宗教化を望んでも、キリスト教への積極改宗勧告には、論理的な矛盾のまぬかれないものがあった。かれらは、ただ陛下のキリスト教改宗の成否を非常な関心をもって注目したが、それは遂に成功しなかった。

この間の事情について、特に関心をもった共同通信社の高橋紘、鈴木邦彦の宮廷記者は、その共著『天皇家の密使たち』(昭和五十六年、現代史出版会発行)で、かなり詳しく調査報告してゐる。同書によれば、昭和二十年十二月に神道指令が出てから、マッカーサーの陛下への改宗工作が始まって、皇室にたいして有名なキリスト者の訪問がすこぶる多くなった。日本人のキリスト者ばかりでなく、マッカーサーが日本へ招いた多くの外人キリスト者のなかでも、陛下への訪問は、宮内庁の記録では、昭和二十年のホートン一行をはじめとして、二十一年には五件、同じく二十二年には七件、二十三年には十件に及び、平均すれば全外国人引見の約半分が聖職者、キリスト教団体の指導者で占められたといふ。皇室では、斉藤勇、田中耕太郎、植村環、ヴァイニング（東宮英語教師）などが有力で熱心な進講者だったらしい。天皇がキリスト教へ御改宗なさるとの国際ニュースも多かったが、昭和二十三年九月に神社新報は、「陛下は決して御改宗なさらない」と断定した記事を書いた（陛下に会見した外人が、到底改宗の希望はもてないと賢明にも推察してその感想を洩らした。この外人の感想は、新報の情報と一致してゐた）。

マッカーサーやキリスト者が、改宗工作にもっとも力をそそいだのは、昭和二十三年の前半期かと思はれる。同年の秋ごろから、陛下の「皇室神道」への信の根づよいことは分ったが、その後も御進講はキリスト教独占の形でつづいた。しかし昭和二十五年に朝鮮動乱がおこり、マッカーサーがトルーマン大統領と戦略構想で対決して、翌年に日本からの帰国を命ぜられると、皇室キリスト教化の工作も立ち消えとなってしまった。

占領中の陛下は、隠忍して地方行幸のさいにも（熱田神宮、宮崎神宮、出雲大社などの例外はあるが）、神社参拝をつとめてさけられたらしいけれども、宮中における御祭事だけは、少しも変ることなく戦前の「皇室祭祀令」のままを固く守って、「皇室の祭祀伝統」をいささかも揺らぐことなく確保なされた。

ただ神道指令については、もっとも細大となく調査し知り得てゐると自信してゐる神社新報社においても、断定しがたいことも残ってゐる。それは御陵のことである。指令は、一のk項によって公共の場における「神道の象徴」は「禁止され直ちに取り除かれる」ことを命じた。官公署の室内の小さな神棚はもとよりのこと、公用自動車の運転台に交通安全の御札をおくことさへ禁じた。公用の道路や公園に、たまたま鳥居や神社の燈籠があっても撤去を命じた。

しかるに何故か、国有財産とされた皇室の御陵には、いたるところに「神道の象徴」たる鳥居のみではなく、斎館、神饌所などの神道施設があっても、一つとして撤去を命じたところはなかった。御陵には神道様式のものばかりでなく、中古いらいのものには、仏教的な多宝塔、五重塔や、仏殿などの仏教様式のものも少なからずある。神道指令は、特に公的場からの「神道の象徴」の厳しい撤去を命じたけれども、神道以外の「宗教的象徴」や宗教的色彩の抹殺を命じたわけではなかったし、一方においては「宗教の平等」原則をも明示してゐた。むしろ非軍国主義の宗教は「平等に保護」されるとした。それ故に、もし御陵の神道施設の撤去を強行しようとすれば、多くの仏教施設をも破壊しなくてはならなくなるおそれがあった。

しかも当時、全国各地に大きな敷地を占領してゐた米軍のキャンプには、礼拝堂そのほかのキリスト教的施設が（その本国と同じく）著しく、その存在が目に立った。それをそのままにしておいて、日本の神仏を共に抹殺することを強行するのは、とくに国民の皇室崇敬心が強いだけに、日本占領の行政上からしても不得策だと考へたのであらうか。国有地として、国費によって維持されてゐることが明白であるにもかかはらず、「神道の象徴」「神道的施設」も皇室の御陵にかぎっては、その存在を黙認されて、神道指令の一のk項は全く適用をまぬかれた。そこでは、一般の国や公の施設と異なって、陛下の思召で伝統の儀式は絶えることなくつづけられた。これは皇室の祭事にとって、せめてもの救ひとなった。

神道指令のk項は、明らかに宗教一般にたいしての命令ではなくして、「神道」と「国家主義」に対してのみ「差別」的に強制されたものである。政教分離の源泉国をもって自認する米国においても、公的場所に「宗教の象徴」の存在を許さないとすることはない（アーリントン国立墓地でも公共の公園にでも、キリスト教の象徴はいくらも存在する）。

新憲法の立案者の思想によれば、国とは区別される私的人格を有する宗教上の組織のために、その利便を供する施設の存在は許さないと解すべきであらうが（第八九条）、国自らが宗教的象徴を所有することは、社会良識的な理由があれば少しも禁ずるものではない(註一)。現在の法学者のなかには、すでに失効した神道指令のk項を固執して、その「神道の象徴」の語をさらに拡大して「宗教の象徴」と読み直して、現憲法を、神道指令をより強化した精神で解釈しようとする者がある。

かれらは、占領といふ一時点の非常変則時の日本への特殊指令をもって、「国家と宗教」との関係を律する文明国における「普遍の原理」と勘ちがひしてゐる。その極端な例として「忠魂碑には宗教性があるから公共用地から取り除かなねばならない」との訴訟などをおこしてゐる(大阪高裁は、われわれと同一見解の判決で拒否した)。米国などの公共地には、いくらも明白なる宗教的象徴や宗教的礼拝堂などがある。その思想的な意味はちがふが、ソ連や中国では多くの宗教的施設を国が所有して、しかも私的な宗教教団に利用させてゐる。イギリスは国教会制(アングリカン・チャーチ)をしいてをり、国と教会は一体的である。このソ連、中国とかイギリス、それにカトリックとの関係が歴史的にとくに深いイタリア、フランスなどの例は、日本国憲法八九条の下においては許されないとしても、米国の憲政の実情とその法理などは、現憲法下でも参考とすべきものが少なくない。皇室法とは、いささか遠ざかったかとも思はれるが、神道指令の性格を知るために、一通りの説明を行った。

このやうな情況下で、日本政府の役人はマッカーサー流の解釈で、陛下の御祭りや神事をすべて「内廷における陛下の私事」との解釈論をとるのが無事だとした。「陛下の私事」といふのは、陛下がいつでも御改宗なされば、その時には当然解消し去ってしまふべきものといふ意味である。もしも陛下が御在世中に改宗なさらないでも、次の新帝が私的に御改宗なさることは自由であり、その時には内廷の祭りも解消するはずだ、との期待の上に成り立つ思想である。

これは、マッカーサーの考へであり希望ではあったが、陛下の側ではどうであったか。陛下は、皇統の祭りをおつづけになったが、それを一代限りの個人的私的儀式とお考へになったのではなくて、それを「皇室」として「皇位」とともに伝はるべき信仰として守られて来たのであることは明らかである。御祭りのつづいてゐることの事実は確かであるが、それは、陛下の解してをられるやうに、日本天皇の「皇位とともに伝わるべき神事」なのか、それともマッカーサーが考へたやうに、今上御一代限りで、いつでも変更し解消さるべき「私事」なのであらうか。

これに対して、われわれは終始して、陛下の宮中における祭事、皇祖神宮に対せられる祭事は、決して個人的な私的行事と解すべきものでないと主張して来た。それは「天皇に私なし」とする皇室の伝統精神なり、御神事についての史的意味からいへば、勿論のことであるが、現行法の解釈からしても「個人的私事」と解すべきものではない。

これは長い間の論争課題であるが、われわれの法学的解釈は、皇室経済法の第七条を根拠とする。

第七条には、

皇位とともに伝わるべき由緒ある物は、皇位とともに、皇嗣が、これを受ける。

との大切な条文が存在する。

これは前にも述べたやうに、皇祖を祭り給ふべき神鏡をはじめとする三種の神器、宮中三殿の神殿等を意味することは立法当時から公然と明示されてをり、昭和三十五年にいたっては、伊勢の神鏡、熱田の御剣もまたこの第七条に該当することは、政府も公式に確認してゐる。

この第七条の神殿が、日本国の皇位とともに伝はるべきことは、その御一代の陛下の「個人的私的」の思召によって変更されたり、解消されたりし得るものではなく、「国家がこれを確認し、公簿に明記し、その保全のためには国が留意しなくてはならない」性質のものであることは、占領下の立法時代からその解釈は明白に公約されてゐる。法学的な冷徹な語でいへば、皇位を継承なさるべき陛下は、この神器と神殿とを御一代限りの「私意」如何にかかはらず、皇位とともに継承し保全なさるべき神聖なる義務を有してをられること を、国法（国家意思）が明示してゐる。賢所等の神殿の御継承とは、いふまでもなく祭祀の御継承である。それは現行の皇室法も亦、法文をもって定めてゐるのである。（註二）

これを「私事」と解することはできない。現に昭和三十四年、東宮殿下の御結婚の盛儀は、この賢所の神殿の大前において、皇室の伝統儀式に従ひ「国事行為」として執行されてゐる。すでに皇室経済法（一）で詳説したやうに、国事行為としての儀式とは、内閣の助言と承認によって行はれたことを意味する。それは決して「個人の私事」ではない。

もっとも天皇の御祭りは、日本国にとっての重大事ではあるが、天皇がその執行にさいしては、帝国憲法時代から国務大臣の輔佐によられるか、宮内大臣の輔佐によられるかは必ずしも時と事とによって固定したものではなかった。ことに現在の宮内庁長官は、以前のやうに国務大臣の圏外にあるものではなく、現行憲法そのものが「国政」とか「国事」とか、概念あいまいの点があることだし、すべて天皇の神事を、強ひて「国事行為儀式」

とせよと固執するものではない。これを憲法でいふところの「国事行為」とは別に「皇室の公的行為」と解するのもいい。その祭事費のごときは、当然に皇室維持のための必要なる経費として国庫より支出すべきであるが、それを一般の行政費の会計法と異なる経理方式をとるのも差支へない(帝国憲法の時代も亦然り)。しかし会計の方式が異なるからといって「天皇の祭事」を、陛下の「個人の私事」としたマッカーサー流の独断解釈は許すべきでなく、「歴代を通じて変ることなき皇室の公事」との公権解釈を固めるべきである。

註一　東京でも、関東大震災の犠牲市民を慰霊する仏教様式の大殿堂は、都の公有施設として残され、空襲犠牲の市民も合はせて慰霊する伝統が保たれてゐる。山口市では、公園に公有の聖ザビエルの銅像とか、長崎には公共施設に殉教聖徒の彫刻などがあり、その前で仏教やキリスト教の儀式などの行はれることは許されて来た。同じやうなケースは全国的にすこぶる多い。しかし同じ東京でも、国鉄本社の屋上の鉄道神社は、鳥居も社号標も廃棄され、礼拝も禁ぜられたが、占領後に復活した。神道への差別は徹底的だったが、例外がないわけではない。農林省所管の山林の神殿とその祭りとは、危険な業務にあたる山林労働者の強固な信仰があって、法制局のしばしばの勧告や農林省の命令(神殿の撤去と祭儀停止の命令)があっても労務者によって拒否されて、伝統が守られつづけられたやうな例もある。これは黙認ではなく、法令が拒否された例である。

註二　昭和四十四年、参議院での宮内庁爪生次長の言明によれば、内閣法制局は、「神道指令失効後」の現在では、現に国有地上に存在する宮中三殿を皇室用国有財産とすることは、憲法上では差支へない、との見解を示したといふ。現在は皇室経済法第七条の施設であるが、そのいづれがよいかは即断しないが、そのいづれにせよ、それが「公的性格」のもので、「私有施設」と解すべきものでは決してない。事実を見れば「私有施設」論を立てる余地は全くない。

第八章　神道指令下の皇室と神道（二）

日本が占領されて存亡の危機に瀕したとき、懸命の精力を投入して政局を担当した首相吉田茂は、国史上銘記すべき一人物である。陛下の御信任も篤かったことは、御製からも察せられる。もっとも新憲法の提案者としての吉田論には、いろいろと批判や問題もある。だがかれの回想録には、注目すべき証言が少なくない。

祭政一致といふこと。――占領時代において、祭政分離の政策がとられるに至ったが、宮中における祭事は、少しも変るところなく、今日もつづけられてゐる。――

――今日の憲法上の地位などに鑑みて、皇室を政治、宗教、文化など、社会のあらゆる方面における精神的、道徳的中心としてつづくやう仕向けて行きたいと思ふ。たとへば終戦時までは公式的意義を以て継続し来たれる宮中の諸儀式は、今後もやはり皇室御一家の祭典とするに止めず、いはば国民の祭典として執り行ひ、従って閣僚その他の有資格者のみならず、広く国民代表も参列し得るやうに致しては如何といふのである。これこそ日本国民の思想に合するものであり、歴史伝統を保持し、国民の精神的統合を成

し遂げる所以の一つになるのではないかと思ふのである。（『回想十年』第四巻第二十九章より引用）

これは、吉田茂が「天皇象徴制」の憲法がよかったとして語り、マッカーサーの皇室への「理解ある措置」と卓見を銘記すべきだ、と論じてゐる話の中に出て来る。

かれは「祭政一致」のよき伝統を、将来ともに「社会的」に残し、発展させたいといふのである。今の法学者には、無理な主張だと思ふものが多いだらうと思ふ。確かにこの吉田説には、法論理的には、無準備な説明不足の語が目立つ。しかし、法学論ではなく、新憲法を成立させた第一責任者のこの説は、立憲時代の社会思想として見ると、意味ふかい。祭政を分離して、「天皇は国政上の権能を有しない」との憲法を作っておいて、しかも将来に宮中祭事を強化して、皇室を「政治、宗教、文化などの社会的中心にしたい」と吉田は言ふ。これも法学的に分りにくい説かと思ふ。

しかし、吉田茂の占領対策を知る者が、注意ぶかく読むと、一つの思想の論理は理解できる。かれは、マッカーサーを対日（特に対皇室）理解者として謝意を表してゐるが、その指揮下にあった民政局の政策には、かなりに反感があって根気よく抵抗してゐる。神道指令などは、占領軍の度を越した不法干渉だと思ってゐた。その指令が、明白に内閣総理大臣等の公人が公的資格をもって神宮神社への参拝を禁じてゐるのにかかはらず、かれは、伊勢、熱田への参拝などでは、「内閣総理大臣　吉田茂」と明記した。それを指令違反ではないかとして懸念して問ひ質した神主に対しては「あの指令は無理だ。この署名に文句が出れば、マッカーサーに報告させればよい。その時には、自分がマッカーサーによく説明してやる」と言った。それで神主が「指令で神宮皇学館大学が強制的に廃止された。復活できませんか」と言ったら、「あれも無理な指令だ。しかし敗戦占領下では、無理な問題はいくらも多く山積するものだし、いちいちそれでトラブルをおこしてゐたのでは、占領が終らない。しばらく忍耐するがいい。占領が終って独立したら大学を再建すればいい。私が再建するから、小さなトラブルはおこさないがいい」と言った。事実かれは、この約束をまじめ正直に守って、講和後には自らが皇学館大学総長としての責任者となって、同大学を再建した。このことは回想録には書いてないが、国際政治家、吉田茂の一見識である。

そのやうな吉田茂の見識を考へながら、前記の談話を見ていくと、存外に深い考慮が秘められてゐると思ふ。

祭政一致といふことが「国家の法」として消え去ったのは、吉田本人がよく知ってゐる。しかし、皇室の祭事を法学的には「国家の公法」による儀式と解すべきか、「皇室の公的儀礼」と解すべきかについては、戦前の帝国憲法下の御即位大礼の時などから、専門学者の間にも議論があった。

明治の皇室典範の起案者、井上毅などは、「皇室の祭儀礼典などは、国務と混ずべきではなくて、社会的なものであり、皇室公法の問題で、国政国務法の圏外に在る」との強い意見であった。しかし大正年代の大礼使官制ができるころから「国家公式の儀礼」とする学説が有力になってきた。吉田茂は、新憲法によって「祭政一致だった公式的意味」の儀式が改められたと言ってゐるのは「国務法上の公式儀礼でなくなった」といふ意味なのであって、それが国家権力による国務行為としてではなく、「国民的に」「社会的に」荘厳盛大に行はれることは、なにも差支へない。差支へないばかりでなく、それは大いに結構なのだ。将来ぜひともさうありたいものだ、といふのだらう。

国民の精神、人心に深く影響を及ぼすのは「国務の国法」よりも「社会の礼法」の方がより大きく強いことが、世の中にはいくらもある。一例をあげれば、国家の法として定められた「敬老の日」などよりも、「社会の礼法」として生きてゐる「お盆の日」の方が、日本人の精神生活によほど深く強い影響力を及ぼしてゐる。かれは「宮中における祭事は、少しも変るところなく、今日もつづけられてゐる」といふ事実を示すことによって、祭政一致の美風が「社会的に」「国民的に」生きつづけ、再び盛んになるのを期待したのではなかったか。

吉田茂は、占領下にあって、憲法、典範の改廃をみとめた。そのことの政治的論評は、ここでは問題にしない。だが、かれが宮中の祭事を大切に思って、それを皇室内廷の礼典として保守したことだけは確実である。

それでは、この「内廷の祭事礼典」とは、いかなる意義を有するものであらうか。以下、そのことを少しく法学的につきつめてみたい。

第九章　皇室内廷の法的意義

一般に、現行の皇室祭儀は「内廷の私事」との官僚解釈が当然かと思はれてゐて「天皇の天下の御祭りを私事とはなにごとか」と怒る人も多い。私事説にたいして怒るのは、もっともだが、なにも法律に私事と書いてある条文は一つもない。私事説の生ずるのは、皇室経済法第四条の二項に、

内廷費として支出されたものは、御手元金となるものとし、宮内庁の経理に属する公金としない。

との条文中の傍点（筆者）のところだけを見て、前段の文も第一項の意味も考へないで、ただ「公金としない」と書いてあるから「私金だ」と即断し、「私金の支出」される事は「私事にちがひない」と独断しただけの話で、法学的にも全く不注意、軽薄である。

ここでは「宮内庁の経理」といふ語の意味が大切なのである。この立法をする前までの皇室の事務を担当した宮内省といふのは、憲法といふ国の法典で立てられた国務上の政府（内閣）とは、まったく性格の異なる役所であり、皇室典範に基くところの別系列の存在

で、行政機関でないことを大切な条件としてゐた。

宮内省、内大臣府及其所管々庁ニ属スル総テノ官吏ヲ宮内官と謂フ。宮内官ハ皇室ノ官吏ニシテ其俸給其他ノ諸給ハ皇室費ヨリ支弁セラレ、其官等、任用、分限、懲戒等ニ於テ総テ国家ノ官吏ト区別セラル。――両者ノ区別ハ一ニ其身分ニ於テ、宮内官ハ皇室ニ隷シ皇室ニ対スル勤務義務ヲ負フ者ナルニ反シテ、国ノ官吏ハ国家ノ使用人ニシテ国家ニ対シ勤務義務ヲ負フ者ナルコトニ在リ。唯宮内官ノ皇室ニ対スル関係ハ、決シテ私法上ノ雇傭関係ト認ムベキモノニ非ズ。我国法ハ皇室ノ総テノ事務ヲ以テ公ノ事務トシテ認ムル者ニシテ宮内官モ亦公ノ官吏ナリ。（美濃部達吉『憲法撮要』）

この宮内大臣、宮内官と、国務大臣（行政大臣）指揮下の一般行政官とを区別したのは、明治いらいの帝国憲法、皇室典範の制度では、極めて大切な条件とされてゐた。国務大臣は、常に議会に臨んで、政府の国政に対する厳しい批判に対して答弁せねばならないし、議会は、国務大臣、内閣の不信任を決することもできたし、政府の行政に要する予算の成否を決定する権能をも有した。

この国務上の政府の立場とは全く異なって、宮内省は行政機関の圏外に立ち、その主たる予算財源は国庫以外の皇室財産に依存するところが大で、その経理も、国の行政的予算決定権を有する議会の論議の圏外にあり、議会の政治論争には無関係の立場を保ってきた。宮内省とは、国政担当の国務行政機関とは全く異なる、別の役所であった。

ところが憲法や諸法令、官制が変って、宮内省といふ政府の国務圏外の公の皇室の機関がなくなって、その事務の大部分が、内閣総理府の管下行政機関としての宮内庁に引きつがれた。この変化に応じて、宮内庁は他の国務上の行政機関と同じになり、その経理も事務も、当然に政治論争の主たる場所である国会の内閣委員会で監視され、論議されることになった。それは、宮内庁が行政機関となる以上、さけることのできない法理の当然の帰結である。

しかし、皇室のもっとも中核である、陛下の最側近の「内廷」だけは、旧宮内省のままではなくても、政治論争の集中する行政機関の圏外におきたいといふのが、前記条文のもっとも眼目とするところなのである。一般行政機関としての「宮内庁」と一線を画する。「宮内庁の経理に属する公金としない」とは、行政機関の公金とはちがふ公金との意味だ。したがって「内廷」の職員は、旧皇室典範時代の宮内官と同じく、国家政府の行政官ではなく、一内閣の大臣の命令をうけるものではなく、天皇に直接する非行政官となったのである。（註）

それ故に、内廷費は行政機関宮内庁の公金とは、その本質上の性格がちがって来るが、国の行政機関の公金でなければすべて「私金だ」などといふのは、論理がまったく飛躍し、短絡しすぎてゐる。とくに内廷費を、天皇の私的所得とみなし、官吏の俸給などと同一視する者は、この経済法第四条の第一項を無視する者の俗流的誤解である。

第一項には、

内廷費は、天皇並びに皇后――皇太子、皇太子妃、皇太孫――及び内廷にあるその他の皇族の日常の費用その他内廷諸費に充てるものとし、別に法律で定める定額を、毎年支出するものとする。

とある。

この毎年定額支出とは、明治憲法の第六六条の皇室経費の条文をまねたものであって、年功によって昇給する官吏の俸給方式などとは本質を異にするもので、明らかに「内廷」に於て必要な諸経費として、祭事、社交その他の諸経費を国会が算定して、国の立場から見て必要とみとめる「皇室の公金」として支出してゐるものである。

もっとも内廷費の中には、天皇直属の非行政官官吏の俸給をもふくむ。その官吏の俸給は、もとより支給された以後は、その人の私的所得となり、課税もされるのは他の国家公務員と同様当然のことであるが、内廷費そのものは、天皇及び天皇直属の公的機関の諸費用なのであって、私的所得とは全くその本質が異なる「皇室の公費」であり、勿論、所得税などの対象となるものではない（非課税明文規定あり）。

天皇が、憲法的意味における「国務」圏外の「宮廷行事」を執行された宮内省の残影が「内廷」である。

内廷の祭事は、天皇が、そのもっとも本質的な意味においての皇室の公事として執行なさるものであって、これを私事と称することは、全く道理に反するものとしか評しがたい。内廷の祭事は、政府の世俗的行政圏外にあるところの「皇室の重儀」「天下第一の公事」と解するのが正しい。

註　わが国では、古来、奈良、京都の王朝時代でも、鎌倉以後の武家時代でも、皇室に直接奉仕する者を官、官吏といふ。日本語で官といふのは、もともと天皇への奉仕者を意味した。ただ明治の帝国憲法成立の直前のころ、内閣官制がしかれてから皇室の官吏と帝国政府の官吏とを制度上二分するやうになった。帝国憲法、皇室典範の下では、この両者は明確に区別された。

新憲法下では、政府の官吏が、宮内庁の侍従職までふくめて国家公務員とされ、古来、官と称せられた意味の皇室の官吏は、掌典職をふくむ内廷のごく少数者のみとなってゐる。しかし将来、国政の政治状況の活潑な政権異動の生ずべきことを当然として考へれば、天皇の侍従とか皇后の女官などは、政府の官吏ではなく皇室の官吏であるべきは、理の当然であらう。

第十章　皇室の祭儀

皇室の祭儀については、われわれの立場は、皇室経済法第七条が占領下の神道指令下において立法されたにもかかはらず、議会でそれが第一に、神器を意味し、宮中三殿を意味するとして立法されたことに、格別の重点をおく。それで、この条文にそれほどに注目しない一般の法学者の説と異なってゐる。改憲直後の美濃部博士、佐々木博士でもこの点では全くわれわれと異なる。

佐々木博士の『日本国憲法論』では、

即位の礼は、皇位継承の事を内外に告げるの礼である。皇室典範は、帝国憲法時代の皇室典範と異なり、単に即位の礼を行ふことを定める。即位の礼の外、践祚の式、大嘗祭といふものを別に行ふことはしない。従って、践祚の式において特に行はれた、神器渡御の儀といふものも存しない。神器は、鏡、剣、璽の三で、天皇の徳を象徴するものとして、尊重される。社会の伝統的の観念の上で考へられ、帝国憲法時代の皇室典範の上で、践祚の時、天皇これを承け、天皇の支配に帰するものと、国家制度上定められてゐたので、国家制度上の存在物であった。今の皇室典範では、神器について何等定めるところがない。故に、今日、神器は国家制度上の存在物ではない。それについての社会の伝統的観念がどうあるかは、別の問題である。

と記してゐる。われわれは、法的にも同感せぬ。

佐々木博士が、現憲法の法定にさいして、この憲法では「国体が変更される」として、毅然たる反対を表明した論説(『憲法改正断想』に所収)は、日本法学思想史の上で銘記さるべき卓説である。しかし、博士は、この国体変更説のロジックをつらぬかうとするためか(あるいはこの憲法では、日本国民の社会的伝統観念が無視されるぞ、との警告の意もあってか)、現行憲法の解釈論では、強引ともいへる国民の社会意識に反する解釈をしめした点が少なくない。法文にないといふことは、必ずしも「行はない」とか「行ってはならない」と解すべきでなく、法文になくても「行ふ」こともあり「行っても差支へない」こともある。不文の法として「行ふべき」こともある。法文に明記がないといふことだけを理由に「行はない」とか「存在しない」とする解釈には、われわれは同感しない。

憲法改正の当時には、占領軍司令官マッカーサーの命令が、憲法以上の権力を有してをり、憲法の解釈も占領軍の指令によって解釈された。前記の佐々木説も、美濃部説も、天皇の祭事についての憲法解釈は、ほとんど神道指令と同じ趣旨となってゐる。占領下における憲法解釈は、憲法よりも上位を占めた「占領指令」を無視しがたかったのかもしれない。しかし、少なくとも現在においては、占領指令は、すべて失効してゐる。

米占領軍は、憲法を作らせたが、その憲法条文に反する指令を、その上においてゐた。例をあげれば、憲法では「検閲」を禁じてゐたが（憲法二一条）、それは日本政府の行ふ検閲を禁じたもので、占領軍の検閲は公然ときびしく行はれた。また、憲法では、国民の基本的人権について「身分、信条」等一切の法的差別を禁じてゐるが（憲法一四条）、占領軍にとって「好ましからざる」経歴や信条を有する人物を、公職教職から「追放」した。それは超憲法的な権力を有した。

しかし占領が終った以上は、いかに占領軍が立法させた「憲法」であっても、その解釈は、占領軍の立法意思によって束縛されるものではない。憲法解釈について、占領軍の指令はなんらの効力を残すべきものではない。憲法は、指令から全的に解放されて解すべきである。

占領軍指令から全く解放されて、憲法およびその附属法としての皇室法（皇室典範、皇室経済法）を直視すれば、そこには「神器」の語もなく「践祚」の語もないけれども、皇室経済法第七条は、「神器」が「皇位」とともに継承さるべき国家的存在であることを意味するものと解すべき理義を明らかに残してゐる。

「皇位とともに伝わるべき神器」の継承に際しては、当然に「社会の伝統観念」によって、践祚の式が行はれ、神器渡御の儀が行はれるべきで、それをことさらに「行ふことはしない」とか「その儀式は存しない」とかいふべき根拠は、なくなってしまった。

占領が終結してからすでに三十数年を経てゐる。占領によって束縛されてゐた時代の憲法そのものを改正し得ないでも、少なくとも、憲法の解釈は洗ひ直すことを緊要とする。

天皇は、建国いらい皇祖神の祭り主として、皇祖神の祭りを行はせられることをはじめ、諸々の神祭りをもって任務とされた。その御祭りの祭祀、ならびにそれに伴ふ儀式典礼については、その主たる精神は古来、易ることなく継承されて来たが、その変遷については、貴重な歴史がある。祭祀典礼の文書によって明らかに記録されたものとしては、古くは大宝令、貞観儀式、延喜式などが現在にいたるまでも伝はってゐるが、明治維新にさいしては皇室の祭祀にも大きな維新が行はれた。

明治維新によって、皇室の祭祀は、中世いらい中絶してゐた古儀の伝統を、荘重に復活したが、必ずしも重要でないと思はれる祭儀、典礼で廃止されたものも少なからずある。近代国家の皇室として、新しく設けられた祭儀もすこぶる多い。その明治維新いらいの皇室の祭祀についての定めは、皇室令第一号をもって制定された。明治四十一年の「皇室祭祀令」である。この祭祀令は、昭和二十二年の五月いらい（現憲法の発効と同じ時に）政府見解としては法令として失効したものと言ってゐるけれども、その後の皇室の祭祀も、ほとんどこの明治の祭祀令を基準として、実際上不文法的に執行されてきたのである。

なほこの「皇室祭祀令」以外の重大な祭祀を定められた皇室令については、登極令、摂政令、立儲令、皇室成年式令等の臨時特別の場合の祭祀規定があり、ほかに御陵に関しては、皇室陵墓令がある。いづれも今日においても皇室の祭祀儀礼の標準とされてゐる。これらの皇室祭祀について、一通りの解説を行ったものとしては、八束清貫著「皇室祭祀百年史」（神道文化会刊行『神道百年史』第一巻に所収）がある。その文の著者は、明治四十一年制定の皇室祭祀令をもって「有史以来最も整備整頓されたもの」と断じてゐる。これをもって「有史以来」の最高のものとする著者の断定については、神道先学のなかにも異論がないわけではない。皇室の祭儀については、明治いらい古儀の復活され確立されたものもあるが、却って大切な古儀が中絶してしまったとの論もある。またこの皇室令は、明治聖代の先学の知識を尽しての成果ではあるが、あまりにも微細な点にいたるまで「法」として固定してしまったのは、時宜に適せぬ弱みを内包するとの批判もある。

前者の古儀復活の論は、これを「神道論」の問題として、この法制研究の本文とは別に論ずることにしたい。（註一）

後者の批判にも一理あることであり、現在の時点において改めて新しい「定」めを希望する意見もないではないが、現代の法的政治的社会情況のもとにおいては、格別の改正を試みることなく、明治以来の皇室令を「最高の標準」として、皇室の祭儀伝統の保持に力をつくすことが、現代のわれわれとしては、もっとも賢明であると思ってゐる。

それは、明治の皇室典範が変更されていらい、皇室の伝統を護持するために、不断の苦心を重ねて来た神社本庁を中心とする先人の――試行錯誤をふくめて――結論といっていいかと思ふ。そのことについての経緯は、数年前に神社本庁教学部長であった渋川謙一氏が、神社新報の葦津珍彦社友との問答録で、宮川、吉田、平田等の各総長の時代から、三十年間の経緯を記録した文書『皇室祭祀関係大綱方針に関する聴き書き』があり、重複すると思ふので省く。（註二）

ここでは、日本が占領されて、神道指令が発せられてから後に、皇室の祭儀がその正しい伝統をいかにして復活しようとして来たかの問題を、主として法制的な側面から、さらに論述して行くことにする。

註一　皇室の祭祀の復古さるべき所以、または改むべき点については、大正時代いらい神道の先学の間に、貴重なる意見があったし、それは本文とは別に「神道論」として研究したいが、前記の引用文はそれを遠い将来のこととせざるをえないとの意である。ただここには、戦後の問題として次のやうな論のあることについて、特に注意しておきたい。

すべてを「皇室令」を基準として行くと、皇室、国家の大事を御奉告なさるべきもっとも大切な所は「神宮および神武天皇陵、ならびに前帝四代の山陵」といふことになる。この制度は、古代からの神宮との関係および、山陵に関する古制を参考とされたものであるが、明治維新前の山陵の祭りについて、本居宣長の説によれば、「歴代の御陵の事、上代には其諸々の制度や式が、いかがであったか詳には知りがたい」としながらも、（書紀の天武天皇と畝傍陵のことをはじめ、続紀の神亀五年のことなどから、山陵へ奉告の儀の沿革、それに近陵遠陵の制を説明して）三代実録での山陵への荷前之幣の制を「漢国の七廟の制」を学んだものとしてゐる。しかして延喜式のころから後々にいたるまで、特に天智天皇だけを代数に限らず大切にしたのは、漢国風の制度を立てられたる天智天皇を「中興の主」などとして、太祖の廟に比したもので、これは道理に当らない。神武天皇の御陵をこそ第一に厚く祭り給ふべきであらう――と言ってゐる。

その後に、宣長と同じやうな改革意見が、諸家の間でひろく行はれ、明治維新後には、大改革が断行されて、初代神武天皇陵および近陵が、とくに重んぜられることになった。

それは然るべきことであるが、宣長は特に「漢国では、墓といふものの外に、廟を建てるが、皇国では陵墓の外に、廟を立てない」として詳しい論証をして、歴代天皇には、廟も神社もないと断じてゐる（以上の本居宣長の説は、主として『古事記伝』巻二十及び巻三十による）。

明治の皇室法の制は、この古制を基準として立てられたのは明らかである。しかるに、明治以後には、神武天皇陵のほかに橿原神宮が創建され、次いで天皇奉祀の神宮が数多く建設され、とくに大正時代に明治神宮が創建されてからは、明治神宮への皇室の御祭りは桃山御陵と同じく重んぜられたのみでなく、国民の意識の上で、歴史的ともいふべき大きな崇敬を集めた。しかし現行の制度の上で見ると、桃山御陵に限らず皇室の御陵墓は、全国三百六十余ケ所にわたってすべて皇室とふかく結びついてゐるが、橿原神宮も明治神宮もすべて制度的には皇室と切断の形となってゐる。

これは神道指令が強行された時に、その時以前の天皇の祭祀が、山陵の事は宮務法で定められ、歴代天皇奉祀の神宮の事は、国務法で定められてゐたことによる。それは指令が国務法関係については、すべて断絶を強行し、山陵については前記したやうな事情で、指令の強行をしなかったといふ法形式だけのことで、精神的理論的には皇室と山陵、皇室と神宮との間に遠近、軽重のあるべきものではあるまい。

世間では「山陵は非宗教であるから国家施設、神宮は神道といふ宗教施設であるから私的宗教法人とする」などと称する俗説が流行し、政府官僚の言明のみではなく神道人のなかにも、それに似た言説のあるのには同意しがたい。明治以後の神道において「歴代天皇の神宮」と「山陵」とがいかに解せられて来たか、将来いかに現行制度を改革すべきかについては、本論文とは別に詳論することとしたい。ただ一言しておきたいのは、これらの諸々の神宮は、以前は公法人であったのが、現憲法下においては私法人としての法人格を有し、私法人としての権利、義務関係を固めて来てゐる。それで、ただ政府や国会（国民世論）の意思のみでは、憲法を改正したとしても、すでにその法性格を変更しがたい複雑な新しい諸条件を生じてゐることも承知しておかねばならない。将来に非常な難問を残してゐる。

註二　神社本庁初期の各総長見解は、前記渋川筆録の『聴き書き』によって知られたいが、その結論として、葦津の所信を語ってゐる点は、ここに引用しておきたい。

（前文略）

それは明治維新史などを見れば痛感されることなのだが、天子の御代替りの時の国民心理とは、むつかしいものだ。大君を追慕する情の深い国民ほど先帝（この時は孝明天皇）への追慕の情が強くて痛切である。明治の時などは、すべてが欧風への一新の風があって、新帝（明治天皇）がお若いし、ともすると先帝を追慕する情の深い臣民は、新帝の勅を拝しても、それを側近の策謀によるものと考へて万事を「先帝の御遺訓」を第一として、今の時の事を決断しようとする。それが多くの混乱の悲史をも生んでゐる。これは御代替りの時代にさけがたい一つの精神的危機ともいふべきものである。同じやうな精神的危機現象は、大正の初年にも見られた。この時には、明治ほどではないにしても、東京で大騒擾を生じた大正政変の一つの転換期でもあった。それに先帝の遺臣たちが、政治的保身のためもあって、それぞれに臣下の名あての勅語などの乱発をいただいて、在野人に反感を誘発して、騒乱にまでなった。ただ今上の場合は、先帝の御病が重く、践祚以前から摂政として大権行使の御立場にあったので、御代替りにさいしての国民心理は、あまり動揺しなかったが、これはむしろ例外といっていい。

御代替りの君民の心理的変動の危機に応ずることは、国体上の重大事なのである。問題の即位の礼とか大嘗祭の意義は、非常に大切な多くの問題をふくんでゐるが、新帝が皇祖神に御一代唯一度の盛大な儀式をもって、皇祖に新嘗の祭りをなさり、皇祖神と御一体の御身となられ、盛大な即位の大礼を挙げさせられることは事重大である。これによって、新帝が、先帝とまったく同じく、御歴代の皇宗と同じく、皇祖神そのままの御立場に立たせられることを臣民に印象づけることが大切である。御代替りの国民心理の安定といふことから見て、即位の礼、大嘗祭の執行は、格別に大切である。

おそれ多いが、次回の即位の礼、大嘗祭については、特にその意義が極めて大きい。今上さまは、国史上まれな永い御在位中に、まれな悲史を御経験なされた。それだけに国民の今上への御敬慕の情感は、明治天皇とはまた異なる意味で、痛切で深い。しかもこの時代に、皇位に対するさまざまな前例のない問題意識も表はれて来てゐる。次の御代替りの国民心理の動きを察するに「新帝は先帝そのままの上御一人となられた」との確たる印象づけをすることこそが、なににもまして第一の至上条件である。

それには明治維新いらい、皇祖考明治天皇が、復古改新の思召をもって、その御生涯を通じて御苦心なさって欽定なされた御儀式の次第、それを大正天皇も今上陛下も、そのままに守らせられ、新帝も亦そのままに行はせられるといふことこそが、もっともいいに決ってゐる。（後略）

天皇が、先帝のあとを御継ぎになって、もっとも最初に行はれるのは、践祚の儀式であり、「神器渡御」の儀である。これは、古来、易ることのない皇位継承後第一の儀式である。現行の「皇室経済法第七条」は、そのことの重大性をみとめた条文である。神器渡御の御儀は、古くは後宮職の内侍が奉仕したこともあるが、明治の登極令によれば、侍従の捧持する剣璽を、内大臣が新帝の前の案上に奉安することになってゐる。この渡御は、剣璽のみで、賢所には、掌典長が御代拝して御践祚の事を奉告することになってゐる。

践祚によって、天皇は御位につかれるのであるが、その事を天下に公に示される即位の礼は、践祚からやや時を経て行はれる。この即位の礼の行はれることは、現行皇室典範の第二四条にも明記されてゐる。この即位の礼とともに、大嘗祭が行はれるのが、皇室の儀式、祭祀においてはもっとも大切なことなのであるが、新しい典範のもとでは、この宮中第一の重儀が行はれるのであるかどうか。それは典範立法の時からの問題であった。

明治の典範では、

第一一条　即位ノ礼及大嘗祭ハ京都ニ於テ之ヲ行フ

との明文があった。現行皇室典範では、この大嘗祭が条文から消えてゐる。占領下の議会での法案審議では、政府は、「即位の礼を行ふことは、当然に憲法上の国事行為の儀式であると考へるが、その礼式がいかにあるべきか、それは未だ定まってゐない。また、即位の礼の中に大嘗祭がふくまれることになるか、それとも即位の礼を国が行ひ、大嘗祭は同時に別に、皇室のみの儀式として行はれることになるか、そのあたりは未定である」との趣旨で応答してゐる。実際、なにごとも戦勝国の許可なくしては決定できなかった占領時においては、「未定」だったといふのが事実であらう。

当時の神社新報は、神器の継承、大嘗祭は伝統的皇室にとって欠くべからざる大法なのであって、これを法律の明文とするにせよ、明記しないにせよ、伝統的皇位をみとめる以上、不文の大法として執行されることは、当然であるとの意見を主張した。しかし法学者一般の説では、神道指令が国の機関にたいして、宗教儀式の執行を禁じてゐる以上、国の機関たる天皇が、大嘗祭を行はれることは廃止される、との説が多かった。

しかし、GHQは、天皇が皇室の私事として、宮中で祭祀をつづけられることは、これに干渉しなかった。天皇は、皇室の内廷において、戦前と異なることなく、新嘗祭をはじめ諸祭儀を執行なされたし、GHQもそれを了解したので、政府、国会も、その諸祭儀を執行される必要経費を、皇室内廷費として予算に計上して、今日までそれを無事につづけて来てゐる。もともと大嘗祭とは、例年行はれるところの新嘗祭とその本質を同じくするものであって、新帝が御代のはじめのころ特に盛儀として行はれる新嘗祭のことを、大嘗祭と称するのである。新嘗祭が、皇室の儀式として行はれてゐる以上、御代のはじめのころに、大嘗祭が行はれてはならないとの法理はまったくないし、また今まで当局も、それは当然に行はれることと予想してゐる。

問題は、ただ政府がそれを「陛下の私事」として解釈し、弁明してゐることである。しばしば言ふやうに、これは、たまたま今上陛下の私的な御一代限りの信条にもとづくものではなくして、萬世一系の「皇室」の公事なのである。今上陛下の御一代限りの私的なものではなく、皇位を継承なさるべき東宮殿下も、この宮中の御祭儀を「皇室」の伝統として重んぜられてゐる。

わが国本来の古法の精神からすれば「天皇に私なし」といふのが大原則である。強ひて、君権民権を対立的に見る（公私観の異なる）西欧流近代法の精神や法論理を用ゐるとすれば、陛下御一代限りの御趣味とか、御研究とかは（例をあげれば、今上陛下の生物学御研究所のごとき）、これを、御一代限りの「私事」と称することもできよう。しかし、日本国の皇位とともに伝はるべきものとして、国家の法によって定められた「神器」及び「神殿」に関する「皇室の公的世襲」「皇室の伝統」に関することを「私人の私事」と称することは許せない。その道理は、前記したとほりである。

「私人の私事」説は、マッカーサーに源流するのであるが、かれは陛下の御改宗を予期してゐた。改宗なされば、すべて解決すると思ひ、それまでは「私人の私事」でいいとして、伝統祭祀の事実をみとめた。

しかるに陛下は、ただの私事としてではなく「皇室の信仰」として、皇室第一の重儀として、皇室の祭儀を固めて来られたし、その事実を知りその事実の意味をみとめて、政府もそれだけの予算を計上し、国会もそれをみとめて来た。しかも、その事実の大切なことを知つてゐて、皇室経済法第七条を立法して、いささか不体裁な条文ではあるが、祖宗の神器と宮中の三殿とが、決して陛下御一代のものではなく、萬世一系の皇位とともに在るべきものとして法定したのである。

これを「公認」したのは、神道の亡びることを希望したマッカーサーにとっては、決定的誤算だったかもしれない。米人マッカーサーには「公的世襲」といふ日本の「皇室」といふものの意味がわからなかったので、「皇室経済法第七条」を承認して「皇室の伝統信仰」をみとめ、結果的にそれを固めてしまふこととなった。陛下の皇室信仰を守る御決意の固く根づよいことを知り得なかったからであらう。

ともかく、憲政の慣例は、皇室の信仰の存在をみとめて、皇室が、その信仰の祭儀を執行なさることを当然の必要事として公認して来たといっていい。それが内廷で行はれて、内廷経費によって執行されたとしても、その事実をはっきりと知って、それを皇室にとっての必要な経費として承認して来た四十年の憲政実績は、「皇室の信仰」をみとめた事実を立証してをり、大嘗祭の執行を妨げるやうな法的根拠は、なくなったといっていい。

ただ残る問題は、予算の大小に関することといふべきであらう。皇室の恒例の祭儀は、ともかくも陛下の思召で（皇祖皇宗の御遺志の通りに）滞りなく行はれてゐるが、臨時の御祭り（大嘗祭は、その第一）にさいして、予算決定権を有する国会が、その重儀にふさはしい臨時特別の内廷費予算を計上するか、それともその予算を惜しんで国の由緒ある伝統を傷つけるか、それは、本質的には、法の問題といふよりも「政治」の問題であり、「国民精神」の問題といふべきであらう。問題は、ここでは法よりも、法を運用する政治と政治家の問題であり、忠良なる国民の問題である。（註）

註　帝国議会は、かつて一度も皇室の経費を削るやうな論議をしなかった。しかし、法の上では、帝国議会は、皇室の臨時の経費を拒否する権能をも与へられてゐたのである。帝国憲法立法の前には、万全を期して、そのやうな場合にでも、皇室の行為に支障なく、措置をとり得る方法として「皇室財産」の制度を設けたといふ事情もあった。皇室財産があれば、議会の情況に政治的混乱を生じても、皇室は国費に依存せずして臨時必要の経費を支出し得る道があった。現憲法では公産としての皇室の財産の存在を否定し、しかも国民が進んで皇室へ献金することも、きびしく制約してゐる。これは法的な問題点であるが、政治は、ただの読書人、学者の法解釈ですむものではなくして、法を正しく運用して行く英智を要する。

その点で、終戦いらいの歴代内閣は、はなはだ英智に欠けた。内閣（宮内庁）は、即位の礼や大嘗祭そのほか臨時の大きな出費必要を考へないではなかった。わが国の議会は、明治の立憲いらい「皇室費」を惜しんで、予算が紛糾したことはない。それでも立憲制そのものは、本質的に議会にたいして、決定的に予算権を与へてゐる。明治の立憲起案者は、朝野の間で予算案の成否で大きな政治紛争の生ずる場合を予想して――それは立憲制として当然にあり得ることなのだ――皇室費に万一にも紛糾を生じたとしても、それが皇室の重儀に影響を及ぼすことのないやうに、皇室財産の制度を用意するとともに、スウェーデン、スペインなどと同じく前年度予算の執行権を政府にみとめてゐた。しかるに新憲法では、皇室財産制を全的に否定した。しかも歴代内閣の無責任なる国家財政政策の積み重ねは、百五十兆円といふ無謀な国の債務を累積してをり、「国税は正しい国民の義務」との意識が急速におとろへた。国費国税は、政府の無責任なる乱費であり、国税問題は政治的大事となって、今後の予算審議において、国会論争の重大課題となるのは必然である。それが、皇室の臨時特別の予算に影響を及ぼすおそれは決して少なくない。

当局は、今では旧制の皇室財産も全くないので、乏しい内廷費を節約して、即位の礼、大嘗祭などの執行を考へて、内廷予算の残高を累積してゐるともいはれる。しかし、乏しい内廷費二億円余の内からの残高累積などは、いかに計算してみても、わづかのものに決まってゐる。もし朝野の間に、財政論争などが激しくなれば即位の礼、大嘗祭などは名のみのものとなり、盛儀は望むべくもない。これは歴代内閣の不用意である。

政府としては、臨時の場合の国費予算の案を考ふべきであるが、そのほかに、政治的に考ふべきは憲法八条の国民献金である。

この条文は、前にも述べたやうに、世界に例のない不合理な法で、憲法の改正にさいしては当然に廃せらるべきものである。しかし、現憲法下でも、国民献金を禁じてゐるわけではない。わづかに小企業商社の交際費程度のものを皇室経済法施行法でみとめてゐる。あまりにも僅少で、忠良な農民の献米などすら拒否されて、君民一致の美風の妨げとなってゐる。この枠を、国会の承認を経て平素から良識的な程度に「限度を拡大」しておき、臨時の場合には、格別に拡大することにすれば、国費予算などは僅かでも、国民の赤誠の献金によって、いかにでも皇室の儀式、典礼が厳修できるのは、明瞭にして確実である。

現代の日本国民は、この数十年の歴代内閣の無責任財政のために、国税を国民の忠誠なる義務と信ずる意識を消失しつつある。しかし、皇室にたいする崇敬と忠誠の意識は、政府に対する意識とは比較にならないほどに高く維持されてゐる。減税を強く要求する国民でも、国会が皇室献金の枠拡大を決すれば、皇室伝統を守る程度の献金は、たちどころにして集め得る。それは、国税の万分の一、十万分の一にも足らない金高で、しかも国民統合の意識を高め、浄め、強めて行くのには絶大の意味を有してゐる。憲法の変革いらい、皇室法にもいくたの欠陥をきたし、問題を生じてゐるが、それでも日本国民の統合者としての「天皇」の社会的権威は、厳として今なほ存する。これをいかにして確保し、恢宏して行くかは、政治の英智に待たねばならない。

関係資料

浜地文平議員の政府に対する質問書及び池田首相の浜地議員に対する答弁書

昭和三十五年十月十八日提出　質問第二号

提出者　浜　地　文　平

衆議院議長　清　瀬　一　郎　殿

伊勢の神宮に奉祀されている御鏡の取扱いに関する質問主意書

近年伊勢の神宮の制度について、いろいろの議論がある。この問題は、国民精神上重要な問題であるが、憲法との関係からして、あるいは一般宗教との関係からして、複雑な問題もある。その結論を得るのには慎重な研究を要すると思う。しかしながら、世上この問題に関連して、伊勢の神宮に奉祀されてある御鏡（ヤタノカガミ）が天皇の御鏡であるかそれとも宗教法人のものであるかというような議論もあるが、このような問題を、いつまでも不確実あいまいのままに放任していることはよくない。これは国民良識上明らかなことで、伊勢の御鏡は、皇祖から皇位継承者たる皇孫に授けられたものであって、皇室経済法第七条にいわゆる「皇位とともに伝わるべき由緒ある物は、皇位とともに、皇嗣が、これを受ける。」

とあるように、日本国の天皇の御位と不可分の関係にあるものと信ぜられる。政府は、この点について、いかに解釈しているか。

第二、この御鏡について、それが天皇の御鏡であるとの解釈が正しいとすれば、神宮はこれを自ら所有しているのでなくお預りして奉祀しているものと解せねばならない。だがこの「お預りする」ということは、法律的にはいかなる関係と解すべきであるか。これを「寄託」と解する学説があると聞くが、政府ではこれをいかに解釈しているか。

第三、皇室と神宮との関係を法律的に寄託と解するにせよ、その他の法律的概念によって解釈するにせよ、要するに神宮としては天皇の御鏡をお預りしていることには間違いないと思う。この天皇の御鏡を保全するには最も慎重厳格なるを要することはいうまでもない。これは歴史的伝統によって、神宮当局がお預りしていると思われるが、そのお預りしている神宮当局の関係者に質してみても、御鏡の法的性格については、確実な解釈が定まっていないようである。これでは、今のような時代には、心もとないと思われるので、宮内当局としては、御鏡をお預りしている神宮当局者に対して、心得なり条件なりを明示しておくべきだと思うが、政府はその点についていかに考えているか承りたい。

右質問する。

昭和三十五年十月二十二日受領　答弁第二号

内閣総理大臣　池　田　勇　人

衆議院議長　清　瀬　一　郎　殿

衆議院議員浜地文平君提出伊勢の神宮に奉祀されている御鏡の取扱いに関する質問に対し、別紙答弁書を送付する。

衆議院議員浜地文平君提出伊勢の神宮に奉祀されている御鏡の取扱いに関する質問に対する答弁書

一、伊勢の神宮に奉祀されている神鏡は、皇祖が皇孫にお授けになった八咫鏡であって、歴世同殿に奉祀せられたが、崇神天皇の御代に同殿なることを畏みたまい、大和笠縫邑に遷し奉り、皇女豊鍬入姫命をして斎き祀らしめられ、ついで、垂仁天皇は皇女倭姫命をして伊勢五十鈴川上に遷し奉祀せしめられた沿革を有するものであって、天皇が伊勢神宮に授けられたのではなく、奉祀せしめられたのである。この関係は、歴代を経て現代に及ぶのである。したがって皇室経済法第七条の規定にいう「皇位とともに伝わるべき由緒ある物」として、皇居内に奉安されている形代の宝鏡とともにその御本体である伊勢の神鏡も皇位とともに伝わるものと解すべきであると思う。

二、伊勢の神鏡は、その起源、沿革等にかんがみ神宮にその所有権があると解し得ないことは明らかであると思うが、これを民法上の寄託等と解するかどうかの点については、なお慎重に検討を要する問題である。要するに、神宮がその御本質を無視して、自由に処置するごときことのできない特殊な御存在であると思う。

三、神鏡の御本質、沿革等については、神宮当局の十分承知しているところであり、神宮は、従来その歴史的伝統を尊重してきたが、新憲法施行後においても、神宮に関する重要事項はすべて皇室に連絡協議するたてまえになっている次第もあり、現状においては特にあらためて心得等を指示される必要はないと思う。

右答弁する。

後篇

解　題

皇室法研究会員が、主として参考とした諸家の現行皇室法及び明治皇室典範に関する諸論文集の中、ここにはとくに、研究会員が直接指導をうけた大石義雄博士（京都大学名誉教授）及び葦津珍彦氏（神社新報社社友）の論を収めた。

「大石義雄─皇室祭儀と憲法との関係」

この論文執筆には前提がある。皇室の内廷祭儀については、一般に内廷の私事と解する説が多く、神道系学者はそれに不満で、「皇室祭儀は天皇の国事行為とするのが望ましい」と主張する論が多い。これに対して、葦津珍彦氏は「皇室祭祀は天皇の天下の公事たるは明らかだが、現憲法の世俗国家の国家行為たるは、むしろ望ましくない。その天下の公事たるは、日本民族社会の公事と解すべく、現行法では国政圏外の内廷行事であるがよい」との説を公表した（中外日報・昭和五十九年二月十日号）。

この説には、神道界でも疑念や批判がおこり、神社新報紙上でも論議を生じた。この論文は、その時に、大石博士がその主張を要約して、神社新報に寄稿されたものである（神社新報昭和五十九年九月三日号）。

「葦津珍彦―皇室典範研究」

一つは「明治憲法と皇室典範―その区別と関連の歴史」。これは、明治の立憲にさいして二つの法体系を区分して立法した法思想の根本と、その二つが全く別とは割りきりがたくして、相交流した歴史を書く。

次の「明治以後皇室財産制度の法思想史」は、旧皇室財産の法的性格を論じ、その解消史を解明して、将来の皇室経済の「在り方」への示唆を示す。

第三の「天皇に私なし―内廷神事の端的な意味」は、現行憲法の象徴としての天皇においても「公ありて私なし」の大原則が前提であることを解明し、さらに現行皇室経済法の「内廷費」について論じ、内廷における神事の意味を明らかにするとともに、皇室祭儀を現憲法の国事行為ではなく、「神聖なる社会的公事」として発展すべき道を暗示する。

一　皇室祭儀と憲法との関係

（昭和五十九年九月三日、神社新報にて公表の文）

大　石　義　雄

ここで皇室祭儀といふのは、天皇によって行はせられる祭儀のことであり、これが、現憲法日本国憲法とどう関係するのだらうかについて所見をのべるのが、この記事の目的である。

憲法をはなれて、何が国事行為か私事かを論じることも、もちろん、大事なことである。改憲是か非かにも関係するからである。

しかし、ここでの問題は、現憲法の存在を前提として、皇室祭儀は憲法にいはゆる国事に関する行為なのかどうかを見ようとするのである。

国事行為とは何か

憲法は、天皇の国事行為を「国事に関する行為」と称し、第四条で次のやうに定めてゐる。

第四条　天皇は、この憲法の定める国事に関する行為のみを行ひ、国政に関する権能を有しない。

天皇は、法律の定めるところにより、その国事に関する行為を委任することができる。

この憲法規定で明らかなやうに、憲法上国事行為といふのは、ばくぜんと国事に関する行為のことを言ってゐるのではなく、憲法に明記された国事に関する行為に限定されてゐる。

それだけではない。明記された国事行為を行はせられるに当っても、実際政治に影響を与へるやうな仕方で行はせられることはないやうになってゐる。

また、第三条は次のやうに定めてゐる。

第三条　天皇の国事に関するすべての行為には、内閣の助言と承認を必要とし、内閣が、その責任を負ふ。

この規定で明らかなやうに、国事行為は、天皇の自由意思によって行はせられるのではなく、必ず内閣の助言と承認によらなければならない。

だから、皇室祭儀は国事行為だとなると、皇室祭儀も内閣の助言と承認がなければできないといふこととなりかねない。

内閣と言っても、その実体は、謀略のうづまく俗界の政治的中心権力である。

この俗界の政治権力は、皇室祭儀の聖域にも介入し得るのかどうか。介入できるといふことになれば、もはや、日本には聖域はなくなることになりはしないか。ことは重大である。

皇室祭儀は日本固有の聖域

前にことわっておいたやうに、ここで皇室祭儀といふのは、天皇によって行はせられる祭儀のことである。この祭儀権は、日本はじまって以来の天皇固有の権限であり、聖域権限である。今日流の法的用語でいへば、天皇の内廷権限であり、日本はじまって以来の不文憲法に根據する。

内廷生活こそは、現憲法のもとにおいても、天皇の自由な生活領域である。

内廷生活のことを私事といふ言葉で表現することがあるが、本質的には、現憲法下においても、天皇はいつどこでも、公的御存在であり、私事は存在しない。

天皇に私なし。この原則は、昔も今も変りはない。これこそは、国民団結の中心権威たる天皇権威の発生源である。

その憲法上の根據はといへば、現憲法第一条がそれである。

第一条　天皇は、日本国の象徴であり日本国民統合の象徴であって、この地位は、主権の存する日本国民の総意に基く。

この規定で明らかなやうに、天皇の象徴性は、天皇の御人格と不可分のものであり、天皇は、いつ、どこにをられても、国の象徴であり、また国民統合の象徴といふ公的地位にお立ちになってをられるのである。公的地位は無私の地位である。

だから、天皇は、憲法上の国事行為を行はせられるときはもちろん、内廷生活を行はせられてゐるときも、象徴といふ公的地位から離れられるときはないのである。

戦後の日本では、人によっては、象徴の地位から離れられた人間天皇の地位があるかのやうに説く人もあるが、その憲法上の根據は憲法のどこにも存在しない。

内廷生活は私事だと言っても、それは言葉であって、その意味内容は内閣の助言と承認の法的拘束を受けない生活領域のことである。

このやうな法理がわかれば、皇室祭儀は、皇祖皇宗以来皇子孫を通じて、俗界政治権力の介入を許さない性質の深い意味のものであることが理解できるのではないかと思はれる。

天皇と国民主権

外国流の国民主権は、君民対立の所産である。しかし、日本は君民一体の歴史で貫かれてゐる国であるから、憲法が国民主権といふ言葉を用ゐてゐるとしても、それはただ日本占領中の占領軍的発想に由来してのことである。

憲法と言っても、日本の憲法は日本民族の心を其の本質とするものであるから、憲法解釈に当っては、日本の民族精神を基礎としないわけにはゆかない。

日本占領中の占領軍も、さすがに、この日本民族の心を全然否定することはできなかった。だから、日本国憲法を作らせるに当って、国民主権といふ言葉を入れさせても、それは、日本国の象徴であり日本国民統合の象徴たる天皇の御存在を基礎とした国民主権となってゐるのであって、外国流の国民主権のやうに、天皇の御存在を排斥する国民主権にはなってゐない。

だから、憲法第一条にいはゆる象徴天皇の地位は「主権の存する国民の総意に基く」といふのは、日本天皇の御存在は、日本国民全体の暗黙の支持を背景とするものだといふことである。これは、日本の歴史的事実でもある。これこそ、日本民主主義の基本である。これがあるからこそ、皇位は、財産や武力を超えて、天壌と共に無窮なのである。

しかし、現憲法では、天皇によって行はせられる国事行為は憲法の定めた国事行為にかぎられてゐる。しかも、この国事行為を行はせられるに当っては、内閣の助言と承認が必要とされてゐる。天皇の自由意思ではできないことになってゐる。

これとは別に、内廷生活は天皇の自由意思によって行はせられる生活領域なのである。つまり、聖域である。皇室祭儀は内廷行為だ、といふことの意味は、まことに大きいといはなければならない。

この聖域があればこそ、日本国の神聖性が維持され得るのである。

問題は、皇室祭儀の財源は大丈夫なのかといふことである。

皇室祭儀は内廷行為だから、内廷費でまかなはれる。内廷費は皇室経費の中から支出されるので、多額を期待するわけにはゆかないのではないかをおそれる。

国民の間に皇室祭儀維持のための財団のやうなものでもできればよいが、とひそかに期待するゆゑんである。

二　皇室典範研究

葦津珍彦

Ⅰ　明治憲法と皇室典範——その区別と関連の歴史

帝国憲法と皇室典範の区別

明治の大日本帝国憲法は、アジアで初めて制定された憲法で、数多くの諸外国の憲法が参考されたが、日本国の歴史的特質を、とくに重んじた。その日本的特殊性のなかで、もっとも著しい一つの点は、政治国家の基本法としての帝国憲法と、皇室の公法としての皇室典範との二系列の法体系を立てたことである。これを二系列に区分した意味は、非常に重大なので、そのことの事情と理由について、多少の説明をしたい。

明治の憲法制定の思想、事情は、明治神宮編『大日本帝国憲法制定史』に書かれてゐるやうに、幕末の国家的危機を克服するための維新の思想を源流としてゐる。維新の国是として「広ク会議ヲ興シ萬機公論ニ決スヘシ」との大綱領が示され、明治天皇の勅旨によって立憲の起案作業が、着々として進んだ。明治十三年には、元老院で、第三次国憲草案ができたが、この時代までは、憲法と典範の別といふ思想は、まったくなかったやうである。この元老院案といふのは、後の憲法と皇室典範とを同一法典にまとめたやうなもので、議官のなかでも主として福羽美静、細川潤次郎等が起案した。その試案は、元老院の中にも反対者があって、議決されたものではなかったが、その案に対する強烈な反対、批判の中から、典範別立の発想が生じた。

もっとも強力な反対の政府実力者は、岩倉具視で、法制専門家としては井上毅があった。反対された問題の条文は少なくないが、この草案は第三次草案が、ともかく陛下の御覧に供したいとて提出されたが、岩倉具視は、起案者の思想そのものに全面的に反対で、討議不要として葬り去ってしまった。この元老院国憲案の第二次草案には、

第二章第四条に、

特別ノ時機ニ際シ、帝位継承ノ順序ヲ変更スルコトヲ必要トスルコトアル時ハ両院ノ承認ヲ得ヘシ

といふやうな維新直後の思想としては、到底容認されがたいものがあった。維新の志士たちは、天朝の歴史を学び、「皇位の継承に、臣下たる公卿や幕府が介入したことを、皇位の神聖を傷つけたもっとも不臣の行為として怒り、それがしばしば国政の大乱の基となった」とする史論に共感してゐたはずである。それが皇位継承順序決定のもっとも困難な時機には、その解決の場として政治闘争の集中する場となることが予想される議会の上下両院に持ち出さうとするのである。さすがに元老院議官の中でも反対が強大で、第三次草案では抹殺されてゐる。しかし第三次草案においても、皇位継承の順位を男統の嫡長とする原則を立ててゐるのは当然としても、男統なき時は女統を承認するとしてゐる。

これは日本の国史に男統の女帝が少なくない事実を見て、オランダ憲法などをまねて、女統にまでも継承権を拡大したものらしい。多少でも古法の理義を知る者からは、決定的な不備の案として反対されるのは当然である。

元老院では、これより先に資料として御一代ごとの皇位継承史を古典によって詳しく編纂してゐるのだが、具体的な史実の底に潜む不文の理法を読みとるのは存外にむつかしい。福羽美静とか、柳原前光のやうな国史史実に通じた人でも、その不文法理が分らなかったらしく、柳原前光などは明治十九年の「皇室制規」案にいたるまでこの法思想を固執してゐる。却って、民権急進派として追放された大隈系の島田一郎などから手きびしい否定論を書かれてゐる。

井上毅は、明治十四年いらい大隈や島田とは政敵の関係にあったが、史実を論理的に解する能力には秀れてゐた。また政敵の論でも正しいものをとる公正さは十分にあった。島田一郎の長文の論を引用して柳原案に決定的に修正をせまってゐる。皇室典範の各条文の資料は、柳原案に基くところが多いが、元老院国憲案いらいの法思想を決定的に修正し、法理的不備を正すといふ点では、憲法のみならず、皇室典範においても井上毅の影響が少なくない（元老院国憲案については、明治神宮編『大日本帝国憲法制定史』第六章を参照されたい）。

岩倉具視は、元老院の国憲案に反対だったのみでなく、もともと憲法の制定について消極的であったのだが、政局の大勢が立憲を不可避とする以上は、信頼すべきブレーンを確保して自ら立憲起案の主導者とならねば、皇室の神聖と安泰とを期しがたいと思った。かくして特に選ばれたブレーンが井上毅である。井上は、岩倉とは多少趣がちがひ、立憲については積極的で、しかも当時の多くの政府高官よりも、進歩的な法思想家であったが、国体を守るといふ点では岩倉に劣らない熱意があり、しかも知的には精緻周到な英才であった。この井上毅の進言にもとづいて明治十四年に有名な岩倉の「憲法綱領」が作られ、同じく井上の進言によって、伊藤博文が憲法担当の閣僚となる。この時点での岩倉、井上および伊藤の三者の関係は、帝国憲法制定史上きはめて重要である。

伊藤博文は、その直後に大命によってヨーロッパへ憲法調査に赴き、立憲の大業を推進する華々しい政府代表となる。しかしその調査の基本となるのは、すでに井上起案の岩倉綱領であり、旅行中も岩倉へ絶えず報告し、指示を求める関係にある。伊藤は閣僚で、井上はその下の地位にあるが、それは、ただの官僚的上下の間ではない。井上は綱領の起案者であり、かつ伊藤を岩倉に推挙した人物である。

憲法の条文起案中にも、伊藤、井上の見解は必ずしも一致しないで鋭く対決したこともあるが、憲法条文で重要な点では井上案の方が通ってゐると見ていい。典範の条文では、伊藤の裁決によるものが多いが、典範そのものの基本的性格は、岩倉綱領の井上構想を変更してゐない。憲法案をまとめるために、朝野の有力者と交渉して事を進めた政治的功績は、伊藤博文をもって第一代表者とすべきであるが、法典の内容起案そのものについては、井上毅の功は、伊藤に優るとも劣らないものがある。その間の消息については、明治神宮編『大日本帝国憲法制定史』が、やや詳しく解明してゐる。

皇室典範といふ名称は、立憲直前に決められたものであるが、皇室法を憲法法典と別に立てるとの構想は、岩倉綱領のなかで、その方針が確立された。その大綱領は十数条にも及ぶが、その初めに、

一、欽定憲法之體裁可レ被レ用事

一、帝位継承法ハ祖宗以来ノ遺範アリ、別ニ皇室ノ憲則ニ載セラレ帝国ノ憲法ニ記載ハ要セサル事

（以下略）

と示した。

岩倉綱領は、前記した元老院案のやうな、誤れる帝位継承法を正さうとするのみではなく、継承法を中心にするゐて、皇室の憲則を、帝国の憲法の圏外において、別に確立しようとする独自の構想を立ててゐる。

岩倉の当時の意見書の類を見て行くと、帝国憲法の上においても、天皇の大権を強大なものとして確保しようとする主張が著しく目に立つ。しかしそれは表の主張なのであって、心中では民権国会なるものが一たび開設されると、その民権は時とともに実際政治の上で

伸張してゆき、それが反転して、官権を拡大して民権を縮小することは望みがたいと思ってゐる。かれは将来には、民権の国会が憲法上の立法権、予算権を利用して、天皇の政府（かれの思想では、それが官権の府なのだ）が、極度に制約される場合のことを憂慮してゐる。

これは冷静公平に見れば、明治の民権にたいする過度の不信である。少なくも帝国憲法下の民権が、天皇や皇室の伝統的権威に対して、不忠であった事実は決してない。それは杞憂であり曲解であったと評すべきでもあらう。しかし、その将来への憂念の深さは、帝国議会を継承した敗戦後の日本国会までも予想してゐたと解すれば、一つの巨視的な政治的見識であったといひ得る点もあるだらう。

ともかく「萬機公論ニ決スヘシ」といふことが、国家の憲法の大原則となれば、一時代的にせよ人民の世論なるものが国政の全大綱を決する。そのやうな政治情勢の波瀾消長は、長い歴史を回顧すれば、幾たびか繰り返されてゐる。しかし、岩倉、井上としては、憲政の前途において、いかなる波瀾動揺の政治情況が生ずることがあらうとも、皇室の伝統的権威だけは、必ず守り抜かねばならないと決断した。その決断が、「帝国の憲法」「国政の基本法典」の圏外に、「皇室の憲則」を、いはゆる「公論」の討議によらず、専ら「祖宗の遺範」によって別立しようとする構想となった。この岩倉の思想を証する文書は少なくないが、その例としては、かれの「皇室財産意見書」およびその思想の流れを継承する侍従藤波言忠の「帝室御財産ノ件」に関する文書等に明瞭である。

伊藤博文渡欧後の岩倉具視は、帝国憲法についての構想よりも、むしろ皇室法と、皇室を守るために皇室財産の拡大確保に全力をつくした。その閣議に提出した意見書の一節に言ふ、

――然ル後ハ民権論次第ニ激進シ、憲法ノ明文其力ヲ実際ニ保ツコト能ハス、天子ト雖国会ニ左右セラレ皇位ハ有レトモ無キカ如ク大権遂ニ其鈞石ヲ失ヒ萬世不易ノ国体ヲ損シ、外ハ其悔ヲ受ケ内ハ其民ヲ安ンスルコト能ハサルニ至ラン、此事ノ必無ヲ今日ニ於テ保証スルハ甚タ難シ、然レハ憲法ノ力ヲ保ツカ為ニハ其実質即チ皇室ノ財産ヲ富贍《フセン》ニシテ陸海軍ノ経費等ハ悉皆皇室財産ノ歳入ヲ以テ支弁スルニ足ル可ラシムヘシ、此ノ如クニシテ後ニ国会ニ於テ如何ナル過激論ノ起ルコトアリトモ又国庫ノ経費ヲ議定セサルコトアリトモ之ヲ鎮撫シ之ヲ和順セシムルニ於テ何カ有ラン――（『岩倉公実記』傍点引用者）

と。岩倉の皇室財産構想は驚嘆すべき巨大なもので、他の政府高官のそれとは著しい格差

があった。この岩倉の文の代筆者は井上毅で、かれは会議に臨んで政府案を停止させてゐる。しかし、いかに国会が予算決定権を利用して皇国の守りを軽視したからとて、軍事費支弁までもするほどに皇室財政を過大にすることの無理は、井上は心中で認めてゐる。しかし、井上には皇国の前途を深く憂へる岩倉の痛心も分るし、ここでは他の政府高官の反感誘致を覚悟してでも、政府案を不成立に終らしめ、岩倉の過大要求を合理的に調整することは後日の事にすればよいと思ったらしい。それは井上の岩倉代筆文と会議での井上発言との微妙なニュアンスの差をよく注目すれば分る（明治神宮編『大日本帝国憲法制定史』参照）。

岩倉は、たしかに立憲構想については、近代化におくれたし、明治の民権家に対しては不信感が強きにすぎた。しかし皇室千年の興亡史を顧みて、遠い将来までの皇室を思ふ憂念と遠謀については、格別だった。かれは「大嘗祭及即位之礼は、京都御所に於て行ふべきこと」を進言し、明治十六年四月にその旨の勅を拝して感激し、その後間もなく帰国する伊藤博文の帰任を待たずして歿した。しかし岩倉の基本綱領は、全的に、しかも忠実に伊藤博文に継承された。

起案者伊藤博文、井上毅の法思想

明治十六年伊藤博文は、岩倉の病歿直後に帰京して、憲政の準備にかかるが、その一つの重大事として旧来の太政官制を廃して、新しく内閣制度を樹立した。新しい内閣の初代総理大臣は伊藤博文が任命されて、維新いらい長期にわたって太政大臣をつとめた三條實美は、国政国務の立場を去って宮中に入り、内大臣となった。宮内大臣は伊藤博文が兼任したけれども、宮内大臣の性格は、内閣の国務大臣とは区別されることとなり、内閣には入らなかった。憲法典範の準備が進むとともに、明治二十年には土方久光が宮内大臣となり、以後、宮中府中の別は、いよいよ厳格となった（明治二十二年宮内省官制改正）。

この原則によって、皇室内の内大臣、宮内大臣は同じく大臣の名称ではあるが、憲法上の国務大臣（行政大臣）とは全くその質を異にするものとし、国務法に基く帝国政府の国家の官吏と皇室の官吏とは区別されるにいたった。もっとも天皇は、帝国の元首であると同時に皇室の首長である以上、その間に微妙なる関連のあることは当然であって、限られた条件の下においては、国家の官吏が皇室の事務に関連し、皇室の官吏が国の行政にも関与する例外事項がなかったわけではない。

しかし、国務と宮務との原則的区別は、決してただの形式的なものではなくて重大な意味を有するものとされた。憲法に基いて国政国務の重要な機関とされた議会は、国務大臣によって構成される内閣に対しては、常にきびしい批判者であり時に問責者でもあったが、皇室法に関する問題については、すこぶる慎重にして無干渉を旨としてつとめた。しかし、宮中の官が国政国務の領域を侵すことは、厳として許さなかった。かつて首相として功績のあった桂太郎が、一たび内大臣となり、その地位から転じて再び内閣総理大臣として組閣した時に、議会の大勢は、「護憲」の名のもとに猛反撥して、内乱状況にもおちいりかねないほどの騒乱情況を呈して、内閣不信任の意を表した。いはゆる大正政変である。明治の憲法と典範の制は、皇室の宮務と国家の国政との間の「宮中・府中の別」を立てることに、朝野ともに厳格であり、きびしいものがあったことを知らねばならない。

この宮中の法の根基となるものが、皇室典範であって、この典範を憲法法典とは別に立てることを強く意図した岩倉いらいの法思想については、すでに述べた。この皇室の憲則の起案から成立にいたるまで、もっとも長期にわたって草案準備に努力したのは柳原前光であった。柳原は、皇室とも縁のふかい公家の出身者なので、皇室の古法にも通じてをり、また外交官として外国王朝の制度実情にも明るく、多年の研究調査にもとづいて、詳細な起案をした。憲法との関連が重要なので、その柳原案を資料として、伊藤博文と井上毅とが、各条文について、批判修正を加へて、皇室典範の原案ができた。その経過事情については、明治神宮編『大日本帝国憲法制定史』中の「皇室典範制定史」や稲田正次の著書で、詳しい記事があるので本文では改めて書かない。

ただここでは、皇室典範が、帝国憲法とは別の大法典として成立したことの法思想、それがいかなるものであったかといふ点に、専ら重点をおき、それが、法成立後にいかに解釈され、運用されて行ったかといふその法思想の変遷のしかたについて、論述を進めて行くことにする。

岩倉綱領の立法構想は、伊藤博文、井上毅によって、忠実に継承されて行った。それは皇位継承とか摂政に関することを初め、皇室の祖宗いらいの御制は、帝国国政の基本たる憲法の圏外においた、いはゆる公議公論によって左右される国政圏外の事として、皇室の神聖と権威とを守ることを目標とした。

この起案の中枢ブレーンである井上毅は、その憲法構想においては、岩倉や伊藤よりもいはゆる進歩的で自由主義的であった。しかしそれは、かれが憲政の前途に楽観してゐたのではない。かれは諸外国の政治法制史を研究し、日本も一歩を誤まれば革命動乱の危機に直面せねばならないかとの憂念をもってゐた。かれが、進歩的な主張を貫徹しようとして書いた書簡では、岩倉あてにも伊藤あてにも、公然と革命動乱の危機について直言してゐる。かれは、後世の一部の史家が察してゐるやうな権力の信者では決してない。明治の高官の中では、あるいは、もっとも自由思想の理解者だったのではあるまいか。憲法発布のころに、かれが警視総監に答へた文書は、後世から見ると、感慨なきをえない。それは明治二十二年三月、憲法発布のころ警視庁からの伺に対して回答したものである。

憲法ノ条項ニ対シテ得失ヲ論シ異同ヲ唱フルハ（其ノ国体ヲ破壊スルニ渉ラサル限ハ）警察ノ禁スルコトヲ得ル所ニ非ス、但民約憲法ヲ主張シテ親裁憲法ヲ遵奉セサルトノ主意ヲ（直接ニ）演説スル者アラハ集会条令第六条（十四年十月十二日ノ勅諭ノ旨）ニ依リテ之ヲ処分（禁止又ハ停止）スヘキナリ（『井上毅伝』史料編第二）

この憲法批判についての警察に対しての指示は、後年の警察政策から見ると遙かに自由である。親裁（欽定）憲法制度そのものへの反対の外は、条文批判は警察では禁ずべきではないとする。

かれは、国民が帝国憲法を見て、その各条文について、その是非を論じ、その条文に反対の論評をするのも警察の禁じえない「自由」であるとする。憲法はそれを改正する「発議の法的権能」は、ただ天皇に限ってゐるけれども、井上の思想では、それは決して人民が修正や増補の希望の意思表明を抑圧するものではないと解される。実際的には改憲論議は、全く生じなかったが、井上としては、少なくともこの時点では改憲論も、言論の自由権としてみとめてゐる。ただ強烈な民約憲法の信条にもとづいて「君主に立法権なし」と主張し、憲法の欽定そのことを非難する論を主張する出版物が出れば「発禁」を命じ、そのやうな演説をする集会があれば、解散させるか検束するのは、現行法の定めるところで、集会条令第六条で制約される。憲法各条文そのものへの不平や批判は自由だとする。

かれの憲法思想は、すぐれて自由主義的である。かれは、憲政の自由を必要と信じた。かれは、自由なる憲法の解釈と運用に対して、国家は寛容でなくてはならないとした。

戦後史家のなかには、幸徳秋水がその師、中江兆民の歿後に小伝を書き、兆民の名を利用して、憲法条文の数条について不満の文を書いてゐるのを見て、異例大胆な急進思想のやうに論評する者が少なくない。しかし、帝国憲法の起案者井上その人からいへば、あの程度の論のあるべきは十分に予想して、その論を演説し出版するのは、警察などの禁ずることを得ざる合法的自由として保障したのが、帝国憲法だといふことである。

だが、その国政自由の思想の代りに、国の憲政がいかに推移し、波瀾を生ずることがあっても、いかなる議会が現はれ、いかなる政府ができても、皇室の大事については決して干渉することを許さぬとする、岩倉いらいの鉄壁の決心があった。これが伊藤博文の「皇室典範は、皇室の家法なり」との原則主張の根底の理論となった。

皇室典範義解

恭テ按スルニ皇室ノ典範アルハ益々其ノ基礎ヲ鞏固ニシ尊嚴ヲ無窮ニ維持スルニ於テ缺クヘカラサルノ憲章ナリ

祖宗國ヲ肇メ一系相承ケ天壤ト與ニ無窮ニ垂ル此レ蓋言説ヲ假ラスシテ既ニ一定ノ模範アリ以テ不易ノ規準タルニ因ルニ非サルハナシ今人文漸ク進ミ遵由ノ路必憲章ニ依ル而シテ皇室典範ノ成ルハ實ニ祖宗ノ遺意ヲ明徴ニシテ子孫ノ爲ニ永遠ノ銘典ヲ貽ス所以ナリ

皇室典範ハ皇室自ラ其ノ家法ヲ条定スル者ナリ故ニ公式ニ依リ之ヲ臣民ニ公布スル者ニ非ス而シテ將來已ムヲ得サルノ必要ニ由リ其ノ条章ヲ更定スルコトアルモ亦帝國議會ノ協賛ヲ經ルヲ要セサルナリ蓋皇室ノ家法ハ祖宗ニ承ケ子孫ニ傳フ既ニ君主ノ任意ニ制作スル所ニ非ス又臣民ノ敢テ干渉スル所ニ非サルナリ

この家法説で、布告を要せぬといふのは、なにも秘めておくといふ意味ではない。端的にいへば「典範の事項は、皇室が決定し、皇室が自ら執行することなので、国家国民一般の法と同じものとして認めるわけに行かぬ」といふことだ。

帝国憲法第五五条には、「国務各大臣ハ天皇ヲ輔弼シ其ノ責ニ任ス、凡テ法律勅令其ノ他国務ニ関スル詔勅ハ国務大臣ノ副署ヲ要ス」とあるが、それは国務大臣の輔佐を証する副署をもって公布しなくては、国家国務の法や命令としての効力を有しないとの意味である。この帝国憲法は当然に、黒田内閣の全国務大臣が副署して、公布されたが、皇室典範には国務大臣の副署をさせないで、ただ「御名御璽」として発表された。それは国法ではないぞ、との意味なのである。立憲当時から「典範は国法でなくて家法だ」とする説には、かなりの異議抵抗もあったが、伊藤、井上は動かなかった。

国務大臣の副署を要しないといふよりも、井上などは副署させてはならないと信じた。国家国務の法として、国務大臣が輔佐したとすれば、憲法的には当然にそれは国務大臣の輔佐責任の問題となる。議会は国務大臣の輔佐の是非について問責する権限を有するものであり、当然に皇室の進退輔佐の事務が政治闘争の問題となるのをさけがたい。憲法では極めて自由であった井上が、この点ではもっとも頑強である。

伊藤博文、井上毅は、その憲法理論では、すこぶる徹底した「信教自由、政教分離」主義者であった。憲法そのものを十九世紀の世俗国家の法と考へる伊藤、井上にとっては、宗教の事はいふまでもなく、哲学倫理道徳の事でも、国家は各人の信に干渉すべきでないとした。帝国憲法の条文では「日本臣民ハ安寧秩序ヲ妨ケス及臣民タルノ義務ニ背カサル限ニ於テ信教ノ自由ヲ有ス」とした。

この「臣民タルノ義務ニ背カサル」といふ制限が、後世では、しだいに国民精神的な意味にまでも拡大されて行くが、伊藤、井上等の起案者は、「憲法が世俗の法である以上、その義務とは納税・徴兵・順法等の世俗上の義務に限らるべきで、精神的問題をふくまないのは当然」と信じた。これは憲法制定会議でも、反対論者が、皇室祭儀と国家の高官との関係を質した時に激しい論争となった。起案者は、反対論者（国家の政府高官には、皇室の信仰に従はねばならぬ義務を明らかにしなくては、ただの信教自由では反対だとの論者）に対して、満足すべき回答を示さないままに、多数決で押し切ってしまってゐる。

この憲法制定の直後（明治二十三年十月）に閣議で、神宮神社を所管する神祇院設立の官制案が出た時に、井上毅は、「神事礼典の事を国家の国務とするは、憲法の主義に非ず」として痛烈に反対して原案を破棄させてゐる。かれは、神事礼典の事を国事と混ずるのは、西野文太郎の輩と同じ時代錯誤者だと決めつけてゐる（西野は、森有礼文相がキリスト者として、伊勢の神宮に対し不敬だったとして怒り、これを刺殺した国粋壮士）。

かれは神事礼典と国務との別を力説してゐるが、神事礼典そのものを軽視してゐるのでは決してない。それは国務国法とは全く別に、「社会の事」として重んぜらるべきだとする。「伊勢の神宮や勅祭社の事などは、国の政府の関与すべきことではなくて、皇室の宮内省の所管とすべきだ」との意見も書いてゐる。

井上の法論理は明らかである。国家は、いかなる信教、宗教にも関与しないといふのが世俗憲法の本来の原則である。将来いよいよその主義原則を、できるだけ徹底させるべきである。しかし、皇室は、皇室としての大法があって、世俗の論議に関与せずして、その外に立ち、祖宗以来の祭事礼典を重んぜられるがよいとする。

皇室典範には、

第一一条　即位ノ礼及大嘗祭ハ京都ニ於テ之ヲ行フ

との明文がある。これは井上毅が柳原前光とともに起案し推敲した大切な条文である。とくにこの条文には関心が深く、井上は典範制定会議においても、報告員として熱心な討議をしてゐる。本会議では、起案者の「即位ノ礼及大嘗祭ハ西京ニ於テ之ヲ行フ」との原案を長時間にわたって討議した後に、右案の「西京」の語を「京都」と修正して、可決したといふ経緯がある。

井上が、この起案をした時には、岩倉具視の深い熱意が、鮮烈な印象としてあったはずである。しかし井上は、この条文は国家、帝国の憲法に記載すべきものではなくして、それとは別に「皇室の憲則」に銘記されることによってこそ意味があるとした。それは国務大臣の輔佐を待たず、国会の論議などは問題にもしないで、聖上が親しく如在の礼の誠をつくさるべきものと信じた（『井上毅伝』史料編第二）。

この伊藤、井上の「皇室典範は、国家の法に非ず」との説は、立法の当時から批判異議の声があったが、それは岩倉の根づよい熱意に源流するものであり、政府における解釈の主流的権威を保ったものといへる。しかし、憲法が発布されてから、約五年の後に、井上毅が歿し、憲法政治の実際的運用の実績も約二十年を経て、憲法についての「独立せる諸学者の説」も、それぞれに発展するにいたって、伊藤、井上の理論が、公権解釈の上でも、しだいに修正されることになって行く。次にその変遷の次第を略述する。

皇室典範増補と公式令

憲法、典範が制定されてから約二十年近くの歳月を経て、皇室典範の増補改訂の必要が感ぜられるにいたった。増補すべき主な点は、皇族の臣籍降下に関する事、および憲法に基いて制定された法律と、皇室典範との関係についての調整をはかる規定を必要とすることであった。もともと典範を「皇室の家法」として、帝国の国法に非ずとする伊藤、井上説に対しては、学説上の批判が有力であった。皇室は、一般国民とは異なり、帝国の中枢にあって、典範の定むるところは、帝国の大事に関連するところが少なくない。少なくともその実質においては、帝国の国法であり、国家の法であるとの説も少なくなかった。しかしそれは、国務大臣の副署なく、国法としての効力を有するものでないことは、憲法の明文の示すところではないか。しかも増補によって、典範は、いよいよ国家の制度や、国民の権利義務にも相関連するところが著しくなる。

そこで典範の増補にさいしては、皇室の法と国政国務の法とには、その本質に異なるもののあることを確認しつつも、大きな枠では、同じく日本帝国の法たることを明示しようということになり、明治四十年に公式令を作ってその公布の方法を明示した。これは、今まで国務法と皇室法とが全く分断されたかのやうな形式をとってゐたのを合流させる形をとったもので、大きな変遷の一段である。皇室法については、一般の国の法律勅令とは異なり、特に宮内大臣が副書した後に、内閣総理大臣（国務大臣）が副署して、公布されることになった。同時に皇室典範の増補が、この公式令によって国務各大臣が副署して公布された。

この皇室典範の「公布」は、大きな法解釈上の変遷であり、このことについて、美濃部達吉博士の『憲法撮要』は、次のやうに論述してゐる。

皇室典範ハ其制定ノ初ニ於テハ國務大臣ノ副署ナク又正式ニ公布セラレザリキ。是レ蓋シ當時ノ立案者ガ之ヲ以テ皇室ノ家法ナリトシ、其効力ハ唯皇室ノ内部ニ存スルニ止マリ、國家及國民ヲ拘束スルモノニ非ズト解シタルニ因ル。然レドモ其規定ノ内容ヨリ見テ之ヲ國法タル効力ヲ有セザルモノト爲スノ不當ナルコトハ明瞭ナルヲ以テ、明治四十年二月公式令ノ定メラルルニ及ビ、皇室典範ノ改正ニハ宮内大臣ノ外全國務大臣モ共ニ之ニ副署スルヲ要シ且官報ヲ以テ之ヲ公布スルヲ要スルコトヲ定メ（公式令四條）以テ皇室典範ガ國法トシテノ効力ヲ有スルモノナルコトヲ明ニセリ。公式令公布ノ後同月ニ定メラレタル皇室典範増補ハ此規定ニ従ヒ正式ニ公布セラレタルノミナラズ、二十二年ノ典範ノ上諭ニハ『朕カ後嗣及子孫ヲシテ遵守スル所アラシム』トアルニ止マリ、臣民ニ對シ拘束力ヲ有スルコトヲ示サレザリシニ反シテ、四十年ノ増補ノ上諭ニハ『朕カ子孫及臣民ヲシテ之ニ率由シテ愆ルコトナキヲ期セシム』トアリ、以テ皇室ノ内部ニノミナラズ國民ニ對シテモ拘束力ヲ有スルモノナルコトヲ明示セリ。

皇室典範ノ改正ニハ帝國議會ノ議決ヲ經ルヲ要セズ(憲法七四條一項)、蓋シ典範ハ其内容ヨリ曰ヘバ重要ナル國法ヲ包含シ、而シテ國法ハ一般ニ議會ノ議決ヲ要スルモノナレドモ、事皇室ニ關スルモノニシテ而シテ皇室ノ事ハ自ラ決スベク、臣民ノ之ニ容喙スルハ我ガ歴史的國情ヨリ見テ適當ト爲サザルニ因ル。憲法義解ガ其理由ヲ説明シテ『皇室典範ハ皇室自ラ皇室ノ事ヲ制定ス而シテ君民相關カルノ權義ニ渉ル者ニ非ザレバナリ』ト曰ヘルハ正當ナル説明ニ非ズ(憲法ニハ『經ルヲ要セズ』ト曰フト雖モ、單ニ議決ガ必要ナラズト曰フニ止マラズ、皇室ノ事を議スルハ全ク議會ノ權能ノ外ニ在ルコトヲ示セルモノナリ)。

これは諸学者の説のほぼ一致せしところと見ていいであらう。

この時代から、皇室典範を現実的に施行するのに必要な詳しい皇室令が次々に制定された。皇室令は宮内大臣が副署し、それに内閣総理大臣が、国務大臣として副署することによって公布せられ、「帝国の国法」としても、その有効性を確認することとなったが、一般の国政国務の法令（国務法）との区別は明らかに残した。皇室典範の改正には、国務各大臣がそろって副署し、皇室令には、宮内大臣の外に内閣総理大臣が副署することとはなっても、それは憲法第五五条の「国務大臣の輔弼責任」とは、その質を異にするものとせられ、皇室令の制定については帝国議会論議圏外のものとされた。

しかしこの時代に、国務法と皇室法とが分断の形から、同じく「日本帝国の国家の大法」の枠内にあるとされて、合流への風潮へと変遷して行った事実は、一つの注目すべき点である。国務法と皇室法とは、全く無関係であるとの理論は否定された形である。

大礼使官制以後の問題

皇室典範が、明治四十年に増補され、以後皇室祭祀令を第一号として、登極令、摂政令、立儲令以下、数多くの皇室令が制定された。明治四十五年、明治天皇崩御。新帝大正天皇は、登極令によって践祚、即位の事をなされたが、即位の大典を行はせられるにさいし、登極令に定めるところの大礼使についての官制が未定であったので、それが必要となった。

登極令では、

第五条　即位ノ礼及大嘗祭ヲ行フトキハ其事務ヲ掌理セシムル為宮中ニ大礼使ヲ置ク、

大礼使ノ官制ハ別ニ之ヲ定ム（傍点引用者）

とあるのみで、新しくその官制を必要とした。この時に、山本内閣は大正二年十一月、閣議決定して国務法上の勅令を以て官制を定めた。

大礼使官制第一条　大礼使ハ内閣総理大臣ノ管理ニ属シ、即位ノ礼及大嘗祭ニ関スル事務ヲ掌ル（以下略）

として、諸般の事務を内閣総理大臣の下で執行することにした。皇室に関する一連の数多い諸規定が、すべて典範と皇室令によってのみ定められて来たのに、ここで一転してもっとも行政的色彩の著しい「勅令」で定められたのは、皇室法上の著しい変遷であった。登極令では「大礼使ハ宮中ニ置ク」として予定してをり、それが皇室の高官を予想してゐたことは明らかで、この勅令御裁可を前に、枢密顧問官などのなかには激しい異論もあったといふが、政府は強引に異例の行政的勅令案を通した。

従来の法制沿革からすれば、明らかに異例である。山本内閣は、前の桂内閣が宮中府中の別をみだしたとして猛反対して、これを打倒した政友会の党員を主として閣僚とした準政党内閣であった。もっとも政党政治家の考へた宮中府中の別といふのは、岩倉具視や井上毅の思想とは、やや趣がちがふ。かれらは宮中（皇室）からの府中（国政国務）への干渉には鋭く反対したが、府中の国政国務官が皇室への御奉仕をするのは何も差支へないと信じた。皇室（宮中）への干渉は、よろしくあるまいが、なにも干渉の意図があるわけではなく、御一代初めの大盛典であるから、議会の同意も得て大いに豪華な臨時予算もとり、宮内省での皇室の官吏では臨時格別の大典には事務も困難だらうし、国務の中枢としての内閣が国家の行政官を大動員して御奉仕するのがよい、そのやうな皇室への好意から、思ひきった変遷をしたと見ていいと思ふ。

この山本内閣は、その準備の途中で史上有名なシーメンス事件で弾劾されて倒れ、その後継者は反対政党の実質首領である大隈重信が首相となった。大隈は、もっとも早くから政党内閣の憲法思想を提唱して、岩倉、井上と鋭く対立した人であって、その憲法構想では、政権政党が変れば、君側の侍従も変更したがいいと上奏したほどの人である（明治十四年、大隈重信の憲法内奏文は有名）。この勅令官制に異議があるはずはない。この勅令には、宮内官の中に強い反対もあり、衆議院でも反対の提議があって討論されたが、結局大礼使官制は、そのまま定着してしまった。もっともその後も、皇室典範に関連する事項は、皇室令によって定められることが原則として残り、宮内省は内閣圏外の役所とされ、皇室の官吏が国家の官吏と区別される官制は変ることなく、敗戦、占領時代のはじめまで依然として保たれた。しかし、この大正二年の大礼使官制は、国務法と宮務法との合流がピークに達した時期である。当時の法学者は、これをいかに見たか。

その当時、東京帝国大学の新進学者だった美濃部達吉は、政府の国務的勅令案を支持する立場で、かなり詳しい法理論を公表してゐるので、その説を解説する。

美濃部達吉は、大正五年に法理研究会において「皇室ノ事務ト國家ノ事務」について、講演してゐる。それは国家学会雑誌に、かなりに詳しく掲載されてゐるが、その中から本論に必要とせられる点のみを引用する。その主張は、大礼使官制を皇室令によらねばならぬとした論者に反論して、政府が国費を支出する以上、国務的勅令をもってしたのが必然だと主張してゐる。

(一) 皇室ノ事務ト國家ノ事務トノ間ニハ事務ノ性質ニ基ク劃然タル區別ノ存スルニ非ズ専ラ現實ノ制度ニ基ク區別ニシテ、同一ノ性質ノ事務ト雖モ皇室ノ機關ニ依リ皇室ノ經費ヲ以テ行ハルルトキハ皇室ノ事務タリ、國家ノ機關ニ依リ國家ノ經費ヲ以テ行ハルルトキハ國家ノ事務タルコト

との前提(列記五つの条件の第一)をかかげて、大礼使官制についての論争については、

皇室令ヲ以テ定メラルベキ事項ハ公式令ニ依レハ皇室典範ニ基ク諸規則、宮内官制其ノ他皇室ノ事務ニ關スル規定ナリトセラル。其ノ所謂『皇室ノ事務』トハ又事務ノ性質ニ依ルノ意義ニ非ズシテ皇室ニ屬スル事務ノ意ナリ。嘗テ大禮使官制ノ定メラルルニ當リ、論者ハ往々事務ノ性質ヨリ見テ御大禮ハ皇室ノ事務ナリトシテ随テ大禮使官制ハ必ズ皇室令ヲ以テ定メラレザルベカラズト爲ス者アリシト雖モ、是レ『皇室ノ事務』ノ意義ヲ正解セザルノ誤ニ出ヅ。御大禮カ皇室ノ事務ナリヤ否ヤハ事務ノ性質ニ依リテ判斷スルコトヲ得ス、専ラ之ヲ行フ機關ト經費トニ依リテ定マルベキモノニシテ若シ皇室ノ機關ニ依リ皇室ノ經費ヲ以テ行ハルヘシトセハ皇室ノ事務タルベク、然ラスシテ國家ノ機關ニ依リ國家ノ經費ヲ以テ行ハルベシトセバ國家ノ事務タルベシ。之ヲ國家ノ事務トナスベキカ又ハ皇室ノ事務トナスベキカニ付テハ必スシモ確定ノ法則ノ存スルニ非ズト雖モ、既ニ國家ノ經費ヲ以テ擧行セラルベキコトカ決セラレタル上ハ其ノ國家ノ事務タルコトハ既ニ決セラレタルモノニシテ、随テ又其ノ事務ヲ處理スル機關ハ國家ノ機關タルベク、而シテ國家ノ機關ニ付テハ其ノ官制ハ勅令ナラサルベカラザルコトハ必然ノ結果ナリ。皇室令ハ唯皇室ノ官吏ニ付テ官制ヲ定ムルヲ得ルノミ、國ノ官吏ニ付テノ官制ハ必ズ勅令ナラザルベカラザリシナリ。（『国家学会雑誌』第三十巻第四号）

として、大礼使官制は、皇室令でなく、政府の国務勅令たるを当然とした。

この美濃部説は、平明通俗的で分りやすく、大正以後の法学者や一般人にも常識的に同感者が多かったであらうと思はれる。しかし、それは、帝国憲法と皇室典範との別を立てた岩倉具視や井上毅等の起案者の思想を推察することについて、いささか浅きにすぎるのではないか。

伊藤博文や井上毅が『帝国憲法、皇室典範義解』において、典範を「皇室の家法」とした説が、一般的に激しく非難されたのには一理がある。

ここに「家法」の文字を用ゐたのは、作文として拙劣であった。「家法」の語は、一般臣民の私家の法を連想させた。しかも「公布スル者ニ非ズ」として、国務大臣の副署ある公布形式をとらなかったので、国法としての効力を有しないものとなるのではないかとの反論も生じた。それで明治四十年の公式令で公布されることになった。

しかし地下の井上に代ってその立場を弁明するとすれば「皇室の家法」といふのは、一私人一私家の家法などを連想すべきでなく、「皇室の公法」なのは明白である。憲法でいふところの「国務」といふのは、限定された意味であって、国務上の国法の外に公的な規定や命令がないといふのではない。国際法といふ公法がある。国内的に見ても立憲以前からの慣習として、軍の統帥に関する法規命令（奉勅命令など）のごときも厳として生きてゐる。況や、天皇が祖宗の遺制に基いて立てられた典範が、公法たるの権威を有するのは当然である。明治四十年に公布されたといふことは、それがその時点で初めて有効の法になったといふのではなくて、皇室公法であると共に、国務上の法ともなったといふことである。

明治史研究者の中には、四十年の公布の意味を過重視して、公布以前の典範を、皇室の制度に関する歴代の多くの史実や文書（それは当然に皇室不文法の基礎資料たるべきものであるが）と同じく不文法類似の効力しか有しなかったのが、公布によって初めて明白な成文法としての権威を確立した、との解釈をする説があると聞いたことがある。しかし明治四十年以前の典範を不文法に類するかのやうに解するのは全くの誤りである。

仮に明治四十年以前に皇位継承でも摂政の問題でも生じた時には、二十二年の皇室典範を不文法的に解するのでなく、明確にその条文にしたがって事が決せられねばならないと確信されてゐた事実には、一点疑念の余地がない。

次に美濃部博士が「皇室の事務」と「国家の事務」との区別の根拠を、本質的に区分困難としてその事を執行するための経費財源によるものとし、次いでその経費に基くところの機関（官吏）の別によって専ら判別しようとするのは俗見ではないか。確かに国家の事と皇室の事とは、区別困難の事の存するのは、美濃部説のいふところにも理があるとしても、大事についての区別は明らかである。美濃部博士の論理を仮にみとめるとして、「国家の事務」と「皇室の事務」との別を、ただその経費と奉仕機関（国家の官吏か皇室の官吏か）の別によってただ形式的に判断するとしても、大正の大礼には、宮内大臣以下の皇室の官吏も、国務官吏と同じく奉仕してをり、「皇室の経費」も支出されてゐる。美濃部流のロジックによっても、これを「国家の事務」にして「皇室の事務」に非ずと割りきることはできない。これは国家の事務と皇室の事務との「合流」と解するのが公正ではないか。

典範起案者（岩倉から井上毅まで）の法思想によれば、天皇が事をなさるにさいして、国務大臣の輔佐をもとめられ、とくに議会の同意を必須の条件として憲法が定めてゐる事項（法律の制定とか国費予算の支出）とかは、これを国務国事とした。天皇が心中にひそかに希望なさることでも、議会の同意がなければ法律を作ったり、国費の支出を命じたりなどせぬと決められたのが憲法上の国務であり、いはゆる美濃部博士の国家の事務である。

これとは別に、天皇が皇位の継承者として、国務大臣の輔佐があってもなくても、天皇の上御一人の意思によって必ず執行し、または執行を命ぜらるべきことこそ皇室の事務の本質と解すべきであらう。かくのごとき重大事の必要を痛感したところに、皇室典範起案者の深い発想があった。そのやうな「皇室の大事」について、国務大臣や議会が、聖旨にしたがって奉仕し、国費予算を支出するのは良いことであるが、国費を支出したからとて、国務上の官吏が働いたからとて、それを理由に「皇室の事務」が「国家の事務」になるといふのは同意しがたい。このやうな論は、上御一人の主体的立場を見ないで、ただそれに奉仕する従たる官吏の別によって、天皇の行為の性格の別を判断するのは誤りではあるまいか。

皇室典範の事でも、天皇は枢密顧問官等の議を経て、諮問をもとめられる。しかし天皇が皇祖皇宗の遺範として行はれることに、いささかたりとも干渉をしてはならない大事を規定するのが、典範と憲法を分断した根本理由だった。

大正の大礼使官制が、皇室令によらないで勅令によって決せられたことは、法理的には、いささか変則的ではあるが、必ずしも不法でなく、責めるには及ばないと思ふ。しかもそのために、即位大嘗の儀式が盛大豪華になったのはよかった。しかし、いかなる波瀾の時代に対応しても皇室の神聖と権威とを死守せねばやまぬとの、皇室典範起案者の深い法思想が、底の浅い、あいまいのものに変遷して行くこととなった。

天朝の彌栄を祈る人々は、今でも往年の皇室典範について、深い関心を保ちつづけてゐる。私もまたその一人であるが、ここでは皇室典範史研究の一端として、起案者の思想から、その後の解釈、運用思想の変遷史の一側面を書いて、いささか江湖の参考に資したいと思った。私の感想を端的に述べれば、井上毅を批判した後世の法学者のロジックには、それぞれに一理あるが、井上の深く周到な法思想の大切な点が、十分に理解されてゐないやうに思はれる。

もっとも皇室法の問題には、その本質において、微妙至難な問題がある。

皇室法の根源は、古代の不文古法にあるが、それが律令制いらいシナ風の成文化をする時には、当然にシナ法の論理を用ゐたし、古代不文法時代の日本人のセンスとなじまないものがあった。明治いらいの近代法では、ヨーロッパ史のなかで鍛練された近代法論理で、事理を判断し、解釈して行かねばならなかった。近代ヨーロッパ法の思想の論理――人格、権利を中枢とするロジックは、実は今でも事によっては、日本人のセンスになじみがたいものが残る。

井上毅がその文で「皇室自らの家法にして、臣民の干渉するところに非ず」と断じたのみだったのは、その文章が、あまりにも近代法理的だった。日本人のセンスでは、君臣水魚の交りとか、君臣父子の情とかいふ西洋風の人格対決の意識と異なる情操が好まれ、皇家の一大事については、万民が心を労するといふやうな美風が尚ばれた。それは決して、皇家の神聖を侵す心でもなく、忠諫の士でも、決して干渉の法的権利があるなどと思ふのではない。それらの情操を美風とする国民に対して、井上は「それは情操のことで、法の問題でない」として、割りきってしまった。一般の近代法学者は別としても、本来的には皇室護持の情の根づよい人々の間でも井上毅の法思想への理解は深くない。そこには固有日本人的センスによる思考と、近代法的ロジックとのなじみにくさが、その根底の一問題ではないかとも思ふ。

後註

いはゆる新憲法の下においては、皇室典範も皇室経済法も、法の上では一般法律と同じとなった。皇位継承法も摂政についての法も、元号法についても、前代の法は、今ではその法的地位が移って、一般の国務法としての形をとってゐる。これらは、前時代までは一般法律より重い意味があつたが、今日では法理論としては全く差のない一般法律となつてゐる。しかし国民のセンスの中では、いまも「皇室に関する格別の法」なのだとの思想が生きて残つてゐるのではないかと思ふ。

II　明治以後皇室財産制度の法思想史

皇室財産の形成

明治時代の皇室財産は巨大なものであった。その皇室財産の形成史を見ると、多くの人がその御料、財産の形成に努力してゐるが、注目すべき点は、その理由が多様多彩であり、その理由とするところに、かなりの異同があることである。したがって、皇室財産そのものは、時とともに巨大化して行ったけれども、その財産の本質的な法性格についての思想理論は必ずしも一定しないままに、皇室典範が成立した。典範起草の任務にあたった伊藤博文とか井上毅それに典範の審議をした各委員なども、その財産の法学的所有権といふやうな法ロジックについては、確たる見解がなかったかのやうに見られる。

皇室財産形成史の概略は、明治神宮編『大日本帝国憲法制定史』にそれぞれの要人の意見が出てゐるが、そのなかで主たるものを要約すると、まづ木戸孝允に始まる。それが西南の役で一時停滞したが、その後に明治十年代にいたり、大隈財政時代に再び進んだ。このころ、大いに努力したのは宮内大書記香川敬三だったが、この時に侍補元田永孚は「帝室の頼りて永遠に維持せらるる所以のものは、土地の恃むべきものあるが故にあらず、至徳大仁の能く民心を得るに在り」「土地の人民私有たるべきは天下の公理にして」皇室はその民の公的租税によりて立つのが東洋王道の精神だとして、帝室自らが私有的所有権者となるのに強い反対意見を表明してゐる。（註一）

大隈重信は、熱心な皇室財産制度の推進者で、明治十四年の政変で政府から追放され、野に下って改進党の首領となったが、その民党としての改進党の施政要議に於ても、「皇室財産の設定の必要」を大いに力説してゐる。この時代の大隈の憲政思想が、福沢諭吉や矢野文雄等の英国流憲政理論を用ゐたのは有名であるが、そのころの福沢の帝室論などでは、皇室は本来、「政治圏外の存在」たるべきことを主張し、しかも英国王室が巨大な王室財産を所有して政府議会の政治予算では手の及ばない社会の文化、博愛、厚生の事業等に資金を下賜することが、社会的に非常な意義のあることを熱心に論じてゐる。大隈の思想も似たものがあったかと思ふ。福沢は民間の人であるが、当時の文明開化近代主義者として、その言論が朝野を通じて大きな影響力を及ぼしたのは周知の事実である。

福沢は、日本の経済と政治の近代化を力説し指導した。その近代化とは、西欧の科学技術を急速に移入する。それに対応して、経済は合理的営利の自由競争を原則とする。政治は、この経済自由に相対応して、納税国民の利益のための政策を自由に主張して優劣を競争する政党議会政治とならねばならぬ。かれは十九世紀の世俗国家主義者であり、それは広く周知の福沢の思想であった。その進歩近代化におくれては、日本国の将来はないと、かれは信じて主張した。

しかし福沢は、その世俗政治の国家近代化を主張しつつも、その近代国家こそ、全き理想の社会と信じたのではない。そこに不可避の欠陥のあるのを鋭く予見してゐる。そこでは世俗的営利に無縁なるかぎりにおいては、社会の文化（ある種の学問から、芸術等々）は、旧時代よりむしろ後退し、精神的道徳すらも高尚の美風を失って行き、社会的博愛の精神もおとろへて行くと憂へた（現に十九世紀欧米のブルジョワ議会政治は、社会福祉政策などは顧みなかった）。

この世俗国家に避けがたい政治経済の自由競争の欠陥の上に、超然として君臨して、社会のあらゆる領域で、高尚重厚の非営利的文化と精神道徳を確保して行く、私的個人エゴに流れて行く人心を反省せしめて行く、そのやうな偉大にして聖なる存在が、世俗政治の圏外になくてはならない。それを福沢は、皇室に期待した。

皇室は政治圏外に超然として、学問芸術等の諸文化を保護し、道徳的人心を重厚に導き、博愛、慈善の業を興すなど、世俗国家の力の及ばない社会全領域での高尚にして偉大な活動をなさらねばならない。それには当然に大きな皇室財産の基礎を要すると力説した。この福沢の有名な「帝室論」は、明治十五年に時事新報で連載されたが、大隈系改進党員のみでなく、その時代の国民世論を広く動かした力は大きい。（註二）

大隈および進歩派官僚の一群を政府から追放した岩倉具視は、もっとも熱心な皇室財産の強化拡大主義者だったが、これは木戸や大隈の思想とは、その本質が異なる。かれの意見書を見ると、かれは将来に予想される憲政下の帝国政府や帝国議会に、不信の感が強かった。それで政府や議会が、国家および皇室にとって必要な財政支出に同意しない時のことを切に憂へて、国防軍事費のやうな巨大な資金でも皇室から支出することのできるやうな用意を要すると考へてゐたらしい。かれの考へは、途方もない巨大なものを意図したらしい。この岩倉案で井上毅が政府内で討論もしてゐるけれども、井上は心から岩倉構想に同感だったわけでもないらしく、他の政府要人の見解も未だ一致してゐないし、最終決定までには「時を要する」と思ったらしく察せられる。

かれは政府の会議では、岩倉の持論を代弁して、政府が早急に皇室御料の制を小さく固めようとしたのに反対して、巨大な構想をもしめし政府原案を否決してゐるが、岩倉と異なる点は「それは決して過少であってはならないが、過大であってもならない」との語を明言してゐることである。ここには、岩倉のブレーンとしての井上毅の極めて微妙な進退が見える。（註三）

太政官は、その後も次々に国有財産を皇室御料へと移して行った。

皇室財産をぜひとも設定せねばならないとの論では、そのほか山縣有朋、伊藤博文、松方正義等それぞれの意見もあるが、法的制度ロジックは一定し確立しないままに、実際的に皇室財産が大きく形成されていったのが歴史の事実である。皇室典範制定の時には、侍従の藤波言忠が外国王朝の財産制を調査して帰朝報告したのが参考とされて、ともかく世伝御料等についての簡単な条文ができたと見られる。

この藤波の思想によれば、「世伝御料」といふのは、公的な皇室の財産であり公産とさるべきであるし、「普通御料」とは「皇帝の私産」として、私的立場での皇帝の私的所有権のもとにあることになる。おそらく井上毅などもさう解したかとも思はれるが、それらの理論は学理的に公認決定されたわけでない。（註四）

現実には、法学的所有権理論などは未定のままで、皇室典範の法文そのものは制定されてしまった。それで皇室典範制定の後に、法制関係者間で意見の検討が行はれてゐる。ある者は、世伝御料を天皇の公産とし、その他の皇室財産を、皇位と直結する私産と然らざる私産とに分って、三分類すべきだとした。井上は初めには、三分の要なく、公私の二分でいいと書いた文もあるが、その後には「世伝御料なるものは本来、経済的な財産といふものではない」などと御料非財産の説など、かなり無理な論文も書いてゐる。法理の是非はともかく、平素明快な井上毅の論としては、難渋で無理強引の説ともいへる。かれは苦労してゐる。

諸学者の説も一定してゐない。井上が困難を感じたのは、おそらく一方では国家法人説(天皇機関説)を考へ、一方で天皇を財産権の主体としての法人格と考へ、その間の整理に苦しんだのではあるまいか。

天皇機関説といへば、昭和の美濃部学説が通俗的には連想されるが、有名な学者としては一木喜徳郎(法制局長官、宮内大臣)もさうだったし、明治の法学者の間では通常の学説だった(後年に有名な機関説反対論者の上杉慎吉も、初め機関説理論の主張者だった)。井上毅は、明治二十四年の「君主循法論」において、東洋固有法を引用しつつ、最後にその法思想を近代ドイツ法学と関連させて「君主は国家の最高の機関なり」と断定明記して

ゐる。（註五）

君主が公的には国家の機関とすれば、公的立場とは別に私人として私的財産を所有するのは当然としても（美濃部達吉、『憲法講話』等）、公的財産の世伝御料所有者とは解しがたい。天皇が国家といふ法人格の機関であれば、その公的管理下の財産所有権の主体は国家となるのが自然である。しかし世伝御料は、明らかに国有財産とは区別されてゐる。そこで「不可分、不可譲渡」の御料は、財産でないなどとの理窟を立ててみる者もあるが、しかしそこから経済的に大きな財産収入のあるのは疑ひないし、その財産と民間財産との間に経済的法律上の問題の発生し得るのも当然である。法理論的な定説は固まらないままに、明治四十三年になって、ともかく皇室令として「皇室財産令」ができて公布された。

皇室財産令の理論研究

明治四十三年（皇室典範制定から二十年も経てから）、皇室財産令ができたのだが、そこでは「御料ニ関スル法律上ノ行為ニ付テハ、宮内大臣ヲ以テ其ノ当事者トミナス」（第二条）と規定して、「天皇」の語は一切さけてゐる。これは法規立案者が、確乎たる法学的断案を下すのに未だ躊躇したものといはれてゐる。

この法令では、皇室財産についての管理当事者は、宮内大臣と明記されてゐるが、所有権者は明白でない。美濃部博士は、新説を立てて「皇室は公法人であって、天皇は国家の機関であると同時に、皇室の機関でもある」とし、世伝御料の所有権者を天皇ではなく「公法人たる皇室」とした(但、普通御料等については明記してゐない)。この「皇室は公法人」との説には反対学者も多く、とくに佐々木惣一博士等の鋭い反論がある。この理論対決についての主たる論文には、大正七年の『国家学会雑誌』の美濃部博士の論文のころから始まり、昭和三年の『法学論叢』には佐々木博士の「皇室典範及皇室令」に、美濃部説反対論の全面的な長大論文が発表され、美濃部博士は昭和四年の『国家学会雑誌』で、佐々木博士の論に詳細な釈明反論を発表してゐる。ともかく昭和三、四年までには、学者の通説と見るべきものはない。

この問題について、法学的に明白な結論を出したのは酒巻芳男(宮内省秘書課長)の『皇室制度講話』の学説だといっていいかと思ふ。酒巻説では、皇室財産令の起案者にも、法ロジックについては、いささかの躊躇があったらしいと推測しながらも、結局は「御料といふものは、法学的には、一つの独立の特殊財団として解すべきものだ」との学説を立てた。簡約していへば、御料とは、「天皇の御用に立ち、天皇の思召にしたがって、財を処理するための確たる目的を寄附行為として設立された特殊の財団」だと解する。皇室そのものは法人でないが、御料が財団（法人格）だとする。この説は、万全とは断じがたいとしても、従来のどの学説よりも情理が立ってをり、そのころ新進だった東大の宮沢俊義博士なども、この酒巻説によって『皇室法』の出版をしてをり、政府でも宮内省でも、ほぼこの説を準公権説とみとめたらしい。（註六・七）

この説が出て後には、有力な反対学説は出てゐないと私は思ふ。この説は、既往の諸学者の説とは異なる点がそれぞれに見られるけれども、本質的な点での対決紛争を生じないやうに慎重な工夫がされてゐるばかりではなく、東洋の古道の立場から天皇の無私、無所有の大道を主張した前記元田永孚いらいの国体論者をも同意させ得るだけの論理性がある労作である。

敗戦占領下の混乱

皇室財産といふものの所有権者は、「皇室」といふ法人格ではない。皇室とは、もともと法人格を有する所有権の主体でなかった(各皇族の財産は、皇室財産とは別に存する)。それは天皇の所有権にぞくするのでもない。皇室財産なるものの所有権者としては、法的には一つの特殊財団が存在する。天皇は無所有であるけれども、財の支出を要する時には、この財団が思召によって財を用立てることができる制度があった。これが皇室財産といふ日本に特殊の制度だったのである。

この法理は、日本を占領した米国人には分らなかったらしい。米人に分らないのみでなく、占領直後の日本の官僚当局者も十分の理解がなかったのか、自ら理解しても米人を説得するほどの能力がなかった。法理未解明のままにともかくも皇室財産をもって、時によっては天皇の公的所有、あるいは私的所有と解し、はなはだしきは、皇室をもって所有権者であるかのやうに解し、占領軍の命ずるがままに、あらゆる手段をもって皇室財産といふ特殊の制度を実際的に解消してしまった。

しかもその法的な無理解が、新しい憲法の第八八条や第八条の解釈にも糸をひいてゐるのが現状である。この法理を十分に知った上で新憲法の解釈を改めて考へてみてはどうか。

この新憲法の表の責任提案者、内閣総理大臣吉田茂は、この皇室財産の条文には格別に苦労したことを回想してゐる。しかし吉田茂は「御料の所有権者としては独立の公的財団の人格がある」などとの複雑な法ロジックは全く知らなかったらしい。その回想録から推察すると、「世襲財産――世伝御料」を皇室の公産と考へ、そのほかの財産を皇室の私産と考へてゐたらしい。

この条文については、国会審議の時にも問題とされて討議したが、米国側では「公産の皇室所有権は認めてもそこから生ずる収入は国庫に入れて一切皇室で使ってはならない」とのきびしい条件を固執して聞かない。それでは、御料所有も何の役にも立たないから結局全的放棄に修正することに決まったのだといふ。その時に、吉田としては、皇室の私産は、米国が帰ってから改めて作ればいいとの構想だったらしい。吉田茂の政治判断としては、憲法八八条での皇室経費については、将来の日本の国会は惜しまないだらうし、内廷費を十分にして、その残りを年々に積み上げて行く。その外に国民献金でも、議会の過半数決議があれば、いくらでも献金する道が開かれてゐるのだし、吉田流の解釈でいふところの「皇室私産」の回復には、この憲法でも独立後の将来に困ることはないと信じたらしい。それで、皇室が日本の社会的領域で大いに活動される道は、少しも妨げられないと思ってゐた(明治の福沢説に似てゐる)。これは、回想録の話からの論理的な推測なので、この文のままを吉田証言とは断定しないが、「回想録」の言葉と、この解釈とを対照されたい。筆者は、その推測を十分に論理的に確かだといひ得ると解してゐる。(註八)

しかし、筆者は「皇室私産」といふ吉田の法概念には同感しかねる。前記の酒巻説を引用したのはそのためであるが、現在の皇室の内廷においても多少の財産があるとすれば、それは酒巻流の法理にしたがった思想で、皇室内廷の組織の中に存在する財団とする解釈を確立したがいいかと思ふ。

その財団の財産が、現在において何ほどあるかは、議会に於ても公表されてゐない。マッカーサーの残したものが基金とされたらしいが、極めて僅少なものであるのは確かだと思ふ。吉田茂は、占領後間もなく、政権の地位を去った。その後も元老的な立場で、独立後の諸般の問題にも怠ることなく努力したやうだが、この皇室財産構想は実現しえないでただ「回想録」に希望意見を残しただけに終ってゐる。

吉田の皇室論は、ある意味で明治の福沢説の二十世紀版に似てゐる。皇室の祭儀礼典、精神的道徳、学問文化、人道的事業等あらゆる社会の領域での皇室の高貴なる活動を通じて、日本国民の精神を統合し、国の品位を高めることを切望した。

この吉田の希望に対して私は同感であるのみでなく、それ以上に国際的にも（餓死に瀕する諸国民や、天災地変の犠牲となった外国人や、そのほか等々の国際的救援活動などについても）日本の天皇が、つねに率先して人道的な手を差し伸べられることを大切だと信じてゐる（明治時代に、昭憲皇太后が設定された国際赤十字御援助基金などは、今世紀にいたっても高く評価されて大きな作用をつづけてゐる)。国内的にも同様に似たことが多い。皇室が、つねに国際的にも国内的にも、人道文明のために熱意と努力とをしめされることが、日本の社会人心を高め、それが間接的に日本国と国民の品位を高め、国民統合の力を強めることは、疑ひない。日本の皇室は、豪華贅美の風をさけて、清く簡素の御生活をなさることが大切であるが、それと同時に、苦境に悩む、あらゆる者への救援の意思表明が必要だし、それには財をも要する。

ここに、明治の先人の皇室財産についてのあれこれの思想から戦後の吉田茂にいたるまでの思想を通覧してみて、皇室財産について次のやうな諸点を大切なこととして要約したい。

一、天皇が「公のみありて私なし」との大原則に立たれることは、元田永孚の説の通りである。その点で、酒巻説が天皇を所有権者としない財団説を立てたのは、極めて賢明であった。この学問的思想の業績は、将来ともに残され生かされて明白にすべきだと思ふ。

二、しかし財団としても、明治大正時代のやうに、巨大な皇室財産といふものは、君徳を高める所以ではあるまい。その程度の標準は定めがたいにしても、時代の良識によって、過不足なきことが必要だと思ふ。明治の要人が、皇室を尊崇した熱情はよかったが、皇室財産が巨大化しすぎたとの史的批評は、道理のないことではない（過大であるが故に、財団関係組織、官吏に、怠慢の弊を生じた）。

三、しかし、明治の先人たちが、国政の混乱や議会の政治的紛糾のために、国費の予算決議ができなくても、皇室が皇室として必要と認められる事を実行なさるのに差支へないだけの財が存在することを切に考へた条件は、最小限度に必要である（藤波言忠の意見）。

それに、皇室の経費は、政治の場である議会において、その金高を論じて、一党派がより多く支出を要求し、他の党派がそれを過大として反対し、相対決して論争しつづける英国議会などの不体裁の風儀は、日本では甚だ好ましくない。それは日本の伝統的国風に反する。

しかりとすれば、皇室経費は、もっとも論争の少ない低水準にならざるを得ない。低水準が当然とすれば、その高きを要望する国民と、低きを適当とする国民との間の差は、必ずしも国税国費にのみ限定しないで、憲法八条の国会の同意によって、より高く豊かなるを望む国民の自由自発の献金によって解決することが、もっとも穏当な道であると思はれる。

内廷費確保についての一私案

このやうな諸条件を考へると、第三の場合などには、平素から皇室が必要とされる経費を、国会の支出予算の成立を待たずして、支出することのできる程度の財団を用意することが大切だと思ふ。そのやうな財団の創立のために、国会が憲法八条によって公然と皇室の内廷と相関連して、皇室の御用に奉仕する財団の設立に同意を表明することを切望する。そのやうな特殊独立の法人格を有する財団が新しく創設されることは、決して憲法八八条に反するものとはならない。

今日、世上では、ひそかに大嘗祭の執行について苦心してゐる人が多いが、私がこの小論を書いたのは、それに関する私見前提だといってもいい。

即位礼、大嘗祭に際して政府、国会の間に皇室の古儀を重んずる精神が有力であれば、大嘗祭の御経費は皇室臨時の大事として、特別内廷費として支出し、御祭りの内容については、陛下の御親裁に御一任するがよい。万一、国会で御親裁に支障あるかのやうな論議が強ければ、古儀を重んずる国民がここに書いたやうな財団への献金をすれば、事は解決する。大嘗祭の御経費など金高としては少ないものである。古例を見るに、伊勢の御遷宮は三万石(幕末に少し上る)、大嘗祭の古儀御復活には三千余石といふのが江戸時代のほぼ恒例であった。今日では伊勢の御遷宮は、政府国会が躊躇したりするので、特殊の財団が陛下の御沙汰を拝して、式年ごとに宮内庁と連絡して無事に、陛下の聖旨によって古儀を守りつづけてゐる。大嘗祭経費は御遷宮に比すれば、古儀にしたがっても、五分の一以下であらう。国会が万一にも皇室古儀伝統の厳守に冷淡であれば、伊勢の例にならってもいい。

内廷と相関連する特殊の財団が、天皇御親裁のままに祭儀の継承に奉仕すればいい。伊勢の遷宮は常に勅旨によって今日まで行はれてきた。ただ勅旨を奉じて、その御経費を献じた者は、時によっては、地方の諸侯(織田、豊臣、その以前は、かなり多数の諸侯)があり、地方民だったことがあった。江戸以後は徳川家の幕府、明治後は帝国政府だった。その財源の変遷は祭儀の第一儀ではない。第一義は、聖旨によって御祭りが厳修されることである。

日本国民に、皇室祭儀尊重の忠誠心あるかぎり、第一義の大嘗祭は必ず執行される。その財源とか法手続などで、苦労し難渋することは決してない。ここに論じたのは、第二義の法や経済の手続きを考へる上での一私案にすぎない。

註一　元田永孚、香川敬三の意見『明治天皇記』参照
註二　福沢諭吉「帝室論」（明治十五年時事新報社説）
註三　岩倉具視、井上毅の皇室財産意見の微妙な異同については、明治神宮編『大日本帝国憲法制定史』中の「皇室典範制定史」第二章参照
註四　藤波言忠の意見『秘書類纂』帝室制度資料・上
註五　『井上毅伝』史料編（二）（昭和四十一年、国学院大学図書館発行）
註六　酒巻芳男『皇室制度講話』岩波書店刊
註七　宮沢俊義『皇室法』日本評論社刊
註八　吉田茂『回想十年』二巻44ページ以下及び四巻72ページ以下（昭和三十三年新潮社刊）

III　天皇に私なし——内廷神事の端的な意味

「天皇に私なし」との原則は、日本では古くからの根本思想で、漢字が移入されると、天皇、皇室の意味で、「公」といふ文字を用ゐた。それは古法時代のみでなく、近代法時代にもそのまま継承された。新憲法のできる時に反対した自由主義法学者の佐佐木惣一博士は、議会での演説で天皇を論じて、それを「立場なき立場」といってゐる。それは「天皇に私生活なし」との意味だと論じてゐる（佐々木著、『憲法改正断想』）。帝国憲法時代の新進法学者で、新憲法時代に京都大学で異色ある憲法学の泰斗となった大石義雄博士の論には、しばしば、「天皇に私なし」との語が当然の原則前提となってゐる。慶応大学の小泉信三博士は、陛下から皇太子の御教養についての御相談のあった時に、御辞退するつもりで参内したさうだが、陛下とお話してゐるうちに、陛下の、「天皇に私なし」との御心境に接して、非常な感激をおぼえて御用をつとめる決断をしたと伝へられてゐる。

「天皇に私なし」とは、少なくも二千年来の日本皇室の大原則であって、その根本方針は脈々として伝へられてゐるけれども、その精神を説明する理論は、時代の条件によって変遷して行くこともあると思ふ。私は、ここで現行憲法における象徴としての天皇も、天皇が天皇であるかぎり、「天皇に私なし」との大原則を前提としてのみ解釈され、運用されるのでなくてはならないことを、現行法の立場に立って、解明を試みたいと思ふ。

憲法の大前提「天皇の無私」

憲法は、象徴天皇を世襲と定めた。しかも新憲法百条によって、この憲法の運用のために必須のものとして立法された皇室典範の定める世襲法（皇位継承法）では、皇嗣は、その私的意思を認められず、必ず皇位について象徴としての御働きをなされねばならないし、いかなる事情があっても退位をなさることは許されない。私的意思の存在は認められないで、その進退については、すべて公法を厳守なさらねばならないものとし、一片の私意も認められないと決めた。天皇の御進退については、生涯にわたって私なく、公的意思を厳守さるべきもので、私意はありえないとした。ここに「天皇には公ありて私なし」との第一前提がある。

しかも憲法が定める天皇の地位は、日本国と国民統合の象徴たるべきもので、いかなる私意私見によっても進退さるべきでないとしてゐる。国民の間にいかなる対決があっても、その対決紛争に介入なさらないのが国民統合の象徴である。

通俗的な論としては、天皇の公的立場は、公正無私であるべきだが、公的立場とは別に、当然に人間として私人の自由があってもいいとの説がある。しかし、仮に陛下が、公的には「内閣の助言と承認」によって公平無私で進退されるが、私人の個人的見解としては、某政党に対して好意的で、某党には反対だと私的意思の表明をされるとしたらどうなるか。公的には決して国民の信教自由を妨げられないが、私人としては某宗教の某派の教義に、陛下は反対の私見を強くもたれてゐるのだといはれたとすればどうか。世間一般の国民なみに、自分は某新聞には好意的で同感の読者で、某新聞の記事には、いつも不快だと言明なさったら、どうか。某会社の商品は信頼できるが、某社の商品は不信で嫌だといはれたらどうか。一般世人は、裁判の判決に対しても批判する自由の権利があるが、もし陛下が、「私見としては、あの判決には全く反対なのだ」と評せられたら、どうなると思ふか。そのほか、類例をあげれば際限もなく問題は多いが、日本の社会人心が混乱し、憲法の予期する国民統合の実が失はれてしまふのは明らかである。法ロジックで「天皇も人間として私的には自由人権を有する」などといっても、日本人は決してそのやうなことはないと信じてゐる。憲法も国民一般の心理も、天皇が社会の対決混乱を生ずることは決してなさらないと信じて「国民統合の象徴」と定めた。現憲法の根底にも、天皇は、公のためにのみ進退して「私なし」との伝統通念がある。

日本人が考へてゐる天皇は、外国の国家元首とは異なって、公私を使ひ分けたりしない公正無私の御存在であって、「公のみありて私なし」との統合者として信じてゐる。

現行法では、天皇のみでなく皇族も、とくに「品位の高い」ことが法によって期待されてゐる。それは公的な場所でのマナーや言葉の品位があれば、私的には無関心といふのではない。英国では、南米での戦争に出兵した有名な某親王が、公務には忠誠であったが、私的には自由奔放で、有名なヌード女優とレジャー旅行をされたことがある。これはセンセーショナルなビッグ・ニュースとなり、親王の不品行を非難する世論も騒がしかったが、「親王は公的に立派であり、その私事に関する論評は許されない」とする反論も強大だった。

英国民は、親王の公式結婚には、きびしい条件をつける継承法に厳格だが、私事は別とするものらしい。国それぞれの国民心理は異なるし、外国の風を評することはしないが、現行の皇室法時代の日本人は、皇室のこのやうな「公私の使ひ分け」に同意しない。皇室は「天皇に私なし」との原則に準ずべきものと思ってゐる。天皇は、内閣の助言承認があらうとあるまいと、つねに「公正無私」「品位高貴」なことこそ第一の条件となさるところに大切な意味がある。

宮中府中の区別の果す意義

明治の憲法時代には、天皇が国政国務を決する最高権者とされたが、その国務を執行されるには、すべて国務大臣の輔佐を必要とし、立法や予算の決定には議会の同意を必須の条件とされた。国民の中には当然に国の行政や立法、予算に対しても反対の者が少なくない場合がある。それでも陛下の公正無私を疑って、自分らの正義の主張に反対して、政府に加担されたとか、議会の多数派を支援して、自分らを無視されたとか思って怨むやうな非常識者はなかったといっていい。天皇は、国会の議決を拒否したり、国務大臣の閣議決定の輔佐を拒否したりなさらないが、それが、憲政の常道だとの一般の心得があった。

もっとも国家世俗の政治といふものは、二者択一を必要とするもので、多数党にも少数党にも同じ満足をさせることはできない、対決のきびしい性格を固有してゐる。

その対決と自由な政治論争は、立憲制ではさけられない。しかし日本では、政治的には相対決しても、それを超えた一線で、全国民を統合しうる一点がなくてはならないとした。

その一点こそ「私なき天皇」であるし、その一点を確保するためには、政治対決の圏外の皇室が、非政治的な独自の精神的権威としての伝統を保たるべきことを必要とした。国家の元首を「国政」圏外におくのは、一つの難問ではあった。しかしその解決の第一歩が、宮中の旧来の陋習とみとめられるものを一切粛正して、大改革を加へて「天皇に私なし」との精神を、皇室のすみずみにまで徹底させることだった。しかもその清浄なる宮中を、政治の場としての府中との別を立て、世俗政治上の対決は府中かぎりのこととして、宮中には決して及ばない制度を立てるとの構想である。このやうな構想が根底にあって、国家国政の基本としての帝国憲法とは別立して、皇室典範といふ別系列の憲章がたてられた。

国政の事は、自由なる政見の対決の場となるのもやむをえない。対決は「萬機公論」に決することにまかせる。国政の場には、議会があり、政府があり、その下に国家の官吏がある。それは、きびしい政見対決の場ともなる。

しかしそれとは別に、建国いらいの皇室の独自の権威を確保して、皇室の官吏は一切国の政治には関与させない制度をたてた。ここでは、天皇は、政治圏外の皇室の高貴なる伝統を確保なさることにつとめられた。かくして、皇室の事務以外の国家国政の問題は、「萬機公論に決す」との原則にもとづいて、自由な政治闘争論議で決するけれども、建国いらいの神聖な伝統を確保される皇室の事は、「政治圏外」のこととして敬重して、あへて政治論議の対象とすべきでないとの大原則が定まったわけである。

新憲法の欠陥を補ふ内廷の存在

ところがこの明治に成立した国家皇室の大原則が、新しい憲法体制では大きく変革された。ここにその変革の当否をあれこれと論ずるのは、本文の目的ではない。ともかくこの新しい憲法では、天皇を国の象徴として、国民統合の地位においたが、明治皇室典範の独自の制をほとんど無視して天皇の進退をすべて「内閣の助言と承認」によってのみおこなふことに定めた。皇室の官吏も内閣（政府）の官吏となった。端的にいへば、天皇は、議会の多数を制する政党内閣の助言と承認によってのみ進退なさるのであって、真に深い意味での「国政圏外の精神的権威」としての独自の行動をなさることが、非常に不自由となり、その非政治的な皇室の精神活動とか、社会活動をされる能力が失はれたのも事実である。皇室は、政府や議会の関心のおよばない社会事業や、国際友好の事業などで大きな事業をおこなはせられ、国民心理の和合はもとより、国際友好のためにもつくされたが、そのやうな大事業をなさることは、ほとんど廃せられた。

新憲法は、それらの事業は、すべて政府がおこなふのが民主政治だとする主義をとってゐる。もっとも皇室は、新憲法においても、国政圏外の独自のものであるとのロジックは立つが、あへて非礼を顧みず、端的にいへば、内閣の方寸によっては、多数党内閣の儀礼執行者以上のものではないと見る国民も生ずるにいたるであらう。

ただ現行皇室法で、唯一の救ひとすべきは、内廷の存在である。この内廷のみは、天皇に直属するところで、政府行政権の外にある。この内廷のみが、国政圏外にあった以前の宮内省の残影としての形を残してゐる。

この内廷の予算は小さく、その職員も少ないが、ここは俗務行政の圏外にある。

この内廷をもって、天皇の私的生活の場であるとの解釈がおこなはれてゐるが、これは思想浅薄といふものである。天皇とは、その御誕生からその崩御にいたるまで、終始して国民一般のやうな私的自由意思をもって生活し、進退なさることなく、ただ「公ありて私なし」との公人としての御生活を義務づけられた御存在である。それは公的立場とは別の私的立場を有せられない。「公ありて私なし」との原則は、内廷にまでおよぶといふよりも、むしろ内廷においてこそ、もっとも厳粛であるといっていい。

内廷費の正しい解釈

内廷における天皇の第一の御つとめは、賢所をはじめとする宮中三殿の御祭りである。この賢所（三種の神器中の第一、神鏡奉祀）の御祭りは、陛下の個人的私的信仰と解すべきものではない。現行新憲法とともに発効すべく立法された皇室法の審議にさいしても、神器の継承と皇室祭儀の重要性が十分に討議され、

皇室経済法第七条

皇位とともに伝わるべき由緒ある物は、皇位とともに、皇嗣が、これを受ける。

との条文が法定され、その第一として神器と神殿の継承が公約され、その保全のために国が経費を支出することが定められてゐる。

それは、占領下の立法であって、すべて米占領軍の厳重な同意なくしては議会への提案も説明もできなかった時代であった。しかもそれは、すでに米軍が発令して熱心に徹底につとめてゐた神道指令との間に、微妙な矛盾を感じさせるとの見解もあった。しかし、これだけは、日本の皇室法として絶対に欠くべからざるものであることを、米軍にもみとめさせることができた。その軍命令との関係のために、その条文の表現は「即位と共に祖宗

の神器を承く」といふやうなものとはなり得なかったが、議会でその意味の説明をすることは、米軍もみとめた。同じく指令との関係で、その祭儀のための経費の支出などは、最小限度に縮小せざるを得なかったが、その神事の経費が国から支出されるとの予算案も、米軍に公示してその同意をとりつけたものである。

現行法は、天皇が祖宗いらいの御祭りを、末永く保全なさるべきことを、国法をもって定めた。それは皇室第一の重儀であるがゆゑに、天皇も御裁可なされた（それは、新憲法と同じく、天皇が国政に関する権能を失はれる〈昭和二十二年五月〉以前に、天皇の御同意をも得た法である）。その御祭りは、皇室の公的な御祭りである。

その神事費は、内廷費によることとした。

皇室経済法第四条【内廷費】

②内廷費として支出されたものは、御手元金となるものとし、宮内庁の経理に属する公金としない。

これの解釈にも世上、誤りが多く、内廷のみは私金で私事をおこなはれるところとの説がある。しかしこの条文の真に意味するところは、神事費などをふくむ内廷費は、従前の非行政官庁であった宮内省の事務が、今後は行政官庁の宮内府（庁）に移行されるけれども、この分だけは行政機関の一般公金と同じ経理方法をとらない（国会の決算討議などの政治の対象としないで、象徴たる天皇の御親裁の経費（御手元金）とする、といふのである。これは政治論争の題目となるべき行政機関（宮内庁）の公金ではなくて、以前の宮内省時代と同じく「皇室の公費」とし、政治論争圏外のものとする、と解するのが正しい。

内廷神事の端的な意味

それを「宮内庁経理の公金でない」と書いてあるからとて、それを直ちに私金であると短絡解釈し、断定してしまふのは、あまりにも浅薄独断ではないか。国の行政機関の公金ではなくとも、地方自治体にでも、特殊法人にでも公金と解すべきものは、いくらでもある。内廷費は、国庫から支出された直後には、行政機関の経理法による公金ではなく、国の象徴としての天皇の親裁下の「皇室の公費」となる。それが、御手元金といふ語の真の意味である。その公費をもって、天皇は内廷において天下の御祭りをなさられる。

「天下の公の祭り」をなさる内廷の神事を、陛下の個人的私事と解するのは、非礼であり理義に反する。天子の御祭りは、ひたすらに「国平らかに民やすかれ」と祈らせられる。来る年も、来る年も、御代がつぎつぎにかはっても、年のはじめから終りまで、天下の祭りをつづけられて行くのが、悠久なる皇祖皇宗から継承なさった陛下の御使命である。

その御使命をつくされることによって「ただ公ありて私なし」との天皇の御高風を生ずる。詳しく論ずれば、現行憲法や皇室法には難点もすこぶる多い。しかし、その現行憲法であっても、国および国民統合の象徴として仰ぐ天皇とは、「公ありて私なし」との天皇を理想とするのは、確かである。

関連法令㈠

日本国憲法（抄）

（昭和二一・一一・三）

施行　昭和二二・五・三（補則）

朕は、日本国民の総意に基いて、新日本建設の礎が、定まるに至つたことを、深くよろこび、枢密顧問の諮詢及び帝国憲法第七十三条による帝国議会の議決を経た帝国憲法の改正を裁可し、ここにこれを公布せしめる。

御名御璽

昭和二十一年十一月三日

第一章　天皇

第一条【天皇の地位・国民主権】 天皇は、日本国の象徴であり日本国民統合の象徴であつて、この地位は、主権の存する日本国民の総意に基く。

第二条【皇位の継承】 皇位は、世襲のものであつて、国会の議決した皇室典範の定めるところにより、これを継承する。

第三条【天皇の国事行為に対する内閣の助言と承認】 天皇の国事に関するすべての行為に

は、内閣の助言と承認を必要とし、内閣が、その責任を負ふ。

第四条【天皇の権能の限界、天皇の国事行為の委任】①天皇は、この憲法の定める国事に関する行為のみを行ひ、国政に関する権能を有しない。

②天皇は、法律の定めるところにより、その国事に関する行為を委任することができる。

第五条【摂政】皇室典範の定めるところにより摂政を置くときは、摂政は、天皇の名でその国事に関する行為を行ふ。この場合には、前条第一項の規定を準用する。

第六条【天皇の任命権】①天皇は、国会の指名に基いて、内閣総理大臣を任命する。

②天皇は、内閣の指名に基いて、最高裁判所の長たる裁判官を任命する。

第七条【天皇の国事行為】天皇は、内閣の助言と承認により、国民のために、左の国事に関する行為を行ふ。

一　憲法改正、法律、政令及び条約を公布すること。

二　国会を召集すること。

三　衆議院を解散すること。

四　国会議員の総選挙の施行を公示すること。

五　国務大臣及び法律の定めるその他の官吏の任免並びに全権委任状及び大使及び公使

の信任状を認証すること。
六　大赦、特赦、減刑、刑の執行の免除及び復権を認証すること。
七　栄典を授与すること。
八　批准書及び法律の定めるその他の外交文書を認証すること。
九　外国の大使及び公使を接受すること。
十　儀式を行ふこと。

第八条【皇室の財産授受】皇室に財産を譲り渡し、又は皇室が、財産を譲り受け、若しくは賜与することは、国会の議決に基かなければならない。

第八八条【皇室財産・皇室の費用】すべて皇室財産は、国に属する。すべての皇室の費用は、予算に計上して国会の議決を経なければならない。

第九八条【最高法規、条約及び国際法規の遵守】①　この憲法は、国の最高法規であつてその条規に反する法律、命令、詔勅及び国務に関するその他の行為の全部又は一部は、その効力を有しない。

②　日本国が締結した条約及び確立された国際法規は、これを誠実に遵守することを必要とする。

第九九条【憲法尊重擁護の義務】 天皇又は摂政及び国務大臣、国会議員、裁判官その他の公務員は、この憲法を尊重し擁護する義務を負ふ。

（昭和二二・一・一六法三）

皇室典範

施行　昭和二二・五・三（附則参照）
改正　昭和二四法一三四

第一章　皇位継承

第一条【資格】 皇位は、皇統に属する男系の男子が、これを継承する。

第二条【順序】 ①　皇位は、左の順序により、皇族に、これを伝える。

一　皇長子
二　皇長孫
三　その他の皇長子の子孫
四　皇次子及びその子孫

五　その他の皇子孫
六　皇兄弟及びその子孫
七　皇伯叔父及びその子孫

② 前項各号の皇族がないときは、皇位は、それ以上で、最近親の系統の皇族に、これを伝える。

③ 前二項の場合においては、長系を先にし、同等内では、長を先にする。

第三条【順序の変更】 皇嗣に、精神若しくは身体の不治の重患があり、又は重大な事故があるときは、皇室会議の議により、前条に定める順序に従つて、皇位継承の順序を変えることができる。

第四条【即位】 天皇が崩じたときは、皇嗣が、直ちに即位する。

第二章　皇　族

第五条【皇族の範囲】 皇后、太皇太后、皇太后、親王、親王妃、内親王、王、王妃及び女王を皇族とする。

第六条【親王・内親王・王・女王】 嫡出の皇子及び嫡男系嫡出の皇孫は、男を親王、女を内親王とし、三世以下の嫡男系嫡出の子孫は、男を王、女を女王とする。

第七条【天皇の兄弟姉妹としての親王・内親王】 王が皇位を継承したときは、その兄弟姉妹たる王及び女王は、特にこれを親王及び内親王とする。

第八条【皇太子・皇太孫】 皇嗣たる皇子を皇太子という。皇太子のないときは、皇嗣たる皇孫を皇太孫という。

第九条【養子の禁止】 天皇及び皇族は、養子をすることができない。

第一〇条【立后及び婚姻】 立后及び皇族男子の婚姻は、皇室会議の議を経ることを要する。

第一一条【皇族の身分の離脱】 ① 年齢十五年以上の内親王、王及び女王は、その意思に基き、皇室会議の議により、皇族の身分を離れる。

② 親王（皇太子及び皇太孫を除く。）、内親王、王及び女王は、前項の場合の外、やむを得ない特別の事由があるときは、皇室会議の議により、皇族の身分を離れる。

第一二条【同前】 皇族女子は、天皇及び皇族以外の者と婚姻したときは、皇族の身分を離れる。

第一三条【同前】 皇族の身分を離れる親王又は王の妃並びに直系卑属及びその妃は、他の皇族と婚姻した女子及びその直系卑属を除き、同時に皇族の身分を離れる。但し、直系卑属及びその妃については、皇室会議の議により、皇族の身分を離れないものとすることができる。

第一四条【同前】①　皇族以外の女子で親王妃又は王妃となつた者が、その夫を失つたときは、その意思により、皇族の身分を離れることができる。

②　前項の者が、その夫を失つたときは、同項による場合の外、やむを得ない特別の事由があるときは、皇室会議の議により、皇族の身分を離れる。

③　第一項の者は、離婚したときは、皇族の身分を離れる。

④　第一項及び前項の規定は、前条の他の皇族と婚姻した女子に、これを準用する。

第一五条【皇族の身分の取得】　皇族以外の者及びその子孫は、女子が皇后となる場合及び皇族男子と婚姻する場合を除いては、皇族となることがない。

第三章　摂　政

第一六条【設置】①　天皇が成年に達しないときは、摂政を置く。

② 天皇が、精神若しくは身体の重患又は重大な事故により、国事に関する行為をみずからすることができないときは、皇室会議の議により、摂政を置く。

第一七条【就任の順序】 ① 摂政は、左の順序により、成年に達した皇族が、これに就任する。

一　皇太子又は皇太孫
二　親王及び王
三　皇后
四　皇太后
五　太皇太后
六　内親王及び女王

② 前項第二号の場合においては、皇位継承の順序に従い、同項第六号の場合においては、皇位継承の順序に準ずる。

第一八条【順序の変更】 摂政又は摂政となる順位にあたる者に、精神若しくは身体の重患があり、又は重大な事故があるときは、皇室会議の議により、前条に定める順序に従つて、摂政又は摂政となる順序を変えることができる。

第一九条【更迭】 摂政となる順位にあたる者が、成年に達しないため、又は前条の故障があるために、他の皇族が、摂政となつたときは、先順位にあたつていた皇族が、成年に達し、又は故障がなくなつたときでも、皇太子又は皇太孫に対する場合を除いては、摂政の任を譲ることがない。

第二〇条【廃止】 第十六条第二項の故障がなくなつたときは、皇室会議の議により、摂政を廃する。

第二一条【特典】 摂政は、その在任中、訴追されない。但し、これがため、訴追の権利は、害されない。

第四章 成年、敬称、即位の礼、大喪の礼、皇統譜及び陵墓

第二二条【成年】 天皇、皇太子及び皇太孫の成年は、十八年とする。

第二三条【敬称】 ① 天皇、皇后、太皇太后及び皇太后の敬称は、陛下とする。

② 前項の皇族以外の皇族の敬称は、殿下とする。

第二四条【即位の礼】 皇位の継承があつたときは、即位の礼を行う。

第二五条【大喪の礼】 天皇が崩じたときは、大喪の礼を行う。

第二六条【皇統譜】 天皇及び皇族の身分に関する事項は、これを皇統譜に登録する。

第二七条【陵墓】 天皇、皇后、太皇太后及び皇太后を葬る所を陵、その他の皇族を葬る所を墓とし、陵及び墓に関する事項は、これを陵籍及び墓籍に登録する。

第五章　皇室会議

第二八条【議員】 ① 皇室会議は、議員十人でこれを組織する。

② 議員は、皇族二人、衆議院及び参議院の議長及び副議長、内閣総理大臣、宮内庁の長並びに最高裁判所の長たる裁判官及びその他の裁判官一人を以て、これに充てる。

③ 議員となる皇族及び最高裁判所の長たる裁判官以外の裁判官は、各々成年に達した皇族又は最高裁判所の長たる裁判官以外の裁判官の互選による。

第二九条【議長】 内閣総理大臣たる議員は、皇室会議の議長となる。

第三〇条【予備議員】 ① 皇室会議に、予備議員十人を置く。

② 皇族及び最高裁判所の裁判官たる議員の予備議員については、第二十八条第三項の規定を準用する。
③ 衆議院及び参議院の議長及び副議長たる議員の予備議員は、各々衆議院及び参議院の議員の互選による。
④ 前二項の予備議員の員数は、各々その議員の員数と同数とし、その職務を行う順序は、互選の際、これを定める。
⑤ 内閣総理大臣たる議員の予備議員は、内閣法の規定により臨時に内閣総理大臣の職務を行う者として指定された国務大臣を以て、これに充てる。
⑥ 宮内庁の長たる議員の予備議員は、内閣総理大臣の指定する宮内庁の官吏を以て、これに充てる。
⑦ 議員に事故のあるとき、又は議員が欠けたときは、その予備議員が、その職務を行う。

第三一条【衆議院解散の際の特例】 第二十八条及び前条において、衆議院の議長、副議長又は議員とあるのは、衆議院が解散されたときは、後任者の定まるまでは、各々解散の際衆議院の議長、副議長又は議員であつた者とする。

第三二条【議員の任期】 皇族及び最高裁判所の長たる裁判官以外の裁判官たる議員及び予

備議員の任期は、四年とする。

第三三条【招集】①　皇室会議は、議長が、これを招集する。

②　皇室会議は、第三条、第十六条第二項、第十八条及び第二十条の場合には、四人以上の議員の要求があるときは、これを招集することを要する。

第三四条【定足数】皇室会議は、六人以上の議員の出席がなければ、議事を開き議決することができない。

第三五条【表決】①　皇室会議の議事は、第三条、第十六条第二項、第十八条及び第二十条の場合には、出席した議員の三分の二以上の多数でこれを決し、その他の場合には、過半数でこれを決する。

②　前項後段の場合において、可否同数のときは、議長の決するところによる。

第三六条【利害関係議事の参与禁止】議員は、自分の利害に特別の関係のある議事には、参与することができない。

第三七条【権限】皇室会議は、この法律及び他の法律に基く権限のみを行う。

附　則

①　この法律は、日本国憲法施行の日（昭和二二・五・三）から、これを施行する。

② 現在の皇族は、この法律による皇族とし、第六条の規定の適用については、これを嫡男系嫡出の者とする。

③ 現在の陵及び墓は、これを第二十七条の陵及び墓とする。

皇室経済法

（昭和二二・一・一六 法 四）

施行 昭和二二・五・三（附則参照）

改正 昭和二三法七三、昭和二四法一三四、昭和二七法二、昭和二八法四七、昭和四〇法七六

第一条 削除

第二条【その度ごとの国会の議決を必要としない財産の授受】 左の各号の一に該当する場合においては、その度ごとに国会の議決を経なくても、皇室に財産を譲り渡し、又は皇室が財産を譲り受け、若しくは賜与することができる。

一 相当の対価による売買等通常の私的経済行為に係る場合

二 外国交際のための儀礼上の贈答に係る場合

三　公共のためになす遺贈又は遺産の賜与に係る場合

四　前各号に掲げる場合を除く外、毎年四月一日から翌年三月三十一日までの期間内に、皇室がなす賜与又は譲受に係る財産の価額が、別に法律で定める一定価額に達するに至るまでの場合

第三条【皇室費の種類】予算に計上する皇室の費用は、これを内廷費、宮廷費及び皇族費とする。

第四条【内廷費】①　内廷費は、天皇並びに皇后、太皇太后、皇太后、皇太子、皇太子妃、皇太孫、皇太孫妃及び内廷にあるその他の皇族の日常の費用その他内廷諸費に充てるものとし、別に法律で定める定額を、毎年支出するものとする。

②　内廷費として支出されたものは、御手元金となるものとし、宮内庁の経理に属する公金としない。

③　皇室経済会議は、第一項の定額について、変更の必要があると認めるときは、これに関する意見を内閣に提出しなければならない。

④　前項の意見の提出があつたときは、内閣は、その内容をなるべく速かに国会に報告しなければならない。

第五条【宮廷費】宮廷費は、内廷諸費以外の宮廷諸費に充てるものとし、宮内庁で、これを経理する。

第六条【皇族費】①　皇族費は、皇族としての品位保持の資に充てるために、年額により毎年支出するもの及び皇族が初めて独立の生計を営む際に一時金額により支出するもの並びに皇族であつた者としての品位保持の資に充てるために、皇族が皇室典範の定めるところによりその身分を離れる際に一時金額により支出するものとする。その年額又は一時金額は、別に法律で定める定額に基いて、これを算出する。

②　前項の場合において、皇族が初めて独立の生計を営むことの認定は、皇室経済会議の議を経ることを要する。

③　年額による皇族費は、左の各号並びに第四項及び第五項の規定により算出する額とし、第四条第一項に規定する皇族以外の各皇族に対し、毎年これを支出するものとする。

一　独立の生計を営む親王に対しては、定額相当額の金額とする。

二　前号の親王の妃に対しては、定額の二分の一に相当する額の金額とする。但し、その夫を失つて独立の生計を営む親王妃に対しては、定額相当額の金額とする。この場合において、独立の生計を営むことの認定は、皇室経済会議の議を経ることを要する。

三　独立の生計を営む内親王に対しては、定額の二分の一に相当する額の金額とする。

四　独立の生計を営まない親王、その妃及び内親王に対しては、定額の十分の一に相当する額の金額とする。ただし、成年に達した者に対しては、定額の十分の三に相当する額の金額とする。

五　王、王妃及び女王に対しては、それぞれ前各号の親王、親王妃及び内親王に準じて算出した額の十分の七に相当する額の金額とする。

④　摂政たる皇族に対しては、その在任中は、定額の三倍に相当する額の金額とする。

⑤　同一人が二以上の身分を有するときは、その年額中の多額のものによる。

⑥　皇族が初めて独立の生計を営む際に支出する一時金額による皇族費は、独立の生計を営む皇族について算出する年額の二倍に相当する額の金額とする。

⑦　皇族がその身分を離れる際に支出する一時金額による皇族費は、左の各号に掲げる額を超えない範囲内において、皇室経済会議の議を経て定める金額とする。

一　皇室典範第十一条、第十二条及び第十四条の規定により皇族の身分を離れる者については、独立の生計を営む皇族について算出する年額の十倍に相当する額

二　皇室典範第十三条の規定により皇族の身分を離れる者については、第三項及び第五

項の規定により算出する年額の十倍に相当する額。この場合において、成年に達した皇族は、独立の生計を営む皇族とみなす。
⑧ 第四条第二項の規定は、皇族費として支出されたものに、これを準用する。
⑨ 第四条第三項及び第四項の規定は、第一項の定額に、これを準用する。
第七条【皇位に伴う由緒ある物】 皇位とともに伝わるべき由緒ある物は、皇位とともに、皇嗣が、これを受ける。

第八条【皇室経済会議の議員】 ① 皇室経済会議は、議員八人でこれを組織する。
② 議員は、衆議院及び参議院の議長及び副議長、内閣総理大臣、大蔵大臣、宮内庁の長並びに会計検査院の長を以て、これに充てる。
第九条【予備議員】 皇室経済会議に、予備議員八人を置く。
第一〇条【定足数、表決】 ① 皇室経済会議は、五人以上の議員の出席がなければ、議事を開き議決することができない。
② 皇室経済会議の議事は、過半数でこれを決する。可否同数のときは、議長の決するところによる。
第一一条【皇室典範規定の準用】 ① 皇室典範第二十九条、第三十条第三項から第七項ま

で、第三十一条、第三十三条第一項、第三十六条及び第三十七条の規定は、皇室経済会議に、これを準用する。

②　大蔵大臣たる議員の予備議員は、大蔵事務次官を以て、これに充て、会計検査院の長たる議員の予備議員は、内閣総理大臣の指定する会計検査院の官吏を以て、これに充てる。

附　則（抄）

①　この法律は、日本国憲法施行の日（昭和二二・五・三）から、これを施行する。

②　この法律施行の際、現に皇室の用に供せられている従前の皇室財産で、国有財産法の国有財産となつたものは、第一条第二項の規定にかかわらず、皇室経済会議の議を経ることなく、これを皇室用財産とする。

③　この法律施行の際、従前の皇室会計に所属する権利義務で国に引き継がるべきものの経過的処理に関し、必要な事項は、政令でこれを定める。

附　則（昭和二七・二・二九法二）

①　この法律は、昭和二十七年四月一日から施行する。

②　この法律施行の際既婚者たる親王は、改正後の皇室経済法第六条第三項の適用につい

ては、独立の生計を営む親王とみなす。

③　この法律施行の際未婚者たる親王又は内親王は、改正後の皇室経済法第六条第三項の適用については、独立の生計を営まない親王又は内親王とみなす。

皇室経済法施行法

（昭和二二・一〇・二法一一三　昭和二二・一〇・二二施行　昭和二一・八・一適用）

第一条　この法律は、内廷費及び皇族費に関する定額その他皇室経済法（以下法という。）の施行に必要な事項を定めることを目的とする。

第二条　法第二条第四号の一定価額は、左の各号による。

一　天皇及び法第四条第一項の規定する皇族については、これらの者を通じて、賜与の価額は九百九十万円、譲受の価額は三百三十万円とする。

二　前号以外の皇族については、賜与及び譲受の価額は、それぞれ九十万円とする。ただし、成年に達しない皇族については、それぞれ二十万円とする。

第三条から**第六条**まで　削除

第七条　法第四条第一項の定額は、二億二千百万円とする。

第八条　法第六条第一項の定額は、二千四十万円とする。

第九条　前二条の定額による内廷費及び皇族費は、国会の議決による歳出予算の定めによらないで、又は定めない間に、これを支出し、又は支出の手続をすることはできない。

第十条　法第六条第三項及び第四項の皇族費は、年度の途中において、これを支出する事由が生じたとき、又はこれを支出することをやめる事由が生じたときは、当該事由が生じた月を含めて、年額の月割計算により算出した金額を支出する。

②　前項の場合において、同一の月に支出することをやめる事由と同時に新たに支出する事由が生じたときは、その月の月割額は、その多額のものによる。

附　則（抄）

①　この法律は、昭和二十二年八月一日から、これを適用する。

②　昭和二十二年法律第七十一号（皇室経済法の施行に関する法律）は、これを廃止する。

（附則一部省略）

附　則（昭和五五年三月三一日法律第一二号）

1　この法律は、昭和五十五年四月一日から施行する。

2　昭和五十五年度においては、改正後の皇室経済法施行法第七条中「二億二千百万円」とあるのは「二億五百万円」と、同法第八条中「二千四十万円」とあるのは「千九百万円」とする。

法律第十八号（昭和五十九年四月二十七日公布）

皇室経済法施行法の一部を改正する法律

皇室経済法施行法（昭和二十二年法律第百十三号）の一部を次のように改正する。

第二条第一号中「九百九十万円」を「千八百万円」に、「三百三十万円」を「六百万円」に改め、同条第二号中「九十万円」を「百六十万円」に、「二十万円」を「三十五万円」に改める。

第七条中「二億二千百万円」を「二億五千七百万円」に改める。

第八条中「二千四十万円」を「二千三百六十万円」に改める。

附　則

1　この法律は、公布の日から施行し、改正後の第二条、第七条及び第八条の規定並びに次項の規定は、昭和五十九年四月一日から適用する。

2　昭和五十九年度における改正後の第七条及び第八条の規定の適用については、改正後の第七条中「二億五千七百万円」とあるのは「二億三千九百万円」と、改正後の第八条中「二千三百六十万円」とあるのは「二千二百万円」とする。

（昭和五四・六・一二 法 四三）

元号法

施行　昭和五四・六・一二（附則）

① 元号は、政令で定める。

② 元号は、皇位の継承があった場合に限り改める。

附　則（抄）

② 昭和の元号は、本則第一項の規定に基づき定められたものとする。

皇室典範

明治二十二年二月十一日

天佑ヲ享有シタル我カ日本帝國ノ寶祚ハ萬世一系歴代繼承シ以テ朕カ躬ニ至ル惟フニ祖宗肇國ノ初大憲一タヒ定マリ昭ナルコト日星ノ如シ今ノ時ニ當リ宜ク遺訓ヲ明徴ニシ皇家ノ

成典ヲ制立シ以テ丕基ヲ永遠ニ鞏固ニスヘシ茲ニ樞密顧問ノ諮詢ヲ經皇室典範ヲ裁定シ朕カ後嗣及子孫ヲシテ遵守スル所アラシム

第一章　皇位繼承

第一條　大日本國皇位ハ祖宗ノ皇統ニシテ男系ノ男子之ヲ繼承ス

第二條　皇位ハ皇長子ニ傳フ

第三條　皇長子在ラサルトキハ皇長孫ニ傳フ皇長子及其ノ子孫皆在ラサルトキハ皇次子及其ノ子孫ニ傳フ以下皆之ニ例ス

第四條　皇子孫ノ皇位ヲ繼承スルハ嫡出ヲ先ニス皇庶子孫ノ皇位ヲ繼承スルハ皇嫡子孫皆在ラサルトキニ限ル

第五條　皇子孫皆在ラサルトキハ皇兄弟及其ノ子孫ニ傳フ

第六條　皇兄弟及其ノ子孫皆在ラサルトキハ皇伯叔父及其ノ子孫ニ傳フ

第七條　皇伯叔父及其ノ子孫皆在ラサルトキハ其ノ以上ニ於テ最近親ノ皇族ニ傳フ

第八條　皇兄弟以上ハ同等内ニ於テ嫡ヲ先ニシ庶ヲ後ニシ長ヲ先ニシ幼ヲ後ニス

第九條　皇嗣精神若ハ身體ノ不治ノ重患アリ又ハ重大ノ事故アルトキハ皇族會議及樞密顧問ニ諮詢シ前數條ニ依リ繼承ノ順序ヲ換フルコトヲ得

第二章　踐祚即位

第十條　天皇崩スルトキハ皇嗣即チ踐祚シ祖宗ノ神器ヲ承ク

第十一條　即位ノ禮及大嘗祭ハ京都ニ於テ之ヲ行フ

第十二條　踐祚ノ後元號ヲ建テ一世ノ間ニ再ヒ改メサルコト明治元年ノ定制ニ從フ

第三章　成年・立后・立太子

第十三條　天皇及皇太子・皇太孫ハ滿十八年ヲ以テ成年トス

第十四條　前條ノ外ノ皇族ハ滿二十年ヲ以テ成年トス

第十五條　儲嗣タル皇子ヲ皇太子トス皇太子在ラサルトキハ儲嗣タル皇孫ヲ皇太孫トス

第十六條　皇后・皇太子・皇太孫ヲ立ツルトキハ詔書ヲ以テ之ヲ公布ス

第四章 敬稱

第十七條 天皇・太皇太后・皇太后・皇后ノ敬稱ハ陛下トス
第十八條 皇太子・皇太子妃・皇太孫・皇太孫妃・親王・親王妃・内親王・王・王妃・女王ノ敬稱ハ殿下トス

第五章 攝政

第十九條 天皇未タ成年ニ達セサルトキハ攝政ヲ置ク
天皇久キニ亘ルノ故障ニ由リ大政ヲ親ラスルコト能ハサルトキハ皇族會議及樞密顧問ノ議ヲ經テ攝政ヲ置ク
第二十條 攝政ハ成年ニ達シタル皇太子又ハ皇太孫之ニ任ス
第二十一條 皇太子・皇太孫在ラサルカ又ハ未タ成年ニ達セサルトキハ左ノ順序ニ依リ攝政ニ任ス
第一 親王及王

第二　皇　后
第三　皇太后
第四　太皇太后
第五　内親王及女王

第二十二條　皇族男子ノ攝政ニ任スルハ皇位繼承ノ順序ニ從フ其ノ女子ニ於ケルモ亦之ニ準ス

第二十三條　皇族女子ノ攝政ニ任スルハ其ノ配偶アラサル者ニ限ル

第二十四條　最近親ノ皇族未タ成年ニ達セサルカ又ハ其ノ他ノ事故ニ由リ他ノ皇族攝政ニ任シタルトキハ後來最近親ノ皇族成年ニ達シ又ハ其ノ事故既ニ除クト雖皇太子及皇太孫ニ對スルノ外其ノ任ヲ讓ルコトナシ

第二十五條　攝政又ハ攝政タルヘキ者精神若ハ身體ノ重患アリ又ハ重大ノ事故アルトキハ皇族會議及樞密顧問ノ議ヲ經テ其ノ順序ヲ換フルコトヲ得

第六章　太　傅

第二十六條　天皇未タ成年ニ達セサルトキハ太傅ヲ置キ保育ヲ掌ラシム

第二十七條　先帝遺命ヲ以テ太傅ヲ任セサリシトキハ攝政ヨリ皇族會議及樞密顧問ニ諮詢シ之ヲ選任ス

第二十八條　太傅ハ攝政及其ノ子孫之ニ任スルコトヲ得ス

第二十九條　攝政ハ皇族會議及樞密顧問ニ諮詢シタル後ニ非サレハ太傅ヲ退職セシムルコトヲ得ス

第七章　皇　族

第三十條　皇族ト稱スルハ太皇太后・皇太后・皇后・皇太子・皇太子妃・皇太孫・皇太孫妃・親王・親王妃・内親王・王・王妃・女王ヲ謂フ

第三十一條　皇子ヨリ皇玄孫ニ至ルマテ男ヲ親王、女ヲ内親王トシ五世以下ハ男ヲ王、女ヲ女王トス

第三十二條　天皇支系ヨリ入テ大統ヲ承クルトキハ皇兄弟姉妹タル者ニ特ニ親王・内親王ノ號ヲ宣賜ス

第三十三條　皇族ノ誕生・命名・婚嫁・薨去ハ宮内大臣之ヲ公告ス
第三十四條　皇統譜及前條ニ關ル記錄ハ圖書寮ニ於テ尙藏ス
第三十五條　皇族ハ天皇之ヲ監督ス
第三十六條　攝政在任ノ時ハ前條ノ事ヲ攝行ス
第三十七條　皇族男女幼年ニシテ父ナキ者ハ宮内ノ官僚ニ命シ保育ヲ掌ラシム事宜ニ依リ
天皇ハ其ノ父母ノ選擧セル後見人ヲ認可シ又ハ之ヲ勅選スヘシ
第三十八條　皇族ノ後見人ハ成年以上ノ皇族ニ限ル
第三十九條　皇族ノ婚嫁ハ同族又ハ勅旨ニ由リ特ニ認許セラレタル華族ニ限ル
第四十條　皇族ノ婚嫁ハ勅許ニ由ル
第四十一條　皇族ノ婚嫁ヲ許可スルノ勅書ハ宮内大臣之ニ副書ス
第四十二條　皇族ハ養子ヲ爲スコトヲ得ス
第四十三條　皇族國疆ノ外ニ旅行セムトスルトキハ勅許ヲ請フヘシ
第四十四條　皇族女子ノ臣籍ニ嫁シタル者ハ皇族ノ列ニ在ラス但シ特旨ニ依リ仍内親王・
女王ノ稱ヲ有セシムルコトアルヘシ

第八章　世傳御料

第四十五條　土地物件ノ世傳御料ト定メタルモノハ分割讓與スルコトヲ得ス

第四十六條　世傳御料ニ編入スル土地物件ハ樞密顧問ニ諮詢シ勅書ヲ以テ之ヲ定メ宮内大臣之ヲ公告ス

第九章　皇室經費

第四十七條　皇室諸般ノ經費ハ特ニ常額ヲ定メ國庫ヨリ支出セシム

第四十八條　皇室經費ノ豫算・決算・檢査及其ノ他ノ規則ハ皇室會計法ノ定ムル所ニ依ル

第十章　皇族訴訟及懲戒

第四十九條　皇族相互ノ民事ノ訴訟ハ勅旨ニ依リ宮内省ニ於テ裁判員ヲ命シ裁判セシメ勅裁ヲ經テ之ヲ執行ス

第五十條　人民ヨリ皇族ニ對スル民事ノ訴訟ハ東京控訴院ニ於テ之ヲ裁判ス但シ皇族ハ代人ヲ以テ訴訟ニ當ラシメ自ラ訟廷ニ出ルヲ要セス

第五十一條　皇族ハ勅許ヲ得ルニ非サレハ勾引シ又ハ裁判所ニ召喚スルコトヲ得ス

第五十二條　皇族其ノ品位ヲ辱ムルノ所行アリ又ハ皇室ニ對シ忠順ヲ缺クトキハ勅旨ヲ以テ之ヲ懲戒シ其ノ重キ者ハ皇族特權ノ一部又ハ全部ヲ停止シ若ハ剝奪スヘシ

第五十三條　皇族蕩產ノ所行アルトキハ勅旨ヲ以テ治產ノ禁ヲ宣告シ其ノ管財者ヲ任スヘシ

第五十四條　前二條ハ皇族會議ニ諮詢シタル後之ヲ勅裁ス

第十一章　皇族會議

第五十五條　皇族會議ハ成年以上ノ皇族男子ヲ以テ組織シ內大臣・樞密院議長・宮內大臣・司法大臣・大審院長ヲ以テ參列セシム

第五十六條　天皇ハ皇族會議ニ親臨シ又ハ皇族中ノ一員ニ命シテ議長タラシム

第十二章　補則

第五十七條　現在ノ皇族五世以下親王ノ號ヲ宣賜シタル者ハ舊ニ依ル

第五十八條　皇位繼承ノ順序ハ總テ實系ニ依ル現在皇養子・皇猶子又ハ他ノ繼嗣タルノ故ヲ以テ之ヲ混スルコトナシ

第五十九條　親王・内親王・王・女王ノ品位ハ之ヲ廢ス

第六十條　親王ノ家格及其ノ他此ノ典範ニ牴觸スル例規ハ總テ之ヲ廢ス

第六十一條　皇族ノ財產・歲費及諸規則ハ別ニ之ヲ定ムヘシ

第六十二條　將來此ノ典範ノ條項ヲ改正シ又ハ增補スヘキノ必要アルニ當テハ皇族會議及樞密顧問ニ諮詢シテ之ヲ勅定スヘシ

皇室典範增補

明治四十年二月十一日（官報號外）

皇室典範增補發布ニツキテノ御告文

皇朕レ謹ミ畏ミ

皇祖
皇宗ノ神靈ニ告ケ白サク皇室典範ハ
皇祖
皇宗ノ遺範ヲ明徵ニシ天壤無窮ノ宏基ヲ鞏固ニスル所以ニシテ紹述以來爰ニ十有九年皇朕レ我カ諸昆ト倶ニ之ヲ欽遵シテ敢テ違越スルコトナシ今ヤ國祺倍々隆昌ニシテ
皇祖
皇宗ノ威靈遐ク四裔ニ顯赫タルノ時ニ膺リ進運ヲ照察シ成典ヲ增益シ以テ尊嚴保維ノ圖ヲ廓ニシ子孫率由ノ道ヲ裕ニスルハ亦
皇祖
皇宗聖謨ノ存スル所ニ外ナラス皇朕レ茲ニ皇室典範增補ヲ制定シ仰テ
皇祖
皇宗ノ神祐ヲ禱リ永遠ニ履行シテ愆ラサラムコトヲ誓フ庶幾クハ
神靈此ヲ鑒ミタマヘ

皇室典範增補

天祐ヲ享有シタル我カ日本帝國皇家ノ成典ハ祖宗ノ洪範ヲ紹述シテ敢テ違フコトアルナシ而シテ人文ノ發展ハ寰宇ノ進運ニ隨ヒ制度ノ燦備ハ條章ノ增廣ヲ必トス是ノ時ニ當リ朕ハ祖宗ノ丕基ヲ永遠ニ鞏固ニスル所以ノ良圖ヲ惟ヒ且憲章ニ由テ以テ皇族ノ分義ヲ昭ニセムコトヲ欲シ茲ニ皇族會議及樞密顧問ノ諮詢ヲ經テ皇室典範增補ヲ裁定シ朕カ子孫及臣民ヲシテ之ニ率由シテ愆ルコトナキヲ期セシム

皇室典範增補

第一條　王ハ勅旨又ハ情願ニ依リ家名ヲ賜ヒ華族ニ列セシムルコトアルヘシ

第二條　王ハ勅許ニ依リ華族ノ家督相續人トナリ又ハ家督相續ノ目的ヲ以テ華族ノ養子トナルコトヲ得

第三條　前二條ニ依リ臣籍ニ入リタル者ノ妻・直系卑屬及其ノ妻ハ其ノ家ニ入ル但シ他ノ皇族ニ嫁シタル女子及其ノ直系卑屬ハ此ノ限ニ在ラス

第四條　特權ヲ剝奪セラレタル皇族ハ勅旨ニ由リ臣籍ニ降スコトアルヘシ

前項ニ依リ臣籍ニ降サレタル者ノ妻ハ其家ニ入ル
第五條　第一條・第二條・第四條ノ場合ニ於テハ皇族會議及樞密顧問ノ諮詢ヲ經ヘシ
第六條　皇族ノ臣籍ニ入リタル者ハ皇族ニ復スルコトヲ得ス
第七條　皇族ノ身位其ノ他ノ權義ニ關スル規程ハ此ノ典範ニ定メタルモノノ外別ニ之ヲ定ム
皇室ト人民トニ渉ル事項ニシテ各々適用スヘキ法規ヲ異ニスルトキハ前項ノ規程ニ依ル
第八條　法律・命令中皇族ニ適用スヘキモノトシタル規定ハ此ノ典範又ハ之ニ基ツキ發スル規則ニ別段ノ條規ナキトキニ限リ之ヲ適用ス

関連法令㈡追録

天皇の退位等に関する皇室典範特例法
（平成二十九年六月十六日公布・法律第六十三号）

（趣旨）
第一条　この法律は、天皇陛下が、昭和六十四年一月七日の御即位以来二十八年を超える長期にわたり、国事行為のほか、全国各地への御訪問、被災地のお見舞いをはじめとする象徴としての公的な御活動に精励してこられた中、八十三歳と御高齢になられ、今後これらの御活動を天皇として自ら続けられることが困難となることを深く案じておられること、これに対し、国民は、御高齢に至るまでこれらの御活動に精励されている天皇陛下を深く敬愛し、この天皇陛下のお気持ちを理解し、これに共感していること、さらに、皇嗣である皇太子殿下は、五十七歳となられ、これまで国事行為の臨時代行等の御公務に長期にわたり精勤されておられることという現下の状況に鑑み、皇室典範（昭和二十二年法律第三号）第四条の規定の特例として、天皇陛下の退位及び皇嗣の即位を実現するとともに、天皇陛下の退位後の地位その他の退位に伴い必要となる事項を定めるものとする。

（天皇の退位及び皇嗣の即位）
第二条　天皇は、この法律の施行の日限り、退位し、皇嗣が、直ちに即位する。

（上皇）
第三条　前条の規定により退位した天皇は、上皇とする。
2　上皇の敬称は、陛下とする。
3　上皇の身分に関する事項の登録、喪儀及び陵墓については、天皇の例による。
4　上皇に関しては、前二項に規定する事項を除き、皇室典範（第二条、第二十八条第二項及び第三項並びに第三十条第二項を除く。）に定める事項については、皇族の例による。

（上皇后）
第四条　上皇の后は、上皇后とする。
2　上皇后に関しては、皇室典範に定める事項については、皇太后の例による。

（皇位継承後の皇嗣）

第五条　第二条の規定による皇位の継承に伴い皇嗣となった皇族に関しては、皇室典範に定める事項については、皇太子の例による。

附　則

（施行期日）

第一条　この法律は、公布の日から起算して三年を超えない範囲内において政令で定める日から施行する。ただし、第一条並びに次項、次条、附則第八条及び附則第九条の規定は公布の日から、附則第十条及び第十一条の規定はこの法律の施行の日の翌日から施行する。

2　前項の政令を定めるに当たっては、内閣総理大臣は、あらかじめ、皇室会議の意見を聴かなければならない。

（この法律の失効）

第二条　この法律は、この法律の施行の日以前に皇室典範第四条の規定による皇位の継承があったときは、その効力を失う。

（皇室典範の一部改正）

第三条　皇室典範の一部を次のように改正する。

附則に次の一項を加える。

この法律の特例として天皇の退位について定める天皇の退位等に関する皇室典範特例法（平成二十九年法律第六十三号）は、この法律と一体を成すものである。

（上皇に関する他の法令の適用）

第四条　上皇に関しては、次に掲げる事項については、天皇の例による。

一　刑法（明治四十年法律第四十五号）第二編第三十四章の罪に係る告訴及び検察審査会法（昭和二十三年法律第百四十七号）の規定による検察審査員の職務

二　前号に掲げる事項のほか、皇室経済法（昭和二十二年法律第四号）その他の政令で定める法令に定める事項

2　上皇に関しては、前項に規定する事項のほか、警察法（昭和二十九年法律第百六十二号）その他の政令で定める法令に定める事項については、皇族の例による。

3　上皇の御所は、国会議事堂、内閣総理大臣官邸

その他の国の重要な施設等、外国公館等及び原子力事業所の周辺地域の上空における小型無人機等の飛行の禁止に関する法律（平成二十八年法律第九号）の規定の適用については、同法第二条第一項第一号ホに掲げる施設とみなす。

（上皇后に関する他の法令の適用）

第五条　上皇后に関しては、次に掲げる事項については、皇太后の例による。

一　刑法第二編第三十四章の罪に係る告訴及び検察審査会法の規定による検察審査員の職務

二　前号に掲げる事項のほか、皇室経済法その他の政令で定める法令に定める事項

（皇位継承後の皇嗣に関する皇室経済法等の適用）

第六条　第二条の規定による皇位の継承に伴い皇嗣となった皇族に対しては、皇室経済法第六条第三項第一号の規定にかかわらず、同条第一項の皇族費のうち年額によるものとして、同項の定額の三倍に相当する額の金額を毎年支出するものとする。この場合において、皇室経済法施行法（昭和二十二年法律第百十三号）第十条の規定の適用については、同条第一項中「第四項」とあるのは、「第四項並びに天皇の退位等に関する皇室典範特例法（平成二十九年法律第六十三号）附則第六条第一項前段」とする。

2　附則第四条第三項の規定は、第二条の規定による皇位の継承に伴い皇嗣となった皇族の御在所について準用する。

（贈与税の非課税等）

第七条　第二条の規定により皇位の継承があった場合において皇室経済法第七条の規定により皇位とともに皇嗣が受けた物については、贈与税を課さない。

2　前項の規定により贈与税を課さないこととされた物については、相続税法（昭和二十五年法律第七十三号）第十九条第一項の規定は、適用しない。

（意見公募手続等の適用除外）

第八条　次に掲げる政令を定める行為については、行政手続法（平成五年法律第八十八号）第六章の規定は、適用しない。

一　第二条の規定による皇位の継承に伴う元号法

（昭和五十四年法律第四十三号）第一項の規定に基づく政令
二　附則第四条第一項第二号及び第二項、附則第五条第二号並びに次条の規定に基づく政令

（政令への委任）
第九条　この法律に定めるもののほか、この法律の施行に関し必要な事項は、政令で定める。

（国民の祝日に関する法律の一部改正）
第十条　国民の祝日に関する法律（昭和二十三年法律第百七十八号）の一部を次のように改正する。

第二条中「春分の日　春分日　自然をたたえ、生物をいつくしむ。」を「天皇誕生日　二月二十三日　天皇の誕生日を祝う。春分の日　春分日　自然をたたえ、生物をいつくしむ。」に改め、「天皇誕生日　十二月二十三日　天皇の誕生日を祝う。」を削る。

（宮内庁法の一部改正）
第十一条　宮内庁法（昭和二十二年法律第七十号）の一部を次のように改正する。

附則を附則第一条とし、同条の次に次の二条を加える。

第二条　宮内庁は、第二条各号に掲げる事務のほか、上皇に関する事務をつかさどる。この場合において、内閣府設置法第四条第三項第五十七号の規定の適用については、同号中「第二条」とあるのは、「第二条及び附則第二条第一項前段」とする。

2　第三条第一項の規定にかかわらず、宮内庁に、前項前段の所掌事務を遂行するため、上皇職を置く。

3　上皇職に、上皇侍従長及び上皇侍従次長一人を置く。

4　上皇侍従長の任免は、天皇が認証する。

5　上皇侍従長は、上皇の側近に奉仕し、命を受け、上皇職の事務を掌理する。

6　上皇侍従次長は、命を受け、上皇侍従長を助け、上皇職の事務を整理する。

7　第三条第三項及び第十五条第四項の規定は、上皇職について準用する。

8　上皇侍従長及び上皇侍従次長は、国家公務員

法（昭和二十二年法律第百二十号）第二条に規定する特別職とする。この場合において、特別職の職員の給与に関する法律（昭和二十四年法律第二百五十二号。以下この項及び次条第六項において「特別職給与法」という。）及び行政機関の職員の定員に関する法律（昭和四十四年法律第三十三号。以下この項及び次条第六項において「定員法」という。）の規定の適用については、特別職給与法第一条第四十二号中「侍従長」とあるのは「侍従長、上皇侍従長」と、同条第七十三号中「の者」とあるのは「の者及び上皇侍従次長」と、特別職給与法別表第一中「式部官長」とあるのは「上皇侍従長及び式部官長」と、定員法第一条第二項第二号中「侍従長」とあるのは「侍従長、上皇侍従長」と、「及び侍従次長」とあるのは「、侍従次長及び上皇侍従次長」とする。

第三条　第三条第一項の規定にかかわらず、宮内庁に、天皇の退位等に関する皇室典範特例法（平成二十九年法律第六十三号）第二条の規定による皇位の継承に伴い皇嗣となつた皇族に関する事務を遂行するため、皇嗣職を置く。

2　皇嗣職に、皇嗣職大夫を置く。

3　皇嗣職大夫は、命を受け、皇嗣職の事務を掌理する。

4　第三条第三項及び第十五条第四項の規定は、皇嗣職について準用する。

5　第一項の規定により皇嗣職が置かれている間は、東宮職を置かないものとする。

6　皇嗣職大夫は、国家公務員法第二条に規定する特別職とする。この場合において、特別職給与法及び定員法の規定の適用については、特別職給与法第一条第四十二号及び別表第一並びに定員法第一条第二項第二号中「東宮大夫」とあるのは、「皇嗣職大夫」とする。

皇室経済法（昭和二二・一・一六法四）

施行　昭和二二・五・三（附則参照）
改正　昭和二三法七三、昭和二四法一三四、昭和二七法二、昭和二八法四七、昭和四〇法七六、平成一一法一六〇

第一条　削除

第二条　左の各号の一に該当する場合においては、その度ごとに国会の議決を経なくても、皇室に財産を譲り渡し、又は皇室が財産を譲り受け、若しくは賜与することができる。
一　相当の対価による売買等通常の私的経済行為に係る場合
二　外国交際のための儀礼上の贈答に係る場合
三　公共のためになす遺贈又は遺産の賜与に係る場合
四　前各号に掲げる場合を除く外、毎年四月一日から翌年三月三十一日までの期間内に、皇室がなす賜与又は譲受に係る財産の価額が、別に法律で定める一定価額に達するに至るまでの場合

第三条　予算に計上する皇室の費用は、これを内廷費、宮廷費及び皇族費とする。

第四条　内廷費は、天皇並びに皇后、太皇太后、皇太后、皇太子、皇太子妃、皇太孫、皇太孫妃及び内廷にあるその他の皇族の日常の費用その他内廷諸費に充てるものとし、別に法律で定める定額を、毎年支出するものとする。
②　内廷費として支出されたものは、御手元金となるものとし、宮内庁の経理に属する公金としない。
③　皇室経済会議は、第一項の定額について、変更の必要があると認めるときは、これに関する意見を内閣に提出しなければならない。
④　前項の意見の提出があつたときは、内閣は、その内容をなるべく速かに国会に報告しなければならない。

第五条　宮廷費は、内廷諸費以外の宮廷諸費に充てるものとし、宮内庁で、これを経理する。

第六条　皇族費は、皇族としての品位保持の資に充てるために、年額により毎年支出するもの及び皇

族が初めて独立の生計を営む際に一時金額により支出するもの並びに皇族であつた者としての品位保持の資に充てるために、皇族が皇室典範の定めるところによりその身分を離れる際に一時金額により支出するものとする。その年額又は一時金額は、別に法律で定める定額に基いて、これを算出する。

② 前項の場合において、皇族が初めて独立の生計を営むことの認定は、皇室経済会議の議を経ることを要する。

③ 年額による皇族費は、左の各号並びに第四項及び第五項の規定により算出する額とし、第四条第一項に規定する皇族以外の各皇族に対し、毎年これを支出するものとする。

一　独立の生計を営む親王に対しては、定額相当額の金額とする。

二　前号の親王の妃に対しては、定額の二分の一に相当する額の金額とする。但し、その夫を失つて独立の生計を営む親王妃に対しては、定額相当額の金額とする。この場合において、独立の生計を営むことの認定は、皇室経済会議の議を経ることを要する。

三　独立の生計を営む内親王に対しては、定額の二分の一に相当する額の金額とする。

四　独立の生計を営まない親王、その妃及び内親王に対しては、定額の十分の一に相当する額の金額とする。ただし、成年に達した者に対しては、定額の十分の三に相当する額の金額とする。

五　王、王妃及び女王に対しては、それぞれ前各号の親王、親王妃及び内親王に準じて算出した額の十分の七に相当する額の金額とする。

④ 摂政たる皇族に対しては、その在任中は、定額の三倍に相当する額の金額とする。

⑤ 同一人が二以上の身分を有するときは、その年額中の多額のものによる。

⑥ 皇族が初めて独立の生計を営む際に支出する一時金額による皇族費は、独立の生計を営む皇族について算出する年額の二倍に相当する額の金額とする。

⑦ 皇族がその身分を離れる際に支出する一時金額

による皇族費は、左の各号に掲げる額を超えない範囲内において、皇室経済会議の議を経て定める金額とする。
一　皇室典範第十一条、第十二条及び第十四条の規定により皇族の身分を離れる者については、独立の生計を営む皇族について算出する年額の十倍に相当する額
二　皇室典範第十三条の規定により皇族の身分を離れる者については、第三項及び第五項の規定により算出する年額の十倍に相当する額。この場合において、成年に達した皇族は、独立の生計を営む皇族とみなす。
⑧　第四条第二項の規定は、皇族費として支出されたものに、これを準用する。
⑨　第四条第三項及び第四項の規定は、第一項の定額に、これを準用する。
第七条　皇位とともに伝わるべき由緒ある物は、皇位とともに、皇嗣が、これを受ける。
第八条　皇室経済会議は、議員八人でこれを組織する。
②　議員は、衆議院及び参議院の議長及び副議長、内閣総理大臣、財務大臣、宮内庁の長並びに会計検査院の長をもつて、これに充てる。
第九条　皇室経済会議に、予備議員八人を置く。
第十条　皇室経済会議は、五人以上の議員の出席がなければ、議事を開き議決することができない。
②　皇室経済会議の議事は、過半数でこれを決する。可否同数のときは、議長の決するところによる。
第十一条　皇室典範第二十九条、第三十条第三項から第七項まで、第三十一条、第三十三条第一項、第三十六条及び第三十七条の規定は、皇室経済会議に、これを準用する。
②　財務大臣たる議員の予備議員は、財務事務次官をもつて、これに充て、会計検査院の長たる議員の予備議員は、内閣総理大臣の指定する会計検査院の官吏をもつて、これに充てる。

附則抄

①　この法律は、日本国憲法施行の日から、これを施行する。
②　この法律施行の際、現に皇室の用に供せられて

いる従前の皇室財産で、国有財産法の国有財産となつたものは、第一条第二項の規定にかかわらず、皇室経済会議の議を経ることなく、これを皇室用財産とする。

③　この法律施行の際、従前の皇室会計に所属する権利義務で国に引き継がるべきものの経過的処理に関し、必要な事項は、政令でこれを定める。

附則（昭和二四年五月三一日法律第一三四号）　抄

1　この法律は、昭和二十四年六月一日から施行する。

附則（昭和二七年二月二九日法律第二号）

1　この法律は、昭和二十七年四月一日から施行する。

2　この法律施行の際既婚者たる親王は、改正後の皇室経済法第六条第三項の適用については、独立の生計を営む親王とみなす。

3　この法律施行の際未婚者たる親王又は内親王は、改正後の皇室経済法第六条第三項の適用については、独立の生計を営まない親王又は内親王とみなす。

附則（昭和二八年六月三〇日法律第四七号）

この法律は、昭和二十八年七月一日から施行する。

附則（昭和四〇年五月二二日法律第七六号）

この法律は、公布の日から施行し、昭和四十年四月一日から適用する。

附則（平成一一年一二月二二日法律第一六〇号）　抄

（施行期日）

第一条　この法律（第二条及び第三条を除く。）は、平成十三年一月六日から施行する。

皇室経済法施行法（昭和二二・一〇・二法一一三）

（昭和二二・一〇・二二適用）

（昭和二二・八・一適用）

第一条　この法律は、内廷費及び皇族費に関する定額その他皇室経済法（以下法という。）の施行に必要な事項を定めることを目的とする。

第二条　法第二条第四号の一定価額は、左の各号による。

一　天皇及び法第四条第一項に規定する皇族については、これらの者を通じて、賜与の価額は千八百万円、譲受の価額は六百万円とする。

二　前号以外の皇族については、賜与及び譲受の価額は、それぞれ百六十万円とする。ただし、成年に達しない皇族については、それぞれ三十五万円とする。

第三条　削除

第四条　削除

第五条　削除

第六条　削除

第七条　法第四条第一項の定額は、三億二千四百万円とする。

第八条　法第六条第一項の定額は、三千五十万円とする。

第九条　前二条の定額による内廷費及び皇族費は、国会の議決による歳出予算の定めによらないで、又は定めのない間に、これを支出し、又は支出の手続をすることはできない。

第十条　法第六条第三項及び第四項の皇族費は、年度の途中において、これを支出する事由が生じたとき、又はこれを支出することをやめる事由が生じたときは、当該事由が生じた月を含めて、年額の月割計算により算出した金額を支出する。

②　前項の場合において、同一の月に支出することをやめる事由と同時に新たに支出する事由が生じたときは、その月の月割額は、その多額のものによる。

附　則　抄

①　この法律は、昭和二十二年八月一日から、これを適用する。

② 昭和二十二年法律第七十一号（皇室経済法の施行に関する法律）は、これを廃止する。

附　則（昭和二三年七月六日法律第九四号）

この法律は、公布の日から、これを施行し、昭和二十三年四月一日から、これを適用する。

附　則（昭和二四年五月七日法律第五〇号）

この法律は、公布の日から施行し、昭和二十四年四月一日から適用する。

附　則（昭和二六年三月八日法律第一五号）

この法律は、昭和二十六年四月一日から施行する。

附　則（昭和二七年二月二九日法律第三号）

この法律は、昭和二十七年四月一日から施行する。

附　則（昭和二八年六月三〇日法律第四八号）

抄

1　この法律は、昭和二十八年七月一日から施行し、第二条の改正規定以外の規定は、昭和二十八年四月一日から適用する。

附　則（昭和三三年四月二一日法律第六七号）

この法律は、公布の日から施行し、昭和三十三年四月一日から適用する。

附　則（昭和三六年四月一〇日法律第六〇号）

この法律は、公布の日から施行し、昭和三十六年四月一日から適用する。

附　則（昭和三八年三月三〇日法律第四三号）

この法律は、昭和三十八年四月一日から施行する。

附　則（昭和三九年五月一日法律第七五号）

この法律は、公布の日から施行し、昭和三十九年四月一日から適用する。

附　則（昭和四〇年五月二二日法律第七六号）

この法律は、公布の日から施行し、昭和四十年四月一日から適用する。

附　則（昭和四三年四月一二日法律第一四号）

この法律は、公布の日から施行し、昭和四十三年四月一日から適用する。

附　則（昭和四五年四月二日法律第一四号）

この法律は、公布の日から施行し、改正後の第七条及び第八条の規定は、昭和四十五年四月一日から適用する。

附　則（昭和四七年四月二〇日法律第一五号）

この法律は、公布の日から施行し、昭和四十七年四月一日から適用する。

附　則（昭和四九年四月一一日法律第二四号）

この法律は、公布の日から施行し、改正後の第七条及び第八条の規定は、昭和四十九年四月一日から適用する。

附　則（昭和五〇年六月六日法律第三五号）

この法律は、公布の日から施行し、改正後の第七条及び第八条の規定は、昭和五十年四月一日から適用する。

附　則（昭和五二年五月四日法律第三三号）

この法律は、公布の日から施行し、改正後の第七条及び第八条の規定は、昭和五十二年四月一日から適用する。

附　則（昭和五五年三月三一日法律第一二号）　抄

1　この法律は、昭和五十五年四月一日から施行する。

附　則（昭和五九年四月二七日法律第一八号）

1　この法律は、公布の日から施行し、改正後の第二条、第七条及び第八条の規定並びに次項の規定は、昭和五十九年四月一日から適用する。

2　昭和五十九年度における改正後の第七条及び第八条の規定の適用については、改正後の第七条中「二億三千九百万円」とあるのは「二億五千七百万円」と、改正後の第八条中「二千三百六十万円」とあるのは「二千二百万円」とする。

附　則（平成二年六月一日法律第二三号）

この法律は、公布の日から施行し、改正後の第七条及び第八条の規定は、平成二年四月一日から適用する。

附　則（平成八年三月三一日法律第八号）

この法律は、平成八年四月一日から施行する。

登極令（明治四十二年皇室令第一号）

朕枢密顧問ノ諮詢ヲ経テ登極令ヲ裁可シ茲ニ之ヲ公布セシム

第一条　天皇践祚ノ時ハ即チ掌典長ヲシテ賢所ニ祭典ヲ行ハシメ且践祚ノ旨ヲ皇霊殿神殿ニ奉告セシム

第二条　天皇践祚ノ後ハ直ニ元号ヲ改ム
元号ハ枢密顧問ニ諮詢シタル後之ヲ勅定ス

第三条　元号ハ詔書ヲ以テ之ヲ公布ス

第四条　即位ノ礼及大嘗祭ハ秋冬ノ間ニ於テ之ヲ行フ
大嘗祭ハ即位ノ礼ヲ訖リタル後続テ之ヲ行フ

第五条　即位ノ礼及大嘗祭ヲ行フトキハ其ノ事務ヲ掌理セシムル為宮中ニ大礼使ヲ置ク
大礼使ノ官制ハ別ニ之ヲ定ム

第六条　即位ノ礼及大嘗祭ヲ行フ期日ハ宮内大臣国務各大臣ノ連署ヲ以テ之ヲ公告ス

第七条　即位ノ礼及大嘗祭ヲ行フ期日定マリタルトキハ之ヲ賢所皇霊殿神殿ニ奉告シ勅使ヲシテ神宮神武天皇山陵並前帝四代ノ山陵ニ奉幣セシム

第八条　大嘗祭ノ斎田ハ京都以東以南ヲ悠紀ノ地方トシ京都以西以北ヲ主基ノ地方トシ其ノ地方ハ之ヲ勅定ス

第九条　悠紀主基ノ地方ヲ勅定シタルトキハ宮内大臣ハ地方長官ヲシテ斎田ヲ定メ其ノ所有者ニ対シ新穀ヲ供納スルノ手続ヲ為サシム

第十条　稲実成熟ノ期至リタルトキハ勅使ヲ発遣シ斎田ニ就キ抜穂ノ式ヲ行ハシム

第十一条　即位ノ礼ヲ行フ期日ニ先タチ天皇神器ヲ奉シ皇后ト共ニ京都ノ皇宮ニ移御ス

第十二条　即位ノ礼ヲ行フ当日勅使ヲシテ之ヲ皇霊殿神殿ニ奉告セシム
大嘗祭ヲ行フ当日勅使ヲシテ神宮皇霊殿神殿並官国幣社ニ奉幣セシム

第十三条　大嘗祭ヲ行フ前一日鎮魂ノ式ヲ行フ

第十四条　即位ノ礼及大嘗祭ハ附式ノ定ムル所ニ依リ之ヲ行フ

第十五条　即位ノ礼及大嘗祭訖リタルトキハ大饗ヲ

賜フ
第十六条　即位ノ礼及大嘗祭訖リタルトキハ天皇皇后ト共ニ神宮神武天皇山陵並前帝四代ノ山陵ニ謁ス
第十七条　即位ノ礼及大嘗祭訖リテ東京ノ宮城ニ還幸シタルトキハ天皇皇后ト共ニ皇霊殿神殿ニ謁ス
第十八条　諒闇中ハ即位ノ礼及大嘗祭ヲ行ハス
附式

第一編　践祚ノ式

賢所ノ儀（三日間之ヲ行フ但シ第二日第三日ノ儀ハ御告文ナシ）

時刻御殿ヲ装飾ス
次ニ御扉ヲ開ク
次ニ神饌（色目時ニ臨ミ之ヲ定ム、以下神饌又ハ幣物ニ付キ別ニ分注ヲ施ササルモノハ皆之ニ倣フ）ヲ供ス
次ニ掌典長祝詞ヲ奏ス
次ニ御鈴ノ儀アリ（内掌典奉仕）
次ニ天皇御代拝（掌典長奉仕、衣冠単）御告文ヲ奏ス
次ニ皇后御代拝（掌典奉仕、衣冠単）
次ニ神饌ヲ撤ス
次ニ御扉ヲ閉ツ
次ニ各退下

皇霊殿神殿ニ奉告ノ儀

其ノ儀賢所第一日ノ式ノ如シ（御鈴ノ儀ナシ）

剣璽渡御ノ儀

時刻（賢所第一日ノ式ヲ行フト同時）大勲位国務各大臣枢密院議長元帥便殿ニ班列ス
但シ服装通常服（通常礼装）関係諸員又同シ
〔昭二一皇一七但書改正〕
次ニ出御（御通常礼装又ハ御通常服、御椅子ニ著御）
〔昭二一皇一七分注改正〕
式部長官宮内大臣前行シ侍従長侍従侍従武官長侍従武官御後ニ候シ皇太子（又ハ皇太孫以下之ニ倣フ）親王・王供奉ス
次ニ剣璽渡御（侍従奉仕）国璽御璽之ニ従フ（内大

臣秘書官捧持）
式部次長内大臣前行シ侍従武官扈従ス〔昭二皇一七本項改正〕
次ニ内大臣剣璽ヲ御前ノ案上ニ奉安ス
次ニ内大臣国璽御璽ヲ御前ノ案上ニ安ク
次ニ入御
式部長官宮内大臣前行シ侍従剣璽ヲ奉シ侍従長侍従侍従武官長侍従武官御後ニ候シ皇太子親王王供奉ス
次ニ内大臣国璽御璽ヲ奉シテ（内大臣秘書官捧持）退下
次ニ各退下
（注意）天皇未成年ナルトキハ供奉員中親王ノ上ニ摂政ヲ加ヘ襁褓ニ在ルトキハ女官奉抱シ摂政奉扶ス以下之ニ倣フ

践祚後朝見ノ儀

当日何時文武高官有爵者優遇者朝集所ニ参集ス（召スヘキ者ハ時ニ臨ミ之ヲ定ム、以下別ニ分注ヲ施ササルモノハ皆之ニ倣フ）
但シ服装男子ハ大礼服正装服制ナキ者ハ通常礼服、女子ハ中礼服袿袴ヲ以テ之ニ代フルコトヲ得〔昭二皇一七分注追加〕関係諸員又同シ〔昭二皇一七但書改正〕
次ニ式部官前導諸員正殿ニ参進本位ニ就ク
次ニ式部官警蹕ヲ称フ
次ニ天皇（御正装）出御（御椅子ニ著御）
式部長官宮内大臣前行シ侍従剣璽ヲ奉シ侍従長侍従侍従武官長侍従武官御後ニ候シ皇太子親王王供奉ス
次ニ皇后（御中礼服）出御（御椅子ニ著御）
皇后宮大夫前行シ女官御後ニ候シ皇太子妃（又ハ皇太孫妃、以下之ニ倣フ）親王妃内親王王妃女王供奉ス
次ニ勅語アリ
次ニ内閣総理大臣御前ニ参進奉対ス
次ニ天皇皇后入御
供奉警蹕出御ノ時ノ如シ
次ニ各退下
（注意）天皇未成年ナルトキハ勅語ノ項ヲ「摂

政御座ノ前面ニ参進東方ニ侍立シ勅語ヲ伝宣ス」トス

第二編　即位礼及大嘗祭ノ式

賢所ニ期日奉告ノ儀

当日何時御殿ヲ装飾ス
時刻文武高官有爵者優遇者朝集所ニ参集ス
　但シ服装男子ハ大礼服正装服制ナキ者ハ通常礼服女子ハ中礼服（袿袴ヲ以テ之ニ代フルコトヲ得）関係諸員亦同シ（式部職掌典部楽部職員中高等官ハ衣冠単、其ノ他ハ布衣単）〔昭二皇一七分注改正〕〔昭二皇一七但書改正〕
次ニ皇太子皇太子妃親王親王妃内親王王王妃女王綾綺殿ニ参入ス
次ニ天皇皇后綾綺殿ニ渡御
次ニ天皇ニ御服（御束帯黄櫨染御袍、未成年ナルトキハ闕腋御袍、空頂御黒幘）ヲ供ス（侍従奉仕）
次ニ天皇ニ御手水ヲ供ス（同上）
次ニ天皇ニ御笏ヲ供ス（同上）
次ニ皇后ニ御服（御五衣、御小袿、御長袴）ヲ供ス（女官奉仕）
次ニ皇后ニ御手水ヲ供ス（同上）
次ニ皇后ニ御檜扇ヲ供ス（同上）
　此ノ間供奉諸員（皇太子、皇太子妃、親王、親王妃、内親王、王、王妃、女王、宮内大臣、侍従長、大礼使長官、式部長官、侍従、皇后宮大夫、大礼使次官、女官）服装ヲ易フ（男子ハ衣冠単・女子ハ袿袴）
次ニ大礼使高等官著床
次ニ式部官前導諸員参進本位ニ就ク
次ニ御扉ヲ開ク
　此ノ間神楽歌ヲ奏ス
次ニ神饌幣物ヲ供ス
　此ノ間神楽歌ヲ奏ス
次ニ掌典長祝詞ヲ奏ス
次ニ天皇出御
　式部長官宮内大臣前行シ侍従剣璽ヲ奉シ侍従長侍従侍従武官長侍従武官御後ニ候シ皇太子親王王大礼使長官供奉ス

次ニ皇后出御
　皇后宮大夫前行シ女官御後ニ候シ皇太子妃親王妃内親王王妃女王大礼使次官供奉ス
次ニ天皇内陣ノ御座ニ著御侍従剣璽ヲ奉シ外陣ニ候ス
次ニ皇后内陣ノ御座ニ著御女官外陣ニ候ス
次ニ天皇御拝礼御告文ヲ奏ス（御鈴内掌典奉仕）
次ニ皇后御拝礼
次ニ皇太子皇太子妃親王親王妃内親王王王妃女王拝礼
次ニ天皇皇后入御
　供奉出御ノ時ノ如シ
次ニ諸員拝礼
次ニ幣物神饌ヲ撤ス
　此ノ間神楽歌ヲ奏ス
次ニ御扉ヲ閉ツ
　此ノ間神楽歌ヲ奏ス
次ニ各退下
　（注意）天皇襁褓ニ在ルトキハ天皇皇后ニ関スル儀注ヲ除キ御扉ヲ開クノ前ニ「式部官前導摂政（束帯）及親王親王妃内親王王王妃女王参進本位ニ就ク」ノ項ヲ加ヘ掌典長祝詞ヲ奏スノ次ニ「御鈴ノ儀アリ（内掌典奉仕）」及「摂政拝礼御告文ヲ奏ス」ノ二項ヲ加フ

　皇霊殿神殿ニ期日奉告ノ儀
其ノ儀賢所ノ式ノ如シ（御鈴ノ儀ナシ）
　神宮神武天皇山陵並前帝四代山陵ニ勅使発遣ノ儀
当日何時御殿ヲ装飾ス
時刻大礼使高等官式部官著床
　但シ服装小礼服礼装通常礼服関係諸員亦同シ（式部職掌典部高等官ハ衣冠）〔昭二皇一七但書改正〕
次ニ内閣総理大臣著床
次ニ勅使（衣冠単、帯剣、笏、烏皮履）著床
次ニ式部官警蹕ヲ称フ
次ニ出御（御引直衣）

式部長官（衣冠）宮内大臣（同上）前行シ侍従（同上）御剣ヲ奉シ侍従長（同上）侍従（同上）侍従武官長侍従武官御後ニ候ス

次ニ幣物御覧（掌典長侍立）

次ニ神宮参向ノ勅使ヲ召ス

次ニ御祭文ヲ勅使ニ授ク（宮内大臣奉仕）

次ニ勅語アリ勅使退キテ幣物ノ傍ニ立ツ

次ニ幣物ヲ辛櫃ニ納ム（掌典奉仕）〔昭二皇一七分注追加〕

次ニ勅使幣物ヲ奉シ殿ヲ辞ス

此ノ時式部官警蹕ヲ称フ

次ニ神武天皇山陵並前帝四代ノ山陵参向ノ勅使ヲ順次ニ召ス

次ニ御祭文ヲ勅使ニ授ク（宮内大臣奉仕）勅使退キテ幣物ノ傍ニ立ツ

次ニ幣物ヲ辛櫃ニ納ム

次ニ勅使幣物ヲ奉シ殿ヲ辞ス

此ノ時式部官警蹕ヲ称フ

次ニ入御

供奉警蹕出御ノ時ノ如シ

次ニ各退下

（注意）天皇襁褓ニ在ル時ハ天皇ニ関スル儀注ヲ除キ勅使著床ノ次ニ「摂政（衣冠）参進本位ニ就ク」及「摂政幣物ヲ検ス（掌典長侍立）」ノ二項ヲ加ヘ勅語ノ項ノ「勅語アリ」ヲ「摂政勅語ヲ伝宣ス」トス

神宮ニ奉幣ノ儀

其ノ儀神宮ノ祭式ニ依ル

神武天皇山陵並前帝四代山陵ニ奉幣ノ儀

其ノ儀皇室祭祀令附式中山陵ニ奉幣ノ式ノ如シ

但シ勅使ハ帯剣トシ式部職掌典部楽部職員ノ服装高等官ハ衣冠単、其ノ他ハ布衣単トス〔昭二皇一七但書追加〕

斎田点定ノ儀

当日何時神殿ヲ装飾ス

時刻大礼使高等官著床

但シ服装神宮其ノ他山陵ニ勅使発遣ノ儀ニ同シ

（式部職掌典部楽部職員中高等官ハ衣冠、其ノ他ハ布衣）〔昭二皇一七分注改正〕

次ニ御扉ヲ開ク

此ノ間神楽歌ヲ奏ス

次ニ神饌ヲ供ス

此ノ間神楽歌ヲ奏ス

次ニ掌典長祝詞ヲ奏ス

次ニ斎田点定ノ儀アリ

次ニ神饌ヲ撤ス

此ノ間神楽歌ヲ奏ス

次ニ御扉ヲ閉ツ

此ノ間神楽歌ヲ奏ス

次ニ各退下

斎田抜穂ノ儀

当日何時斎場ヲ装飾ス

時刻大礼使高等官地方高等官著床

但シ服装神宮其ノ他山陵ニ勅使発遣ノ儀ニ同シ

次ニ抜穂使（衣冠単）随員（布衣単）ヲ従ヘ斎場ニ参進本位ニ就ク

次ニ神饌幣物ヲ供ス（抜穂使随員奉仕）

次ニ抜穂使祝詞ヲ奏ス

次ニ抜穂ノ儀アリ

次ニ幣物・神饌ヲ撤ス（抜穂使随員奉仕）

次ニ各退下

京都ニ行幸ノ儀

当日何時賢所御殿ヲ装飾ス

時刻大礼使高等官著床

但シ服装大礼服正装関係諸員亦同シ（式部職掌典部楽部職員中高等官ハ衣冠単、其ノ他ハ布衣単）〔昭二皇一七分注改正〕〔昭二皇一七但書改正〕

次ニ御扉ヲ開ク

此ノ間神楽歌ヲ奏ス

次ニ神饌ヲ供ス

此ノ間神楽歌ヲ奏ス

次ニ掌典長祝詞ヲ奏ス

次ニ天皇御代拝（侍従奉仕、衣冠単、以下天皇御代拝ノ項ニ於テ別ニ分注ヲ施サヽルモノハ皆本儀ニ

同シ
次ニ皇后御代拝（女官奉仕、袿袴、以下皇后御代拝ノ項ニ於テ別ニ分注ヲ施サザルモノハ皆本儀ニ同シ）
次ニ神饌ヲ撤ス
此ノ間神楽歌ヲ奏ス
次ニ御車ヲ御殿ノ南階ニ翥ス
次ニ賢所御車ニ乗御（掌典奉仕）
時刻文武高官有爵者優遇者並夫人停車場ニ参集ス
但シ服装男子ハ大礼服正装服制ナキ者ハ通常礼服女子ハ通常服（袿袴ヲ以テ之ニ代フルコトヲ得）〔昭二皇一七分注追加〕関係諸員亦同シ（鹵簿ニ奉仕スル掌典長、掌典ハ布衣単、帯剣）〔昭二皇一七但書改正〕
次ニ皇太子皇太子妃親王親王妃内親王王王妃女王停車場ニ参著ス
次ニ賢所御車宮城出御
天皇皇后宮城出御
鹵簿ハ第一公式ヲ用ヰ供奉諸員中ニ大礼使高等官掌典長掌典ヲ加フ
次ニ停車場ニ著御
此ノ時諸員奉迎
次ニ御発軔
此ノ時諸員奉送
次ニ京都ニ著御
此ノ時在京都親王親王妃内親王王王妃女王文武高官有爵者優遇者並夫人（服装奉送諸員ニ同シ）停車場ニ奉迎ス
次ニ停車場出御
鹵簿宮城出御ノ時ノ如シ
次ニ皇宮ニ著御

賢所春興殿ニ渡御ノ儀

当日何時御殿ヲ装飾ス
時刻大礼使高等官著床
但シ服装京都ニ行幸ノ儀ニ於ケル賢所著床ノ時ノ如シ
次ニ賢所殿内ニ渡御（掌典奉仕）
次ニ神饌ヲ供ス
此ノ間神楽歌ヲ奏ス〔昭二皇一七本行追加〕

次ニ掌典長祝詞ヲ奏ス〔昭二皇一七本項改正〕
次ニ天皇御代拝
次ニ皇后御代拝
次ニ神饌ヲ撤ス
　此ノ間神楽歌ヲ奏ス〔昭二皇一七本行追加〕
次ニ御扉ヲ閉ツ
　此ノ間神楽歌ヲ奏ス〔昭二皇一七本行追加〕
次ニ各退下

即位礼当日皇霊殿神殿ニ奉告ノ儀

当日何時御殿ヲ装飾ス
時刻大礼使高等官著床
　但シ服装大礼服（白下衣袴）正装関係諸員亦同シ（式部職掌典部職員中高等官ハ衣冠単、其ノ他ハ布衣単）〔昭二皇一七分注改正〕〔昭二皇一七但書改正〕
次ニ御扉ヲ開ク
　此ノ間神楽歌ヲ奏ス
次ニ神饌幣物ヲ供ス
　此ノ間神楽歌ヲ奏ス
次ニ掌典次長祝詞ヲ奏ス
次ニ勅使（侍従奉仕、束帯）拝礼御祭文ヲ奏ス
次ニ皇后宮使（女官奉仕、五衣、唐衣、裳）拝礼
次ニ諸員拝礼
次ニ幣物神饌ヲ撤ス
　此ノ間神楽歌ヲ奏ス
次ニ御扉ヲ閉ツ
　此ノ間神楽歌ヲ奏ス
次ニ各退下

即位礼当日賢所大前ノ儀

当日早旦御殿ヲ装飾ス
其ノ儀本殿ノ簾幌並壁代ヲ更メ内陣ノ中央ニ天皇ノ御座（短帖）ヲ設ケ（側ニ剣璽ノ案ヲ安ク）其ノ東方ニ皇后ノ御座（短帖）ヲ設ク
時刻建礼門及建春門ヲ開ク皇宮警部之ヲ警固ス
時刻文武高官有爵者優遇者並夫人及外国交際官並夫人朝集所ニ参集ス
　但シ服装男子ハ大礼服（白下衣袴）正装服制ナキ者ハ通常礼服女子ハ大礼服（袿袴ヲ以テ之ニ

代フルコトヲ得）関係諸員亦同シ（式部職掌典部楽部職員中高等官ハ束帯（纔著）、其ノ他ハ衣冠単）〔昭二皇一七但書改正〕

次ニ皇太子皇太子妃親王親王妃内親王王王妃女王宜陽殿ニ参入ス

次ニ天皇皇后宜陽殿ニ渡御

次ニ天皇ニ御服（御束帯帛御袍、未成年ナルトキハ空頂御黒幘）ヲ供ス（侍従奉仕）

次ニ天皇ニ御手水ヲ供ス（同上）

次ニ天皇ニ御笏ヲ供ス（同上）

次ニ皇后ニ御服（白色帛御五衣、同御唐衣、同御裳〔昭二皇一七分注改正〕）ヲ供ス（女官奉仕）

次ニ皇后ニ御手水ヲ供ス（同上）

次ニ皇后ニ御檜扇ヲ供ス（同上）

此ノ間供奉諸員（皇太子、皇太子妃、親王、親王妃、内親王、王、王妃、女王、内閣総理大臣、宮内大臣、内大臣、侍従長、大礼使長官、式部長官、侍従、皇后宮大夫、大礼使次官、式部次長、女官）〔昭二皇一七分注改正〕服装ヲ易フ（男子ハ束帯（纔著）、女子ハ五衣・唐衣・裳）〔昭二皇一七分注改正〕

次ニ儀仗兵建礼門外並建春門外ニ整列ス

次ニ大礼使高等官左右各三人南門外掖ニ参進衛門ノ本位ニ就ク

但シ服装束帯、（冠巻纓緌、縹袍（闕腋纔著）、錦裲襠、錦摂腰、単、下襲、半臂、大口・表袴、白布帯、緋脛巾）剣（平緒ヲ附ス）、平胡籙（箭ヲ挿ム）、弓、糸鞋

次ニ大礼使高等官左右各一人同判任官左右各六人ヲ率ヰ司鉦司鼓ノ本位ニ就ク

但シ服装高等官ハ束帯（冠垂纓・緋袍（縫腋）、単、下襲（纔著）、大口、表袴、石帯）剣（平緒ヲ附ス）䩞、判任官ハ束帯（冠細纓緌・縹袍（闕腋纔著）、単、白布袴、白布帯、白布脛巾）剣（平緒ヲ附ス）、糸鞋

次ニ大礼使高等官左右各二十人威儀物（太刀八口両面（錦嚢ニ納ル）、弓八張（赤色綾嚢ニ納ル）、壺胡籙八具（紫色綾嚢ニ納ル）、桙八竿、楯八枚）ヲ捧持シ参進本位ニ就ク

但シ服装束帯（冠垂纓、袍（縫腋）、単、下襲

（纔著）、大口、表袴、石帯）〔昭二皇一七分注改正〕剣（平緒ヲ附ス）、韡（太刀捧持者ハ黒袍、弓及胡簶捧持者ハ緋袍、桙及楯捧持者ハ縹袍）

次ニ大礼使高等官左右各十人参進威儀ノ本位ニ就ク

但シ服装束帯（冠巻纓緌、袍（闕腋纔著）、挂甲、肩当、錦摂腰、単、下襲、半臂、大口、表袴、白布帯）〔昭二皇一七分注改正〕剣（平緒ヲ附ス）、胡簶（箭ヲ挿ム）、弓、韡（前列者ハ黒袍、平胡簶、後列者ハ緋袍、壺胡簶）

次ニ鉦及鼓ヲ撃ツ（各三下）諸員列立

次ニ大礼使高等官前導朝集所ニ参集ノ諸員参進本位ニ就ク

次ニ御扉ヲ開ク

此ノ間神楽歌ヲ奏ス

次ニ神饌（折敷高坏六基、折敷四十合）幣物ヲ供ス

此ノ間神楽歌ヲ奏ス

次ニ掌典長祝詞ヲ奏ス

次ニ天皇出御

式部長官宮内大臣前行シ侍従剣璽ヲ奉シ侍従長侍従侍従武官長侍従武官御後ニ候シ皇太子親王王内閣総理大臣内大臣大礼使長官供奉ス

次ニ皇后出御

式部次長皇后宮大夫前行シ女官御後ニ候シ皇太子妃親王妃内親王王妃女王大礼使次官供奉ス〔昭二皇一七本項改正〕

次ニ天皇内陣ノ御座ニ著御侍従剣璽ヲ案上ニ奉安ス

次ニ皇后内陣ノ御座ニ著御

皇太子皇太子妃親王親王妃内親王王王妃女王南廂ニ、内閣総理大臣宮内大臣内大臣侍従長大礼使長官式部長官侍従皇后宮大夫大礼使次官式部次長女官其ノ後ニ候シ侍従武官長侍従武官便宜ノ所ニ候ス〔昭二皇一七本項改正〕

次ニ天皇御拝礼御告文ヲ奏ス（御鈴内掌典奉仕）

次ニ皇后御拝礼

次ニ皇太子皇太子妃親王親王妃内親王王王妃女王拝礼

次ニ天皇皇后入御

供奉出御ノ時ノ如シ

次ニ諸員拝礼

次ニ幣物神饌ヲ撤ス
此ノ間神楽歌ヲ奏ス
次ニ御扉ヲ閉ツ
此ノ間神楽歌ヲ奏ス
次ニ鉦及鼓ヲ撃ツ（各三下）
次ニ各退下
（注意）天皇襁褓ニ在ルトキハ皇太后皇太后ナキトキハ内親王又ハ親王妃奉抱シ御座ニ著御女官外陣ニ候ス皇太后ノ御服ハ皇后ニ同シ御告文ハ摂政束帯（纔著）御座ノ傍ニ参進之ヲ奏ス

即位礼当日紫宸殿ノ儀

当日早旦御殿ヲ装飾ス
其ノ儀本殿ノ南栄ニ日象（五彩瑞雲ヲ副フ）、繍帽額ヲ懸ク母屋ノ中央南面ニ三層継壇（黒漆）ヲ立テ高御座ヲ安ク其ノ蓋上中央ノ頂ニ大鳳形（金色）一翼、棟上ノ八角ニ小鳳形（金色）各一翼、搏風（毎角瑞雲ヲ絵ク）ノ上南北二角ニ大鏡各一面、小鏡各四面、（毎鏡両傍ニ金銅彫鏤ノ八花形及唐草形ヲ立テ各白玉ヲ嵌入ス）其ノ他ノ六角ニ大鏡各一面、（両傍ニ金銅彫鏤ノ八花形及唐草形ヲ立テ各白玉ヲ嵌入ス）小鏡各二面ヲ立ツ蓋下ノ中央ニ大円鏡一面、棟下ノ八角ニ玉旛各一旒、其ノ内面ニ御帳（深紫色小葵形綾、裏緋色帛）、御帳ノ上層ニ金銅彫鏤ノ唐草形帽額及蛇舌ヲ懸ク壇上第一層及第二層ニ赤地錦ヲ敷ク第三層ニ青地錦ヲ敷キ其ノ上ニ繧繝縁畳二枚、大和錦縁竜鬢土敷一枚、大和軟錦毯代一枚、東京錦毯代一枚ヲ累敷シ御椅子ヲ立テ左右ニ螺鈿案各一脚ヲ安ク継壇ノ下南東西三面ニ両面錦ヲ敷キ其ノ北階ノ下ヨリ後房ニ至ル間筵道ヲ敷ク
高御座ノ東方ニ皇后ノ御座ヲ設ク其ノ儀三層継壇（黒漆）ヲ立テ御帳台（八角、棟端ヲ蕨手ニ作ル）ヲ安ク其ノ蓋上中央ノ頂ニ霊鳥形（金色）一翼ヲ立テ棟下ノ八角ニ玉旛各一旒、其ノ内面ニ御帳（浅紫色小葵形綾、裏緋色帛）ヲ懸ク其ノ他ノ装飾高御座ニ準ス
軒廊ノ後面ニ綵綾軟障ヲ作リ前面ニ青簾ヲ懸ク
南庭桜樹ノ南方ニ日象纛旛（赤地錦ニ日象ヲ繍シ

纛竿ニ懸ク）一旒、橘樹ノ南方ニ月像纛旛（白地錦ニ月像ヲ繍シ纛竿ニ懸ク）一旒ヲ樹ツ日象纛旛ノ南ニ頭八咫烏形大錦旛（五彩瑞雲ノ錦ニ頭八咫烏形ヲ繍シ戟竿ニ懸ク）一旒、月像纛旛ノ南ニ霊鵄形大錦旛（五彩瑞雲ノ錦ニ金色霊鵄ヲ繍シ戟竿ニ懸ク）一旒、菊花章中錦旛（青地錦、黄地錦、赤地錦、白地錦、紫地錦各一旒、金糸ヲ以テ菊花章ヲ繍シ戟竿ニ懸ク）菊花章小錦旛（同上）左右各五旒、順次之ヲ樹ツ大錦旛ノ前面ニ萬歳旛（赤地錦、上ニ厳瓮及魚形ヲ繍シ下ニ金泥ヲ以テ萬歳ノ二字ヲ書シ戟竿ニ懸ク）左右各一旒ヲ樹テ小錦旛ノ前面ニ鉦、鼓（火焔台ニ懸ク）左右各三面、桙（金鍔、黒漆柄、赤色錦旛、金繍鞆絵）左右各十竿ヲ布列ス

時刻儀仗兵建礼門外並建春門外ニ整列ス

時刻文武高官有爵者優遇者並夫人及外国交際官並夫人日華門外並月華門外ニ列立ス（両門外ニ列立スル者ノ区別ハ時ニ臨ミ之ヲ定ム）〔昭二皇一七本項改正〕

但シ服装賢所大前ノ儀ノ如シ関係諸員ノ服装同儀ニ於テ各別ニ注記シタルモノ亦同シ供奉員中男子ハ帯剣〔昭二皇一七分注追加〕

次ニ大礼使高等官三十人承明門、日華門、月華門（以上左右各三人）、長楽門、永安門（以上左右各二人）及左掖門、右掖門（以上左右各一人）ノ外掖壇下ニ参進衛門ノ本位ニ就ク

次ニ大礼使高等官左右各一人同判任官左右各六人ヲ率ヰ日華門及月華門ヨリ参入シ司鉦司鼓ノ本位ニ就ク

次ニ大礼使高等官左右各二十人威儀物ヲ捧持シ日華門及月華門ヨリ参入シ中錦旛ノ前面ニ参進本位ニ就ク

次ニ大礼使高等官左右各十人日華門及月華門ヨリ参入シ南庭桜橘ノ前面ニ参進威儀ノ本位ニ就ク

次ニ鉦及鼓ヲ撃ツ（各三下）諸員列立

次ニ大礼使高等官前導門外列立ノ諸員殿上ノ東西両廂又ハ軒廊ニ参進〔昭二皇一七分注削除〕各其ノ本位ニ就ク〔昭二皇一七本項改正〕

次ニ式部長官式部次長殿上ノ南廂ニ参進本位ニ就ク

式部官（束帯帯剣）之ニ従フ〔昭二皇一七本項改

正）
次ニ大礼使長官大礼使次官殿上ノ南廂ニ参進式部長官式部次長ノ上班ニ就ク〔昭二皇一七本項改正〕
次ニ内閣総理大臣宮内大臣殿上ノ南廂ニ参進大礼使長官大礼使次官ノ上班ニ就ク
次ニ皇太子親王王高御座前面ノ壇下ニ参進本位ニ就ク
次ニ式部官警蹕ヲ称フ
次ニ天皇〔御服賢所ニ期日奉告ノ儀ニ同シ、以下天皇ノ御服ニ付キ別ニ分注ヲ施ササルモノハ皆之ニ倣フ〕高御座北階ヨリ昇御侍従剣璽ヲ御帳中ノ案上ニ奉安シ御笏ヲ供ス
内大臣高御座ニ昇リ御帳外東北隅ニ候シ侍従長侍従侍従武官長侍従武官高御座後面ノ壇下ニ侍立ス
次ニ皇后〔御五衣、御唐衣、御裳、以下皇后ノ御服ニ付キ別ニ分注ヲ施ササルモノハ皆之ニ倣フ〕〔昭二皇一七分注改正〕御帳台北階ヨリ昇御女官御檜扇ヲ供ス
皇太子妃親王妃内親王王妃女王御帳台前面壇下ニ参進本位ニ就キ皇后宮大夫女官御帳台ノ後面ノ壇下ニ侍立ス
次ニ侍従二人分進高御座ノ東西両階ヨリ壇上ニ昇リ御帳ヲ搴ク訖テ座ニ復ス
次ニ女官二人分進御帳台ノ東西両階ヨリ壇上ニ昇リ御帳ヲ搴ク訖テ座ニ復ス
次ニ天皇御笏ヲ端シ立御
次ニ皇后御檜扇ヲ執リ立御
次ニ諸員最敬礼
次ニ勅語アリ
次ニ内閣総理大臣西階ヲ降リ南庭ニ北面シテ立ツ
次ニ内閣総理大臣南階ヲ昇リ南栄ノ下ニ於テ寿詞ヲ奏シ南階ヲ降ル
次ニ内閣総理大臣萬歳旛ノ前面ニ参進萬歳ヲ称フ〔三声〕諸員之ニ和ス訖テ西階ヲ昇リ座ニ復ス
次ニ侍従二人分進高御座ノ東西両階ヨリ壇上ニ昇リ御帳ヲ垂ル訖テ座ニ復ス〔昭二皇一七本項追加〕
次ニ女官二人分進御帳台ノ東西両階ヨリ壇上ニ昇リ御帳ヲ垂ル訖テ座ニ復ス〔昭二皇一七本項追加〕
次ニ天皇皇后入御

警蹕出御ノ時ノ如シ
次ニ鉦及鼓ヲ撃ツ（各三下）
次ニ各退下
（注意）天皇襁褓ニ在ルトキハ皇太后皇太后ナキトキハ内親王又ハ親王妃奉抱シ高御座帳内ニ御シ女官御帳外壇上西北隅ニ候ス皇太后ノ御服ハ皇后ニ同シ天皇未成年ナルトキハ摂政束帯（纔著）御帳外壇上東北隅ニ候シ内大臣ノ上班ニ就ク又勅語ノ項ヲ「摂政御帳ノ前面ニ参進勅語ヲ伝宣ス」トス

即位礼後一日賢所御神楽ノ儀

当日何時御殿ヲ装飾ス
時刻文武高官有爵者優遇者並夫人朝集所ニ朝集ス
但シ服装賢所ニ期日奉告ノ儀ニ同シ
次ニ皇太子皇太子妃親王親王妃内親王王王妃女王宜陽殿ニ参入ス
次ニ天皇皇后宜陽殿ニ渡御（以下天皇ニ御服、御手水、御笏、皇后ニ御服、御手水、御檜扇ヲ供シ及供奉諸員服装ヲ易フルノ儀アリ総テ賢所ニ期日奉告ノ儀ニ同キヲ以テ今其ノ項ヲ掲ケス但シ供奉員中皇族女子ノ服装ハ五衣、小袿、長袴トス）
次ニ大礼使高等官著床
次ニ大礼使高等官前導諸員参進本位ニ就ク
次ニ御扉ヲ開ク
此ノ間神楽歌ヲ奏ス
次ニ神饌幣物ヲ供ス
此ノ間神楽歌ヲ奏ス
次ニ掌典長祝詞ヲ奏ス
次ニ天皇出御
式部長官宮内大臣前行シ侍従剣璽ヲ奉シ侍従長侍従侍従武官長侍従武官御後ニ候シ皇太子親王王内大臣大礼使長官供奉ス
次ニ皇后出御
式部次長皇后宮大夫前行シ女官御後ニ候シ皇太子妃親王妃内親王王妃女王大礼使次官供奉ス
〔昭二皇一七本項改正〕
次ニ天皇内陣ノ御座ニ著御侍従剣璽ヲ案上ニ奉安ス
次ニ皇后内陣ノ御座ニ著御
次ニ天皇御拝礼（御鈴内掌典奉仕）

次ニ皇后御拝礼
次ニ皇太子皇太子妃親王親王妃内親王王王妃女王拝礼
次ニ御神楽
次ニ天皇皇后入御
供奉出御ノ時ノ如シ
次ニ諸員拝礼
次ニ幣物神饌ヲ撤ス
此ノ間神楽歌ヲ奏ス
次ニ御扉ヲ閉ツ
此ノ間神楽歌ヲ奏ス
次ニ各退下

大嘗祭前一日鎮魂ノ儀

其ノ儀皇室祭祀令附式中新嘗祭前一日鎮魂ノ式ノ如シ
但シ大礼使高等官着床ス其ノ服装ハ総テ斎田点定ノ儀ニ同シ

神宮皇霊殿神殿並官国幣社ニ勅使発遣ノ儀

其ノ儀神宮神武天皇山陵並前帝四代山陵ニ勅使発遣ノ式ニ準ス
但シ地方長官ニ勅使ヲ命セラレタル場合ニハ大礼使長官御祭文並幣物ヲ奉受シ各地方庁ニ送致ス〔昭二皇一七但書改正〕

大嘗祭当日神宮ニ奉幣ノ儀

其ノ儀神宮ノ祭式ニ依ル

大嘗祭当日皇霊殿神殿ニ奉幣ノ儀

其ノ儀即位礼当日皇霊殿神殿ニ奉告ノ式ニ準ス

大嘗祭当日賢所大御饌供進ノ儀

当日早旦御殿ヲ装飾ス
時刻皇宮警部御殿ノ南門ヲ警固ス
時刻大礼使高等官著床
但シ服装大礼服（白下衣袴）正装関係諸員亦同シ式部職掌典部楽部職員中高等官ハ束帯、其ノ他ハ衣冠単〔昭二皇一七分注改正〕〔昭二皇一七但書改正〕

次ニ御扉ヲ開ク
　此ノ間神楽歌ヲ奏ス
次ニ神饌ヲ供ス
　此ノ間神楽歌ヲ奏ス
次ニ掌典長祝詞ヲ奏ス
次ニ御鈴ノ儀アリ（内掌典奉仕）
次ニ天皇御代拝（侍従奉仕、束帯）
次ニ皇后御代拝（女官奉仕、五衣、唐衣、裳）
次ニ諸員拝礼
次ニ神饌ヲ撤ス
　此ノ間神楽歌ヲ奏ス
次ニ御扉ヲ閉ツ
　此ノ間神楽歌ヲ奏ス
次ニ各退下

大嘗宮ノ儀

当日早旦大嘗宮ヲ装飾ス
其ノ儀悠紀主基両殿ニ葦簾並布幌ヲ懸ケ南北両面神門外掖ニ神楯（左右各一枚）神戟（左右各二竿）ヲ樹ツ〔昭二皇一七本項改正〕
時刻外門ヲ開ク皇宮警部之ヲ警固ス
次ニ文武高官有爵者優遇者並夫人朝集所ニ参集ス
　但シ服装即位礼当日賢所大前ノ儀ニ同シ女子ハ袿袴又ハ大礼服トス〔昭二皇一七但書改正〕
次ニ皇太子皇太子妃親王親王妃内親王王王妃女王頓宮ニ参著ス
次ニ天皇皇后頓宮ニ著御
時刻儀仗兵正門外ニ整列ス
次ニ大礼使高等官二十人南北両面神門（左右各三人）東西両面神門左右各二人ノ外掖ニ参進衛門ノ本位ニ就ク
　但シ服装束帯（冠巻纓緌、縹袍（闕腋纔著）、単、下襲、半臂、大口、表袴、石帯）、剣（平緒ヲ附ス）、平胡簶（箭ヲ挿ム）、弓、浅沓、小忌衣ヲ加ヘ日蔭蔓ヲ著ク
次ニ大礼使高等官左右各六人南面ノ神門内掖ニ参進威儀ノ本位ニ就ク
　但シ服装束帯（冠巻纓緌、袍（闕腋纔著）、単、下襲、半臂、大口、表袴、石帯）〔昭二皇一七分注改正〕剣（平緒ヲ附ス）、胡簶（箭ヲ挿ム）、

弓、浅沓、小忌衣ヲ加ヘ日蔭蔓ヲ著ク（前列者ハ黒袍）、平胡簶、後列者ハ緋袍、壺胡簶〔昭二皇一七分注改正〕

次ニ悠紀主基両殿ノ神座ヲ奉安ス（掌典長、掌典次長、掌典及掌典補ヲ率ヰ之ヲ奉仕ス、束帯（纔著、勅任官及四位以上ノ者ニ在リテハ黒袍、奏任官及五位ノ者ニ在リテハ緋袍、其ノ他ノ者ニ在リテハ縹袍）小忌衣ヲ加ヘ日蔭蔓ヲ著ク楽官ノ服装亦同シ）〔昭二皇一七分注改正〕

次ニ繪服並麁服（案上ニ載ス）ヲ各殿ノ神座ニ安ク（掌典長奉仕）

次ニ各殿ニ斎火ノ灯燎ヲ点ス（掌典掌典補ヲ率ヰ之ヲ奉仕ス）

此ノ時庭燎ヲ焼ク（火炬手服装冠細纓緌、桃花染布衫、白布単、白布袴、白布帯、藁脛巾、麻鞋）

悠紀殿供饌ノ儀

時刻天皇廻立殿ニ渡御

次ニ小忌御湯ヲ供ス（侍従奉仕）

次ニ御祭服（御幘（未成年ナルトキハ之ヲ供セス）、御斎衣、御下襲、御衵、御単、御表袴、御大口、御石帯、御襪）ヲ供ス（同上）

次ニ御手水ヲ供ス（同上）

次ニ御笏ヲ供ス（同上）

此ノ間供奉諸員（皇太子、親王、王、宮内大臣、内大臣、侍従長、大礼使長官、式部長官、侍従、式部官）服装ヲ易フ（束帯（纔著）、帯剣（侍従長及御前侍従ヲ除ク）、小忌衣ヲ加ヘ日蔭蔓ヲ著ク）〔昭二皇一七分注改正〕

次ニ皇后廻立殿ニ渡御

次ニ御服（即位礼当日賢所大前ノ儀ニ同シ）〔昭二皇一七分注追加〕ヲ供ス（女官奉仕）

次ニ御手水ヲ供ス（同上）

次ニ御檜扇ヲ供ス（同上）

此ノ間供奉諸員（皇太子妃、親王妃、内親王、王妃、女王、皇后宮大夫、大礼使次官、式部官、女官）服装ヲ易フ（男子ハ束帯（纔著）、帯剣、小忌衣ヲ加ヘ日蔭蔓ヲ著ク女子ハ五衣、唐衣、裳、小忌衣ヲ加ヘ日蔭糸並心葉ヲ著ク）

次ニ大礼使高等官前導朝集所ニ参集ノ諸員南面ノ神門外ノ幄舎ニ参進本位ニ就ク
次ニ膳舎ニ稲舂歌ヲ発シ〔楽官奉仕〕稲舂ヲ行ヒ女官〔白色帛画衣、唐衣、紅切袴、青摺襷、日蔭糸並心葉ヲ著ク〕奉仕神饌ヲ調理ス〔掌典掌典補ヲ率ヰ之ヲ奉仕ス〕〔昭二皇一七本項改正〕
次ニ本殿南庭ノ帳殿ニ庭積ノ机代物ヲ安ク〔掌典掌典補ヲ率ヰ之ヲ奉仕ス〕
次ニ掌典長本殿ニ参進祝詞ヲ奏ス
次ニ天皇本殿〔廻立殿ヨリ悠紀殿ニ至ル廻廊下ノ御路ニ布単ヲ鋪キ其ノ上ニ葉薦ヲ鋪ク〕ニ進御
式部長官宮内大臣前行シ〔侍従左右各一人脂燭ヲ秉ル〕御前侍従剣璽ヲ奉シ御後侍従御菅蓋ヲ捧持シ御綱ヲ張ル侍従長侍従侍従武官長侍従武官御後ニ候シ皇太子親王王国務各大臣枢密院議長内大臣大礼使長官供奉ス
此ノ時掌典長本殿南階ノ下ニ候シ式部官左右各一人脂燭ヲ秉リ南階ノ下ニ立ツ
次ニ侍従剣璽ヲ奉シ南階ヲ昇リ外陣ノ幌内ニ参進剣璽ヲ案上ニ奉安シ西面ノ幌外ニ退下簀子ニ候ス
次ニ天皇外陣ノ御座ニ著御侍従長掌典長南階ヲ昇リ簀子ニ候ス
此ノ時皇太子親王王国務各大臣以下供奉諸員本殿南庭小忌ノ幄舎ニ着床ス
次ニ皇后本殿南庭ノ帳殿ニ進御
式部次長皇后宮大夫前行シ〔式部官左右各一人脂燭ヲ秉ル〕女官御後ニ候シ皇太子妃親王妃内親王王妃女王大礼使次官供奉ス〔昭二皇一七本項改正〕
次ニ皇后帳殿ノ御座ニ著御女官殿外ニ候ス
此ノ時皇太子妃親王妃内親王王妃女王其ノ他供奉諸員殿外小忌ノ幄舎ニ着床ス
次ニ大礼使高等官〔束帯〔纔著〕、帯剣、小忌衣ヲ加ヘ日蔭蔓ヲ著ク〕楽官ヲ率ヰ本殿南庭ノ本位ニ就ク
次ニ悠紀ノ地方長官〔服装大礼使高等官ニ同シ〕楽官ヲ率ヰ大礼使高等官ノ東方ノ本位ニ就ク
次ニ国栖ノ古風ヲ奏ス
次ニ悠紀地方ノ風俗歌ヲ奏ス
次ニ皇后御拝礼

次ニ皇太子皇太子妃親王親王妃内親王王王妃女王拝礼

次ニ諸員拝礼

次ニ皇后廻立殿ニ還御

供奉進御ノ時ノ如シ〔昭二皇一七「次ニ皇太子親王王本殿ニ参進南階ヲ昇リ簀子ニ候ス」ノ項削除〕

次ニ本殿南庭ノ廻廊ニ神饌ヲ行立ス

其ノ儀掌典補左右各一人脂燭ヲ秉リ掌典一人削木ヲ執ル同一人海老鰭盥槽ヲ執リ同一人多志良加ヲ執ル陪膳女官（白色帛画衣、唐衣、紅切袴、青摺襷、日蔭糸並心葉ヲ著ク）〔昭二皇一七分注改正〕一人御刀子筥ヲ執リ後取女官（服装同上）一人御巾子筥ヲ執ル女官（服装同上）、以下皆同シ〔昭二皇一七分注改正〕一人神食薦ヲ執リ同一人御食薦ヲ執ル同一人御箸筥ヲ執リ同一人御枚手筥ヲ執ル同一人御飯筥ヲ執リ同一人鮮物筥ヲ執ル同一人干物筥ヲ執リ同一人御菓子筥ヲ執ル掌典一人蚫汁漬ヲ執リ同一人海藻汁漬ヲ執ル掌典補二人空盞ヲ執リ同二人御羹八足机ヲ舁ク同二人御酒八足机ヲ舁キ同二人御粥八足机ヲ舁キ同二人御直会八足机ヲ舁ク

次ニ削木ヲ執レル掌典本殿南階ノ下ニ立チ警蹕ヲ称フ

此ノ時神楽歌ヲ奏ス

次ニ天皇内陣ノ御座ニ著御侍従長〔昭二皇一七分注削除〕掌典長外陣ノ幌内ニ参入奉侍ス〔昭二皇一七本項改正〕

次ニ御手水ヲ供ス（陪膳女官奉仕）

次ニ神饌御親供

次ニ御拝礼御告文ヲ奏ス

次ニ御直会

次ニ神饌撤下（陪膳女官奉仕）

次ニ御手水ヲ供ス（同上）

次ニ神饌膳舎ニ退下

其ノ儀行立ノ時ノ如シ

次ニ廻立殿ニ還御

供奉進御ノ時ノ如シ

次ニ各退下

（注意）天皇襁褓ニ在ルトキハ出御ナシ神饌ハ

掌典長之ヲ供進シ供奉スヘキ諸員ハ直ニ小忌幄舎ニ着床ス

主基殿供饌ノ儀

其ノ儀悠紀殿供饌ノ式ノ如シ

即位礼及大嘗祭後大饗第一日ノ儀

当日早旦豊楽殿ヲ装飾ス

其ノ儀本殿ノ北廂ニ錦軟障（千年松山水ノ図）ヲ設ケ東北隅ニ悠紀地方風俗歌ノ屏風、西北隅ニ主基地方風俗歌ノ屏風ヲ立ツ母屋ノ四面ニ壁代ヲ作リ之ヲ搴ケ其ノ中央ニ天皇ノ御座（平鋪御座）東方ニ皇后ノ御座（平鋪御座）ヲ設ケ各御椅子並御台盤ヲ立ツ南東西三廂ノ周囲ニ青簾ヲ懸ケ之ヲ搴ケ其ノ内ニ諸員陪宴ノ第一座ヲ設ケ床子並台盤ヲ立ツ顕陽、承歓、観徳、明義各堂ノ後面ニ綵綾軟障ヲ設ケ前面ニ青簾ヲ懸ケ之ヲ搴ケ其ノ内ニ諸員陪宴ノ第二座ヲ分設シ床子並台盤ヲ立ツ南庭ノ中央ニ舞台ヲ構ヘ其ノ東南隅ニ楽官ノ幄ヲ設ク

時刻文武高官有爵者優遇者並夫人及外国交際官並夫人朝集所ニ参集ス

但シ服装男子ハ大礼服（白下衣袴正装服制ナキ者ハ通常礼服）女子ハ中礼服（袿袴ヲ以テ之ニ代フルコトヲ得）関係諸員亦同シ〔昭二皇一七但書改正〕

次ニ儀鸞、逢春、承秋、嘉楽、高陽ノ各門ヲ開ク皇宮警部之ヲ警固ス

次ニ大礼使高等官前導諸員殿上ノ廂又ハ顕陽、承歓、観徳、明義ノ各堂（廂及各堂ニ参進スル者ノ区別ハ時ニ臨ミ之ヲ定ム）

次ニ参進〔昭二皇一七分注削除〕各其ノ本位ニ就ク

次ニ式部官警蹕ヲ称フ

次ニ天皇（御正装）出御

式部長官宮内大臣前行シ侍従剣璽ヲ奉シ侍従長侍従侍従武官長侍従武官御後ニ候シ皇太子親王王内大臣大礼使長官供奉ス

次ニ皇后（御中礼服）〔昭二皇一七分注改正〕出御

式部次長皇后宮大夫前行シ女官御後ニ候シ皇太子妃親王妃内親王王妃女王大礼使次官供奉ス

〔昭二皇一七本項改正〕

次ニ天皇御座ニ著御侍従剣璽ヲ案上ニ奉安ス
次ニ皇后御座ニ著御
次ニ供奉員各本位ニ就ク
次ニ勅語アリ
次ニ内閣総理大臣奉対ス
次ニ外国交際官首席者奉対ス
次ニ天皇皇后ニ白酒黒酒ヲ供ス（侍従並女官奉仕）
次ニ諸員ニ白酒黒酒ヲ賜フ
次ニ式部長官悠紀主基両地方献物ノ色目ヲ奏ス
　此ノ時両地方ノ献物ヲ南栄ニ排列ス（内舎人奉仕）
次ニ天皇皇后ニ御膳並御酒ヲ供ス（侍従並女官奉仕）
次ニ諸員ニ膳並酒ヲ賜フ
次ニ久米舞ヲ奏ス
次ニ天皇皇后ニ御殺物ヲ益供ス（侍従並女官奉仕）
次ニ諸員ニ殺物ヲ益賜ス
次ニ悠紀主基両地方ノ風俗舞ヲ奏ス
次ニ大歌及五節舞ヲ奏ス
次ニ天皇皇后ニ挿華ヲ供ス（侍従並女官奉仕）
次ニ諸員ニ挿華ヲ賜フ
次ニ天皇皇后入御
　供奉警蹕出御ノ時ノ如シ
次ニ各退下
当日文武官有爵者優遇者並夫人ニシテ召サレサル者ニハ各其ノ所在地ニ於テ饗饌ヲ賜フ但シ饗饌ヲ賜フヘキ者ノ範囲服装及其ノ場所ハ時ニ臨ミ之ヲ定ム
〔昭二皇一七本項改正〕
（注意）天皇未成年ナルトキハ勅語ノ項ヲ「摂政御座ノ前面ニ参進シ東方ニ侍立シ勅語ヲ伝宣ス」トス

即位礼及大嘗祭後大饗第二日ノ儀

当日何時文武高官有爵者優遇者並夫人及外国交際官並夫人朝集所ニ参集ス
　但シ服装大饗第一日ノ儀ニ同シ〔昭二皇一七本項改正〕
次ニ大礼使高等官前導諸員正寝ニ参進本位ニ就ク
次ニ天皇（御正装）皇后（御中礼服）〔昭二皇一七分注改正〕出御
　式部長官宮内大臣前行シ侍従長侍従侍従武官長

侍従武官皇后宮大夫女官御後ニ候シ皇太子妃親王親王妃内親王王王妃女王大礼使長官供奉ス
次ニ天皇皇后御座ニ著御
次ニ陪宴スヘキ供奉員本位ニ就ク
次ニ賜宴
此ノ間奏楽
次ニ天皇皇后入御
供奉出御ノ時ノ如シ
次ニ各退下

即位礼及大嘗祭後大饗夜宴ノ儀

時刻文武高官有爵者優遇者並夫人及外国交際官並夫人朝集所ニ参集ス
但シ服装践祚後朝見ノ儀ニ同シ〔昭二皇一七本項改正〕
次ニ大礼使高等官前導諸員正寝ニ参進本位ニ就ク
次ニ天皇（御正装）皇后（御中礼服）出御
式部長官宮内大臣前行シ侍従長侍従侍従武官長侍従武官皇后宮大夫女官御後ニ候シ皇太子皇太子妃親王親王妃内親王王王妃女王大礼使長官供奉ス
次ニ舞楽（萬歳楽太平楽二曲）ヲ奏ス
次ニ賜宴
此ノ間奏楽
次ニ天皇皇后入御
供奉出御ノ時ノ如シ
次ニ各退下

即位礼及大嘗祭後神宮ニ親謁ノ儀

当日何時頓宮出御
次ニ天皇板垣御門外ニ於テ御下乗
式部長官宮内大臣前行シ御前侍従剣璽ヲ奉シ御後侍従御菅蓋ヲ捧持シ御綱ヲ張リ御笏筥ヲ奉ス侍従長侍従侍従武官長侍従武官御後ニ候シ皇太子親王王内大臣大礼使長官供奉ス（衣冠単、但シ侍従武官長、侍従武官ハ正装）〔昭二皇一七分注改正〕
次ニ皇后板垣御門外ニ於テ御下乗
皇后宮大夫前行シ式部官御菅蓋ヲ捧持シ御綱ヲ

張リ女官御檜扇筥ヲ奉シ御後ニ候ス皇太子妃親王妃内親王王妃女王大礼使次官供奉ス（男子ハ衣冠単、女子ハ袿袴）〔昭二皇一七分注改正〕
次ニ外玉垣御門外ニ於テ天皇皇后ニ大麻御鹽ヲ奉ル（神宮禰宜奉仕）
次ニ内玉垣御門内ニ於テ天皇皇后ニ御手水ヲ供ス（侍従並女官奉仕）
此ノ時祭主大少宮司正殿ノ御扉ヲ開キ御幌ヲ搴ケ御供進ノ幣物ヲ殿内ノ案上ニ奉安シ御階ノ下ニ候ス
次ニ天皇瑞垣御門内ニ進御
掌典長（衣冠単）前行シ御前侍従剣璽ヲ奉シ御後侍従御菅蓋ヲ捧持シ御綱ヲ張リ御笏筥ヲ奉ス侍従長御後ニ候ス供奉員中皇太子親王王ハ瑞垣御門外ニ候シ其ノ他ノ諸員ハ内玉垣御門外ニ候ス
次ニ皇后瑞垣御門内ニ進御
掌典（服装掌典長ニ同シ）前行シ式部官御菅蓋ヲ捧持シ御綱ヲ張リ女官御檜扇筥ヲ奉シ御後ニ候ス供奉員中皇太子妃親王妃内親王王妃女王ハ瑞垣御門外ニ候シ其ノ他ノ諸員ハ内玉垣御門外ニ候ス
次ニ天皇正殿ノ御階ヲ昇御大床ノ御座ニ著御侍従剣璽ヲ奉シ御階ノ下ニ候ス
次ニ皇后正殿ノ御階ヲ昇御大床ノ御座ニ著御
次ニ天皇御拝礼
次ニ皇后御拝礼
次ニ皇太子皇太子妃親王親王妃内親王王王妃女王拝礼
次ニ天皇皇后頓宮ニ還御
供奉出御ノ時ノ如シ
次ニ諸員拝礼
次ニ各退下
（注意）天皇襁褓ニ在ルトキハ正殿御階ノ下マテ女官奉抱シ大床ノ御座ニ著御ノ時ハ皇太后（皇太后ナキトキハ内親王又ハ親王妃）奉抱御拝礼皇太后ノ御服ハ皇后ニ同シ以下ノ二儀之ニ倣フ

即位礼及大嘗祭後神武天皇山陵

並前帝四代山陵ニ親謁ノ儀

当日早旦陵所ヲ装飾ス
時刻大礼使高等官著床
但シ服装京都ニ行幸ノ儀ニ於ケル賢所著床ノ時ノ如シ
次ニ神饌幣物ヲ供ス
此ノ間奏楽
次ニ掌典長祝詞ヲ奏ス
次ニ天皇頓宮出御
式部長官宮内大臣前行シ侍従剣璽ヲ奉シ侍従長侍従侍従武官長侍従武官御後ニ候シ皇太子親王王内大臣大礼使長官供奉ス
次ニ皇后〔昭二皇一七分注削除〕頓宮出御
皇后宮大夫前行シ女官御後ニ候シ皇太子妃親王妃内親王王妃女王大礼使次官供奉ス
次ニ天皇御拝礼
次ニ皇后御拝礼
次ニ皇太子皇太子妃親王親王妃内親王王王妃女王拝礼
次ニ天皇皇后頓宮ニ還御

供奉出御ノ時ノ如シ
次ニ諸員拝礼
次ニ幣物神饌ヲ撤ス
此ノ間奏楽
次ニ各退下
（注意）天皇皇后ノ御服及供奉員ノ服装ハ時ニ臨ミ之ヲ定ム〔昭二皇一七注意書追加〕

東京ニ還幸ノ儀

其ノ儀京都ニ行幸ノ式ニ準ス

賢所温明殿ニ還御ノ儀

其ノ儀賢所春興殿ニ渡御ノ式ノ如シ

東京還御後賢所御神楽ノ儀

其ノ儀皇室祭祀令附式中賢所御神楽ノ式ノ如シ
但シ皇太子皇太子妃ニ関スル儀注ヲ除キ式部職掌典部楽部職員ノ服装大礼使高等官ノ著床及天皇皇后ノ供奉員ハ即位礼後一日賢所御神楽ノ式ニ依ル

還幸後皇霊殿神殿ニ親謁ノ儀

当日早旦御殿ヲ装飾ス

時刻大礼使高等官著床

但シ服装京都ニ行幸ノ儀ニ於ケル賢所著床ノ時ノ如シ〔昭二皇一七但書改正〕

次ニ御扉ヲ開ク

此ノ間神楽歌ヲ奏ス

次ニ神饌幣物ヲ供ス

此ノ間神楽歌ヲ奏ス

次ニ掌典長祝詞ヲ奏ス

次ニ天皇出御

式部長官宮内大臣前行シ侍従剣璽ヲ奉シ侍従長侍従侍従武官長侍従武官御後ニ候シ皇太子親王王内大臣大礼使長官供奉ス（衣冠単）、但シ侍従武官長、侍従武官ハ正装〔昭二皇一七本項改正・分注追加〕

次ニ皇后御服賢所ニ期日奉告ノ儀ニ同シ出御

皇后宮大夫前行シ女官御後ニ候シ皇太子妃親王妃内親王王妃女王大礼使次官供奉ス（男子ハ衣冠単、女子ハ袿袴）〔昭二皇一七分注追加〕

次ニ天皇内陣ノ御座ニ著御侍従剣璽ヲ奉シ外陣ニ候ス〔昭二皇一七本項改正〕

次ニ皇后内陣ノ御座ニ著御

次ニ天皇御拝礼

次ニ皇后御拝礼

次ニ皇太子皇太子妃親王親王妃内親王王王妃女王拝礼

次ニ天皇皇后入御

供奉出御ノ時ノ如シ

次ニ諸員拝礼

次ニ幣物神饌ヲ撤ス

此ノ間神楽歌ヲ奏ス

次ニ御扉ヲ閉ツ

此ノ間神楽歌ヲ奏ス

次ニ各退下

皇室祭祀令（明治四十一年皇室令第一号）

朕皇室祭祀令ヲ裁可シ茲ニ之ヲ公布セシム

第一章　総　則

第一条　皇室ノ祭祀ハ他ノ皇室令ニ別段ノ定アル場合ヲ除クノ外本令ノ定ムル所ニ依ル

第二条　祭祀ハ大祭及小祭トス

第三条　祭祀ハ附式ノ定ムル所ニ依リ之ヲ行フ

第四条　天皇喪ニ在ル間ハ祭祀ニ御神楽及東游ヲ行ハス

第五条　喪ニ在ル者ハ祭祀ニ奉仕シ又ハ参列スルコトヲ得ス但シ特ニ除服セラレタルトキハ此ノ限ニ在ラス

第六条　祭祀ニ奉仕スル者ハ大祭ニハ其ノ当日及前ニ日小祭ニハ其ノ当日斎戒スヘシ

第七条　陵墓祭及官国幣社奉幣ニ関スル規程ハ本令又ハ他ノ皇室令ニ別段ノ定アルモノヲ除クノ外宮内大臣勅裁ヲ経テ之ヲ定ム

第二章　大　祭

第八条　大祭ニハ天皇皇族及官僚ヲ率ヰテ親ラ祭典ヲ行フ

天皇喪ニ在リ其ノ他事故アルトキハ前項ノ祭典ハ皇族又ハ掌典長ヲシテ之ヲ行ハシム

第九条　大祭及其ノ期日ハ左ノ如シ

元始祭	一月三日
紀元節祭	二月十一日
春季皇霊祭	春分日
春季神殿祭	春分日
神武天皇祭	四月三日
秋季皇霊祭	秋分日
秋季神殿祭	秋分日
神嘗祭	十月十七日
新嘗祭	十一月二十三日ヨリ二十四日ニ亙ル
先帝祭	毎年崩御日ニ相当スル日
先帝以前三代ノ式年祭	崩御日ニ相当スル日
先后ノ式年祭	崩御日ニ相当スル日

皇妣タル皇后ノ式年祭　崩御日ニ相当スル日

第十条　式年ハ崩御ノ日ヨリ三年・五年・十年・二十年・三十年・四十年・五十年・百年及爾後毎百年トス

神武天皇祭及先帝祭前項ノ式年ニ当ルトキハ式年祭ヲ行フ

第十一条　元始祭及紀元節祭ハ賢所皇霊殿神殿ニ於テ之ヲ行フ

第十二条　紀元節祭春季皇霊祭神武天皇祭秋季皇霊祭先帝祭先帝以前三代ノ式年祭先后ノ式年祭及皇妣タル皇后ノ式年祭ハ皇霊殿ニ於テ之ヲ行フ但シ先帝祭ハ一周年祭ヲ訖リタル次年ヨリ之ヲ行フ

神武天皇祭・先帝祭・先帝以前三代ノ式年祭先后ノ式年祭及皇妣タル皇后ノ式年祭ノ当日ニハ其ノ山陵ニ奉幣セシム

第十三条　春季神殿祭及秋季神殿祭ハ神殿ニ於テ之ヲ行フ

第十四条　神嘗祭ハ神宮ニ於ケル祭典ノ外仍賢所ニ於テ之ヲ行フ

神嘗祭ノ当日ニハ天皇神宮ヲ遥拝シ且之ニ奉幣セシム

第十五条　新嘗祭ハ神嘉殿ニ於テ之ヲ行フ

新嘗祭ノ当日ニハ賢所皇霊殿神殿ニ神饌幣物ヲ奉ラシメ且神宮及官国幣社ニ奉幣セシム

第十六条　新嘗祭ヲ行フ前一日綾綺殿ニ於テ鎮魂ノ式ヲ行フ但シ天皇喪ニ在ルトキハ之ヲ行ハス

第十七条　新嘗祭ハ大嘗祭ヲ行フ年ニハ之ヲ行ハス

第十八条　神武天皇及先帝ノ式年祭ハ陵所及皇霊殿ニ於テ之ヲ行フ但シ皇霊殿ニ於ケル祭典ハ掌典長之ヲ行フ

第十九条　左ノ場合ニ於テハ大祭ニ準シ祭典ヲ行フ

一　皇室又ハ国家ノ大事ヲ神宮賢所皇霊殿神殿神武天皇山陵先帝山陵ニ親告スルトキ

二　神宮ノ造営ニ因リ新宮ニ奉遷スルトキ

三　賢所皇霊殿神殿ノ造営ニ因リ本殿又ハ仮殿ニ奉遷スルトキ

四　天皇太皇太后皇太后ノ霊代ヲ皇霊殿ニ奉遷スルトキ

前項ノ規定ニ依リ祭典ヲ行フ期日ハ之ヲ勅定シ宮内大臣之ヲ公告ス

第三章　小　祭

第二十条　小祭ニハ天皇皇族及官僚ヲ率ヰテ親ラ拝礼シ掌典長祭典ヲ行フ

天皇喪ニ在リ其ノ他事故アルトキハ前項ノ拝礼ハ皇族又ハ侍従ヲシテ之ヲ行ハシム

第二十一条　小祭及其ノ期日ハ左ノ如シ

歳旦祭　一月一日

祈年祭　二月十七日

賢所御神楽　十二月中旬

天長節祭　毎年天皇ノ誕生日ニ相当スル日

先帝以前三代ノ例祭　毎年崩御日ニ相当スル日

先后ノ例祭　毎年崩御日ニ相当スル日

皇妣タル皇后ノ例祭　毎年崩御日ニ相当スル日

綏靖天皇以下先帝以前四代に至ル歴代天皇ノ式年祭　崩御日ニ相当スル日

第二十二条　前条ノ例祭ハ式年ニ当ルトキハ之ヲ行ハス

第二十三条　歳旦祭祈年祭及天長節祭ハ賢所皇霊殿神殿ニ於テ之ヲ行フ

歳旦祭ノ当日ニハ之ニ先タチ四方拝ノ式ヲ行ヒ祈年祭ノ当日ニハ神宮及官国幣社ニ奉幣セシム但シ天皇喪ニ在リ其ノ他事故アルトキハ四方拝ノ式ヲ行ハス

第二十四条　賢所御神楽ハ賢所ニ於テ之ヲ行フ

第二十五条　例祭及式年祭ハ皇霊殿ニ於テ之ヲ行フ

但シ例祭ハ一周年祭ヲ訖リタル次年ヨリ之ヲ行フ

第十条第一項ノ規定ハ前項ノ式年ニ之ヲ準用ス

第二十六条　皇后皇太子皇太子妃皇太孫皇太孫妃親王親王妃内親王王王妃女王ノ霊代ヲ皇霊殿ニ奉遷ストキハ小祭ニ準シ祭典ヲ行フ此ノ場合ニ於テハ特旨ニ由ルノ外拝礼ヲ行ハス

前項ノ規定ニ依リ祭典ヲ行フ期日ハ之ヲ勅定ス

附式

第一編　大祭式時ニ臨ミ儀注ヲ簡略シテ之ヲ行フコトアルヘシ、第二編之ニ倣フ

賢所ノ儀

当日早旦御殿ヲ装飾ス
時刻文武高等官有爵者優遇者朝集所ニ参集ス
但シ服装男子ハ大礼服正装正服服制ナキ者ハ通常礼服女子ハ中礼服（袿袴ヲ以テ之ニ代フルコトヲ得）関係諸員（式部職掌典職楽部職員ヲ除ク）亦同シ（以下参集参入及著床ノ項ニ於テ服装ニ付キ別ニ但書ヲ置カサルモノハ皆本儀ニ同シ）
次ニ親王親王妃内親王王王妃女王綾綺殿ニ参集ス
次ニ皇太子皇太子妃（又は皇太孫皇太孫妃以下之ニ倣フ）綾綺殿ニ参集ス
次ニ天皇皇后綾綺殿ニ渡御
次ニ天皇ニ御服（御束帯黄櫨染御袍、未成年ナルトキハ闕腋御袍、空頂御黒幘、以下天皇ノ御服ニ付キ別ニ分注ヲ施ササルモノハ皆本儀ニ同シ）ヲ供ス（侍従奉仕）
次ニ天皇ニ御手水ヲ供ス（同上）
次ニ天皇ニ御笏ヲ供ス（同上）
次ニ皇后ニ御服（御五衣、御小袿、御長袴、以下皇后ノ御服ニ付キ別ニ分注ヲ施ササルモノハ皆本儀ニ同シ）ヲ供ス（女官奉仕）
次ニ皇后ニ御手水ヲ供ス（同上）
次ニ皇后ニ御檜扇ヲ供ス（同上）
次ニ皇太子ニ儀服（御束帯　黄丹袍、未成年ナルトキハ闕腋御袍、空頂御黒幘、以下皇太子ノ儀服ニ付キ別ニ分注ヲ施ササルモノハ皆本儀ニ同シ）ヲ供ス（東宮侍従奉仕）
次ニ皇太子ニ御手水ヲ供ス（同上）
次ニ皇太子ニ御笏ヲ供ス（同上）
次ニ皇太子妃ニ儀服（五衣、小袿、長袴、以下皇太子妃ノ儀服ニ付キ別ニ分注ヲ施ササルモノハ皆本儀ニ同シ）ヲ供ス（女官奉仕）
次ニ皇太子妃ニ御手水ヲ供ス（同上）
次ニ皇太子妃ニ御檜扇ヲ供ス（同上）
此ノ間供奉諸員（宮内大臣、侍従長、式部官長、侍従、皇后宮大夫、東宮大夫、東宮侍従長、東宮侍従、東宮主事、女官）服装ヲ易フ（男子ハ衣冠単、女子ハ袿袴）
次ニ式部官前導諸員参進本位ニ就ク
次ニ御扉ヲ開ク

此ノ間神楽歌ヲ奏ス

次ニ神饌幣物（色目時ニ臨ミ之ヲ定ム、以下別ニ分注ヲ施サザルモノハ皆之に倣フ）ヲ供ス

此ノ間神楽歌ヲ奏ス

次ニ掌典長祝詞ヲ奏ス

次ニ天皇出御

式部長官宮内大臣前行シ侍従剣璽ヲ奉シ侍従長侍従侍従武官長侍従武官御後ニ候シ親王王供奉ス

次ニ皇后出御

皇后宮大夫前行シ女官御後ニ候シ親王妃内親王王妃女王供奉ス

次ニ皇太子参進

東宮大夫前行シ東宮侍従壷切御劔ヲ奉シ東宮侍従長東宮侍従東宮武官長東宮武官後ニ候ス

次ニ皇太子妃参進

東宮主事前行シ女官後ニ候ス

次ニ天皇内陣ノ御座ニ著御侍従剣璽ヲ奉シ外陣ニ候ス

次ニ皇后内陣ノ御座ニ著御女官外陣ニ候ス

次ニ皇太子内陣ノ座ニ著ク東宮侍従壷切御剣ヲ奉シ外陣ニ候ス

次ニ皇太子妃内陣ノ座ニ著ク女官外陣ニ候ス

次ニ天皇御拝礼御告文ヲ奏ス（御鈴内掌典奉仕）

次ニ皇后御拝礼

次ニ皇太子皇太子妃拝礼

次ニ親王親王妃内親王王王妃女王拝礼

次ニ天皇皇后入御

供奉出御ノ時ノ如シ

次ニ皇太子皇太子妃退下

供奉参進ノ時ノ如シ

次ニ諸員拝礼

次ニ幣物神饌ヲ撤ス

此ノ間神楽歌ヲ奏ス

次ニ御扉ヲ閉ツ

此ノ間神楽歌ヲ奏ス

次ニ各退下

（注意）天皇襁褓ニ在ルトキハ女官之ヲ奉抱ス以下之ニ倣フ太皇太后皇太后在ルトキハ皇后ノ次ニ之ヲ加フ其ノ御服ハ皇后ニ同シ皇

霊殿神殿ノ儀之ニ倣フ

皇霊殿ノ儀

其ノ儀賢所ノ式ノ如シ（御鈴ノ儀ナシ）

但シ皇霊祭及式年祭ニハ天皇皇后入御ノ前ニ於テ東遊ヲ行ヒ紀元節祭及先帝祭ニハ当夕賢所御神楽ノ式ニ準シ御神楽ヲ行フ又神武天皇式年祭ニハ天皇御名代（衣冠単）ノ拝礼ヲ皇后御拝礼ノ前ニ加ヘ太皇太后皇太后在ルトキハ其ノ御拝礼ヲ皇后御拝礼ノ次ニ加フ先帝式年祭ニハ天皇御名代及皇后御名代（袿袴）ノ拝礼ヲ皇太子拝礼ノ前ニ加ヘ太皇太后皇太后在ルトキハ太皇太后御拝礼及皇太后御名代（袿袴）拝礼ヲ皇后御名代拝礼ノ次ニ加フ

神殿ノ儀

其ノ儀賢所ノ式ノ如シ（御鈴ノ儀ナシ）

新嘗祭神嘉殿ノ儀

当日早旦御殿ヲ装飾ス

時刻文武高等官有爵者・優遇者朝集所ニ参集ス

次ニ神座ヲ奉安シ斎火ノ燈燎ヲ点ス

此時庭燎ヲ焼ク

次ニ親王王綾綺殿ニ参集ス

次ニ皇太子綾綺殿ニ参集ス

次ニ天皇綾綺殿ニ渡御

次ニ天皇ニ御祭服（御幘（未成年ナルトキハ之ヲ供セス）御斎衣、御下襲、御衵、御単、御表袴、御大口、御石帯、御襪ヲ供ス（侍従奉仕）

次ニ天皇ニ御手水ヲ供ス（同上）

次ニ天皇ニ御笏ヲ供ス（同上）

次ニ皇太子ニ斎服（冠、白袍、白単、白袴）ヲ供ス（東宮侍従奉仕）

次ニ皇太子ニ御手水ヲ供ス（同上）

次ニ皇太子ニ御笏ヲ供ス（同上）

此ノ間供奉諸員（宮内大臣、侍従長、式部長官、侍従、東宮大夫、東宮侍従長、東宮侍従）服装ヲ易フ（衣冠単）

次ニ式部官前導諸員参進本位ニ就ク

次ニ掌典長祝詞ヲ奏ス

次ニ天皇出御
　式部長官宮内大臣前行シ（侍従左右各一人ヲ秉ル）侍従剣璽ヲ奉シ侍従長・侍従・侍従武官長・侍従武官御後ニ候シ親王・王供奉ス
次ニ皇太子参進
　東宮大夫前行シ（東宮侍従左右各一人脂燭ヲ秉ル）東宮侍従壷切御劔ヲ奉シ東宮侍従長東宮侍従東宮武官長東宮武官後ニ候ス
次ニ天皇隔殿ノ御座ニ著御侍従剣璽ヲ案上ニ奉安ス
次ニ皇太子隔殿ノ座ニ著ク東宮侍従壺切御剣ヲ案上ニ奉安ス
　此ノ時供奉諸員隔殿ノ庇ニ候ス
次ニ神饌ヲ行立ス
　其ノ儀掌典補一人脂燭ヲ秉リ掌典一人削木ヲ執ル同一人海老鰭盥槽ヲ執リ同一人多志良加ヲ執ル陪膳女官（五衣、唐衣、裳、小忌衣ヲ加ヘ、日蔭糸並心葉ヲ著ク）一人御刀子筥ヲ執リ後取女官（同上）一人御巾子筥ヲ執ル女官（唐衣、衣、紅切袴、襷、日蔭糸並心葉ヲ加フ）一人神食薦ヲ執リ同（同上）一人御食薦ヲ執ル同（同上）一人御箸筥ヲ執リ同（同上）一人御枚手筥ヲ執ル掌典一人御飯筥ヲ執リ同一人鮮物筥ヲ執ル掌典補一人干物筥ヲ執リ同一人御菓子筥ヲ執ル同一人蚫汁漬ヲ執リ同一人海藻汁漬ヲ執ル同二人空盞ヲ執リ同二人御羹八足机ヲ舁ク同二人御酒八足机ヲ舁キ同二人御粥八足机ヲ舁キ同二人御直会八足机ヲ舁ク
次ニ削木ヲ執レル掌典警蹕ヲ称フ
　此ノ時神楽歌ヲ奏ス
次ニ天皇本殿ノ御座ニ進御
次ニ御手水ヲ供ス（陪膳女官奉仕）
次ニ神饌御親供
次ニ御拝礼御告文ヲ奏ス
次ニ御直会
次ニ神饌撤下（陪膳女官奉仕）
次ニ御手水ヲ供ス（同上）
次ニ神饌退下
　其ノ儀行立ノ時ノ如シ
次ニ皇太子拝礼
次ニ親王王拝礼
次ニ入御

供奉参進ノ時ノ如シ
次ニ諸員拝礼
次ニ各退下
（注意）天皇穢袢ニ在ルトキハ出御ナシ神饌ハ
掌典長之ヲ供進シ供奉ス

新嘗祭前一日鎮魂ノ儀
其ノ儀御衣振動及糸結ノ式ヲ行フ

神宮遥拝ノ儀
当日早旦御殿ヲ装飾ス
時刻親王王便殿ニ参入ス
次ニ天皇便殿ニ渡御
次ニ御服ヲ供ス（侍従奉仕）
次ニ御手水ヲ供ス（同上）
次ニ御笏ヲ供ス（同上）
此ノ間供奉諸員（侍従長、侍従）服装ヲ易フ
（衣冠単）
次ニ出御
掌典長前行シ侍従剣璽ヲ奉シ侍従長侍従侍従武官長侍従武官御後ニ候シ親王王宮内大臣式部長官供奉ス
次ニ御遥拝
次ニ入御
供奉出御ノ時ノ如シ
次ニ各退下

神宮ニ勅使発遣ノ儀
当日何時御殿ヲ装飾ス
時刻宮内大臣式部長官式部官著床
但シ服装小礼服礼装礼服関係諸員亦同シ
次ニ勅使（衣冠単）著床
次ニ出御
侍従長前行シ侍従御剣ヲ奉シ侍従侍従武官長侍従武官御後ニ候ス
次ニ幣物御覧（掌典長侍立）
次ニ御祭文ヲ勅使ニ授ク（宮内大臣奉仕）
次ニ幣物ヲ辛櫃ニ納ム
次ニ勅使幣物ヲ奉シ殿ヲ辞ス
此ノ時式部官警蹕ヲ称フ

次ニ入御
　供奉出御ノ時ノ如シ
次ニ各退下
　　神宮ニ奉幣ノ儀
其ノ儀神宮ノ祭式ニ依ル
　　山陵ノ儀
当日早旦陵所ヲ装飾ス
時刻文武高官有爵者幄舎ニ参集ス
次ニ儀仗兵陵門外ニ整列ス
次ニ天皇御休所に著御
次ニ神饌幣物ヲ供ス
　此ノ間奏楽
次ニ掌典祝詞ヲ奏ス
次ニ出御（御正装）
　式部長官宮内大臣前行シ侍従剣璽ヲ奉シ侍従長侍従侍従武官長侍従武官御後ニ候シ親王・王供奉ス
次ニ御拝礼御告文ヲ奏ス
次ニ親王王拝礼
次ニ入御
　供奉出御ノ時ノ如シ
次ニ諸員拝礼
次ニ幣物神饌ヲ撤ス
　此ノ間奏楽
次ニ各退下
（注意）先帝式年祭ニハ皇后ヲ天皇ノ次ニ加ヘ皇太后在ルトキハ皇后ノ次ニ加フ其ノ御服ハ御中礼服トス
　　山陵ニ勅使襲遣ノ儀
其ノ儀神宮ニ勅使発遣ノ式ノ如シ
　　山陵ニ奉幣ノ儀
当日早旦陵所ヲ装飾ス
時刻儀杖兵陵門外ニ整列ス
次ニ勅使（衣冠単）参進
次ニ勅使本位ニ就ク
次ニ神饌ヲ供ス

此ノ間奏楽
次ニ掌典祝詞ヲ奏ス
次ニ幣物ヲ供ス
次ニ勅使進テ祭文ヲ奏ス
次ニ勅使拝礼
次ニ幣物神饌ヲ撤ス
此ノ間奏楽
次ニ各退下

神宮賢所皇霊殿神殿及山陵ニ親告ノ儀
神宮賢所皇霊殿神殿ノ造営ニ因リ奉遷ノ儀
以上其ノ儀時ニ臨ミ之ヲ定ム

天皇ノ霊代奉遷ノ儀（太皇太后皇太后ノ霊代奉遷ノ儀之ニ準ス）

皇霊殿奉告ノ儀
当日早旦御殿ヲ装飾ス
時刻御扉ヲ開ク
此ノ間奏楽
次ニ神饌ヲ供ス
此ノ間奏楽
次ニ掌典長祝詞ヲ奏ス
次ニ神饌ヲ撤ス
此ノ間奏楽
次ニ御扉ヲ閉ツ
此ノ間奏楽
次ニ各退下

権殿ノ儀
時刻宮内高等官及先帝禁近奉仕者著床
次ニ御簾ヲ搴ク
此ノ間奏楽
次ニ神饌ヲ供ス
此ノ間奏楽
次ニ掌典長祝詞ヲ奏ス
次ニ天皇御代拝（侍従奉仕、衣冠単）
次ニ皇后御代拝（女官奉仕、袿袴）
次ニ皇太子代拝（東宮侍従奉仕、衣冠単）
次ニ皇太子妃代拝（女官奉仕、袿袴）
次ニ諸員拝礼
次ニ神饌ヲ撤ス

此ノ間奏楽
次ニ掌典長霊代ヲ皇霊殿ニ奉遷ス諸員供奉
此ノ時式部官警蹕ヲ称フ

皇霊殿親祭ノ儀

其ノ儀本編皇霊殿ノ式ノ如シ

第二編　小祭式

賢所ノ儀

当日早旦御殿ヲ装飾ス
時刻宮内勅任官宮内奏任官総代各一人著床
次ニ御扉ヲ開ク
此ノ間神楽歌ヲ奏ス
次ニ神饌幣物ヲ供ス
此ノ間神楽歌ヲ奏ス
次ニ掌典長祝詞ヲ奏ス
次ニ出御（是ヨリ先キ綾綺殿ニ於テ天皇渡御、皇太子参入、天皇ニ御服、御手水、御笏ヲ供シ皇太子ニ儀服、手水、笏ヲ供シ及供奉諸員服装ヲ易フルノ儀アリ総テ第一編賢所ノ儀ニ同キヲ以テ今其項ヲ掲ケス）
式部長官前行シ侍従御剣ヲ奉シ侍従長侍従武官長侍従武官御後ニ候ス
次ニ御拝礼（御鈴内掌典奉仕）
次ニ天皇入御
供奉出御ノ時ノ如シ
次ニ皇太子参進
東宮大夫前行シ東宮侍従御劔ヲ奉シ東宮侍従長東宮侍従東宮武官長東宮武官後ニ候ス
次ニ皇太子拝礼訖テ退下
供奉参進ノ時ノ如シ
次ニ諸員拝礼
次ニ幣物神饌ヲ撤ス
此ノ間神楽歌ヲ奏ス
次ニ御扉ヲ閉ツ
此ノ間神楽歌ヲ奏ス
次ニ各退下

皇霊殿ノ儀

其ノ儀賢所ノ式ノ如シ（御鈴ノ儀ナシ）

但シ例祭及式年祭ニハ著床者中ニ親王王及宮内大臣又ハ宮内次官ノ内一人ヲ加ヘ皇后ヲ天皇ノ次ニ加フ従テ此ノ場合ニ於テハ綾綺殿ニ於ケル儀注中ニ皇后渡御皇太子妃参進皇后ニ御服御手水御檜扇ヲ供シ皇太子妃ニ儀服手水檜扇ヲ供スルノ項アルコト亦第一編賢所ノ儀ニ同シ

神殿ノ儀

其ノ儀賢所ノ式ノ如シ（御鈴ノ儀ナシ）

四方拝ノ儀歳旦祭賢所ノ式ニ先タチ之ヲ行フ

当日早旦式場ヲ装飾ス

時刻出御

掌典長前行シ侍従御剣ヲ奉シ侍従長侍従侍従武官長侍従武官御後ニ候シ宮内大臣式部長官供奉ス

次ニ御拝礼訖テ入御

供奉出御ノ時ノ如シ

次ニ各退下

（注意）本儀ニ於ケル天皇ノ御服及供奉員中侍従長侍従ノ服装ハ賢所ノ儀ニ同シ

賢所御神楽ノ儀

当日何時御殿ヲ装飾ス

時刻大勲位親任官及各庁勅任官総代宮内奏任官総代各一人有爵者総代毎爵一人著床

次ニ御扉ヲ開ク

此ノ間神楽歌ヲ奏ス

次ニ神饌幣物ヲ供ス

此ノ間神楽歌ヲ奏ス

次ニ掌典長祝詞ヲ奏ス

次ニ出御（是ヨリ先キ綾綺殿ニ於テ天皇皇后渡御、皇太子皇太子妃参入、天皇ニ御服、御手水、御笏、皇后ニ御服、御手水、御檜扇ヲ供シ皇太子ニ儀服、手水、笏、皇太子妃ニ儀服、手水、檜扇ヲ供シ及供奉諸員服装ヲ易フルノ儀アリ総テ第一編賢所ノ儀ニ同キヲ以テ今其項ヲ掲ケス）

式部長官前行シ侍従御剣ヲ奉シ侍従長侍従侍従武官長侍従武官御後ニ候シ親王王供奉ス

次ニ皇后出御

皇后宮大夫前行シ女官御後ニ候シ親王妃内親王王妃女王供奉ス

次ニ皇太子参進

　東宮大夫前行シ東宮侍従壷切御劒ヲ奉シ東宮侍従長東宮侍従東宮武官長東宮武官後ニ候ス

次ニ皇太子妃参進

　東宮主事前行シ女官後ニ候ス

次ニ天皇皇后拝礼

次ニ皇太子皇太子妃拝礼

次ニ親王親王妃内親王王王妃女王拝礼

次ニ御神楽

次ニ天皇皇后入御

　供奉出御ノ時ノ如シ

次ニ皇太子皇太子妃退下

　供奉参進ノ時ノ如シ

次ニ諸員拝礼

次ニ幣物神饌ヲ撤ス

　此ノ間神楽歌ヲ奏ス

次ニ御扉ヲ閉ツ

　此ノ間神楽歌ヲ奏ス

次ニ各退下

神宮ニ勅使発遣ノ儀

其ノ儀第一編神宮ニ勅使発遣ノ式ニ準ス

神宮ニ奉幣ノ儀

其ノ儀神宮ノ祭式ニ依ル

皇后皇太子皇太子妃皇太孫皇太孫妃親王親王妃内親王王王妃女王ノ霊代ヲ皇霊殿ニ遷スノ儀

皇霊殿奉告ノ儀

権殿ノ儀

以上其ノ儀第一編天皇ノ霊代奉遷ノ儀中各其ノ式ニ準ス

皇霊殿祭典ノ儀

特旨ニ由リ天皇親ラ拝礼ヲ行フトキハ其ノ儀本編皇霊殿ノ式ノ如シ自余ハ掌典長ノ主祭ニ止ム但シ皇后ノ霊代ヲ遷ストキハ天皇御代拝（衣冠単）及皇太子。皇太子妃拝礼ノ儀注ヲ加フ

付載　関係文献・資料

（一）復刊にあたり

神社新報社編輯部

本書、皇室法研究会編『共同研究　現行皇室法の批判的研究』を昭和六十二年十二月、昭和から平成への御代替りの約一年前に、弊社より公刊してから本年はちょうど三十年目となる。このたび復刻する契機の一つには、昨年八月の「象徴としてのお務めについての天皇陛下のおことば」以降、その結果として本年六月九日、第百九十三回通常国会において「天皇の退位等に関する皇室典範特例法」が成立し、十六日に公布され、三年以内に施行されることとなった。これによって次の御代替りを迎へることとなることがある。

本書は、日本国憲法下で改定された皇室典範、皇室法に関する問題点を戦後、指摘し続けた葦津珍彦氏を主とする皇室法研究会の成果を、焦点を新憲法下で初めて行はれることになる御代替りに定めて論点を集約した書である。前回は崩御により、このたびは御譲位（退位）による御代替りに際して、本書が如何なる意義を有するのか、改めて問はれることとなる。

○

復刊に際して次のやうな関係文献・資料を付載した。

一、葦津珍彦は、皇室法研究会での研究過程の昭和五十九年二月に「皇室の祭儀礼典論―国事私事両説解釈論の間で―」を『中外日報』に公表した。これは皇室祭儀・内廷神事の性格を、神社界ではは主であった「国事」とみるのではなく、現行法のもとにあっては「皇室の重儀・公事」とみるのが正しいことを主張するのが一眼目であった。これは一方で、皇室祭儀を「天皇陛下の内廷の私事」扱ひをしてきた政府の解釈への批判となる。御代替り後の大嘗祭が、結果的に「皇室行事」として、経費は内廷費ではなく宮廷費として支出されたことにも影響を与へたと評される。『葦津珍彦選集』ほか著書未収載である。

一、本書刊行の意図・経緯・意義等については、本書の序・緒言などに記されるが、本書に挟み込まれた文書「この書を読まれる方へ」は、本書では指摘されなかった皇室経済法第七条「皇位とともに伝わるべき由緒ある物」は何かの未認定の課題、また昭和五十八年の澁川謙一神社本庁事務局長名による富田朝彦宮内庁長官宛「宮中祭儀等についてお伺ひ」に示される、当時の「皇室祭儀の荒廃」の問題を補論する。

その他に、本書出版に至るまでの神社新報社の皇室法研究についての四十年余の経緯を説明する澁川謙一氏（当時、神社新報社論説主幹）の文、また皇室法研究会の幹事役であった田尾憲男氏による本書の意図と、葦津珍彦による新旧皇室典範の研究、『現行皇室法の批判的研究』の功績を指摘する文を、共に内情を把握する当事者による文として付載する。（なほ、田尾氏は『現行皇室法の法理解釈と批判』〈神道政治連盟、昭和六十二年六月〉で、本書を踏まへて皇室法の解釈研究姿勢、皇室法の体系、明治と現行の皇室典範、皇室経済法、現行皇室法上の問題点等を論じる。また、皇室法研究会の前身となる神社法制活動支援会については『神社新報社五十年史

（上）』〈葦津泰國氏執筆、神社新報社、平成六年〉に言及する。）

一、本書刊行後、それを紹介する文の内から、「神社新報」に掲載された本書後編の葦津珍彦「皇室典範研究」を主に論じる所功氏の文を付載する。

一、本書の編者となる皇室法研究会における共同研究は、昭和五十六年秋から始まり、五十九年末までの約三年余でほぼ大綱が固まった。その間、関係者で意見交換し、また事前に部分的に印刷して識者の意見を質すほか、政府・宮内庁の対応なども想定して、用意周到な検討を経て纏められた。これら関連する刊行迄の研究過程とその後の経緯、また関係文献・事項等を「略年譜」として付載する。

（二）皇室の祭儀礼典論―国事私事両説解釈論の間で―

葦津珍彦

「中外日報」昭和五十九年二月十日付・『小日本』昭和五十九年十月

公たる「象徴」説得力ある井上毅の「明治憲法」解釈

神道人は、皇室の祭儀に最高の権威を感じてゐる。皇室の祭儀をただ「天皇陛下の内廷に於ける私事」と説明して来た政府の一般的解釈論には反対する見解が有力であると言ってもいいだらう。ここまでは、ほぼ神社関係者の共通した考へ方だと言ひ得るだらう。

このやうな共通の思想を基にして、初代の総長宮川宗徳先生は、まづ現在の「皇室典範」そのものを改正して、皇室の祭儀を国の法律で「国事」としたがいいとの私見を表明したことがある。それは講和直後のころであったが、これは宮川私見なのであって、本庁で決めた意見ではない。

宮川構想は、占領政策を是正して、皇室の祭儀を私事とする思想に公然たる抵抗的修正をしめした第一の試案だった。私もその時に、宮川意見の試案作成に協力した一人である。しかし、それは既に三十有余年前の一提案であって、本庁決定でもなく、その後に本庁関係者が思考停止をしたわけでもなく、研究を放棄したのでもない。

それからやや後に、吉田茂総長が、総長に就任された時代に「今の国会での皇室典範改正構想には同感しがたい。皇室祭儀恢弘の志と思想には同感だが、いろいろ考へねばならない問題があるし、今の時代では不文法のままで伝統を守る道を求めたがいい」との修正意見を示された。私は、宮川構想と吉田構想との一致をもとめて両先生の間を往復したが、吉田総長は間もなく病没された。宮川先生は前説を撤回されたわけではなかったが、その後に国会に対して法改正の積極工作はされなかった。

重要な本庁関係者の構想として記録すべきものは、この二つだと私は思ふ。私は、その後もこの二説について、三十年間いろいろと考へて来たし、本庁関係の識者の見解も、私的には、いくたびか聞いてゐたが、公式見解が決定して表明されるまでに進まなかったと解してゐる。

断片的局部的には、いろいろの人の試論は出たと思ふ。だが実際的な問題としては、その後に東宮殿下の賢所での神式御結婚が、政府で国事として表明され、以後諸親王方の御結婚が、皇室の公事と解されることになったのは、神道人は、これを一般に満足をもってお迎へした。このやうな事実は積み上げられたが、時々政府の法解釈で、占領時代のままの「内廷私事説」が発表されると不満の声があがる。皇室が天下の御祭りをなさるのが、なんで私事であるか、との反撥がある。陛下の御祭りが、今上陛下の一個人の私事でないのは明らかである。それは御歴代を通じて変はることのない、一個人でない皇室としての大切な伝統祭儀であり、賢所の御鏡をはじめ三種の神器も、その御殿も、占領下の立法である皇室経済法でも、「皇位とともに伝わるべき由緒あるものは、皇位とともに皇嗣がこれを受ける」と定めてゐる。これが今上陛下の個人的な御一代限りの私事でないことは明らかで、陛下の御祭りが連綿として公に継承さるべきことは、占領下の国法においてすらも公認された。

ただ「内廷の私事にすぎぬ」との官僚解釈には、本庁関係者は、ひとしく不満だと見ていいと思ふ。その点では、ほぼ見解の一致があると見られるが、それでは私事でなければ何であるのか。国事とか公事とか、さまざまの論があるが、本庁関係者のなかでも各人の理論は一致しないと言っていい。一致してゐるのは「私事」でないといふ程度のことか。

もともと、国事とか公事とか私事の概念が、一般的に定まってゐない。この公私の論が、占領中の神道指令時代から、神道に関してのみ、やたらと論議されるが、その概念の根拠が必ずしも明白でない。国の経費を支出する事業を、もしも国事とするのだったら、社会的に民間の資金を集めて行なはれる社会公共の事業（学問、文化、体育、厚生等々の大事業）に、その資金が不足するとして、国が大きな財政支出をするやうな事業は、これは国事なのか私事なのか。私見によれば、財政支出すると言ふ事は、国事であらうが、その事業そのものは国事であるまい。社会有志者の発起で民間人の自由な意思で遂行されるかぎり、社会公共の事業であっても、私事と言ふべきではないか。文化財の保護なども、その一例であらうか。国費支出といふことは国の事でも、文化財保護の行為そのものの主体は、国ではなく所有者保存者でないか。

ただ国費が支出されることはすべて国事なのだ、といふ立場で行けば、今でも皇室祭儀は国事であるし、将来も国事たるべきものだ。内廷費の経理の方式は、一般行政公金会計の方式と多少異なるが、その必要なる経費予算は、すべて公開されて政府予算として提出され、国会の承認を得て支出されてゐる。それはマッカーサー時代でもさうだったし、今もさうだ。その金高の大小はともあれ、国の経費支出で行なはれる事がすべて国事であるとすれば私事論は成立せぬ。

もっとも、内廷費を陛下などへの私的俸給とか年金と解しようとする俗論もあるが、これは陛下の私的所得でないことは、憲法以下の諸法令との関連から見て明らかである。内廷費は、皇室内廷を維持するための「経費」であり、その中に「神事費」の予算が明示されてゐる。私は、「国費支出があることは、すべて国事」と言ふのならば、当然に祭儀国事論者であらう。

しかし国事と言ふことは、今少しく精緻に考ふべきではあるまいか。その事を行なふことの主体が国である場合、陛下が象徴といふ国務上の国家機関として執行なさることが、国事なのだと厳格に規定すれば、どうなるか。さう解釈すると、明治の立憲いらいの皇室の祭儀礼典は、国務上の国事なのではなくて、それとは一線を画した宮務法上の「皇室の内廷」の重儀だとする明治の典範起案者、井上毅の説が正しいのではないかと思ふ。

国家権力の及ばざる範囲

帝国憲法制定の審議にさいして、信教自由の第二十八条と、皇室祭儀との関連については、かなりに激しい議論があって、委員の見解解釈が必ずしも一致しないままに、議長伊藤博文が、多数決で可決した。神祇制度上に一つの問題点が残された。制憲後間もなく明治二十三年十月十日付で井上毅は内閣総理あてに神祇制度の意見書を提出した。それは、皇室や神社の祭儀礼典について論じてゐるが、神社問題については、既存の法令との調整に苦しんだ点もあるのか、当時の神社についての社会認識不充分か、私としては歴史的にも評価しがたいものがある。しかし、皇室祭儀については、憲法、典範の起案者としての自信をもって一つの条理ある立論をしてゐると思ふ。その皇室祭儀に関する論点のみを要約すると次のやうな論である。(詳しい正確な原文は、『井上毅伝、史料篇第二』を参照されたい。)

神祇礼典の事は、本来、社会の事であって国務の事なのではない。神祇の事を国務上の法律で定めるのは帝国憲法の主義に反する。君主は国務の首長にして又社会の師表であられる。国務の事は之を政府に任じ、社会礼典の事は、よろしく王家の内事に属すべく国務と混ずべきでない。神祇の事は、親しく天子自らが如在の誠を以って尽くさるべきことであって、国務の臣僚に倚托さるべきでない。祖宗の神事は、もとより宮内省に属すべきで、国務に属すべからず。

とのロジックである。これが明治憲法、皇室典範の起案者の思想であった。

伊藤博文著『帝国憲法、皇室典範義解』においては、

皇室典範ハ皇室自ラ其ノ家法ヲ条定スル者ナリ――皇室ノ家法ハ祖宗ニ承ケ子孫ニ伝フ、既ニ君主ノ任意ニ制作スル所ニ非ズ、又臣民ノ敢テ干渉スル所ニ非ルナリ。

と銘記した。一時代の君主の任意に立法し得るものでなく、国務として政府や議会が干渉し得る

ものでもない独自性を力説した。

明治法制史を知らない人のために少しく解説する。明治十三年に元老院で国憲草案が、ほぼできた。それは国務上の憲法も皇室法（後の典範事項）も一法案にまとめられてゐた。岩倉具視は、これに強く反対し、それを井上毅が法学的に援けて廃案としてしまって、明治十四年に改めて憲法立法の大綱を立てた。その時、帝国の国務法の基本となるものと皇室の宮務法の根本とを別立することにした。

帝国の国政国務は、政府と国会との協同によって処理するが、皇室の事は、それとは別立して、祖宗の制に基づき、皇室の事は国務圏外の事とし、宮内省は内閣の圏外において、国務と宮務の別を立てることにした。この基本方針によって、二十二年の皇室典範が制定された。そこで伊藤、井上の『皇室典範義解』では前記のやうに、典範を「皇室の家法」と断定し、「公式の公布」すらも不要と考へた。

同感できぬ「国事論」

しかし私は、その法論理にそのまま同感してゐるのではない。明治帝国の体制は国務と宮務とを、それほどあっさり全的に切断しえない事情があって、この「家法説」には強い異議が主張されたし、典範はその後にも公布も増補もされた。憲法と典範との関連については、諸学者の間に説の異同があった。国務法と宮務法の別を力説した美濃部達吉は、ただ「元号」の条文を、国務法であるべきものが宮務法に混入したと論じたのは有名である。しかし問題は、「元号」のみでなく、明治の典範には、他にも宮務と国務と相関連するものがあり、簡易な割り切りは無理だ。けれども、起案者の伊藤博文、井上毅などが、祖宗の神器継承の儀とか、即位礼、大嘗祭などの重儀を条文で書くについては、これを「国務圏外」の事とし、井上の語をもってすれば「王家ノ内事」と信じ、「国務圏外」の事と考へたのは明らかである。帝国憲法と皇室典範とに関する諸家の学説の異同、ならびにそれに関する私自身の見解を、長々しくここに述べる余裕はないが、皇室祭祀令とか登極令などを初め、皇室の祭儀礼典の事が、すべて皇室内の機関によって定められたのは確かである。それは、国政国務機関としての帝国政府や、帝国議会の制作する法律の権限の外にあった。

井上毅の明治法制家としての存在の史的意味は大きい。その理論は、時によって変遷もしてゐる。しかし帝国憲法起案時代の井上は、日本固有法の精神を重んじながらも、国務論理では、徹底してレイカルな国家を目標とし、信教自由、政教分離主義を、英独などよりもきびしく徹底させる目標を立ててゐる。宗教は勿論、哲学倫理でも、その精神的教義信条は国民各人の自由に任せ、国務、国家権力と相混ずることをさけたいとした。

「聖」と「俗」の間　皇室の祖宗の制は厳重に

しかしそれは井上その人が、世俗的俗物主義者だったといふことではない。かれは世俗国家論者ではあったが、その国家を包囲する日本人社会の精神的文化伝統には深い敬意を表した。かれは明治天皇が、国務国事としてではなく「社会の師表」として教育勅語を渙発されることに熱意をもって奉仕した。

この国家理論の根底を知って、前記の皇室の祭儀礼典論のロジックを見ると、暗示するところから浅からざるものがある。かれは、皇室の祭儀礼典の制度が、国務国政と相混ずるのに反対してゐる。しかし祭儀礼典は――宗教であると否とにかかはらず――王家の内事として、社会的に厳として守らるべきことを主張する。かれは、皇室の厳たる礼典の法が、世俗的国政の場としての国会の法律で定められるのを好まなかったのだらう。（神社本庁の故吉田総長の不文法主義にも似たやうな感じがあった。）

「皇室の祭儀礼典は、国務上の国事に非ず」との法論理は、形の上では現行法の「祭儀は、皇室内廷の事」とするのに相通ずるともいひ得る。しかし、その精神的姿勢が甚しく異なる。現代の官僚は「内廷の事」と言ふ意味を、国事でない小さな私事として、解しようとする。これに反して、井上毅は「世俗的国務圏外」のもの、権力国家などの国務よりも、遥かに高貴にして神聖なる天下の重儀――公共社会のことと解したのではないか。

世俗国家（Laical or Secular State）の理論も、国家権力至上主義的に解釈すると、度しがたい俗物主義におちる外にないが、その「国家」なるものの限界を確認して、その圏外に遥かに高貴にして神聖な――より広大な社会公共の「天下の重儀」の存することを知れば、現憲法用語の国事（Matters of State）などよりも「皇室の重儀」と解した方が、よほど威厳があっていいのではあるまいかと考へられる。

現憲法の語を英語に訳するのは、もともと帝国議会の委員会の初めの審議では、英文を基にしてその訳の正否検討から始まってゐるといふ事情があるからだ。（その議事録は、日本では今も国会で厳秘とされてゐるが、米国では既に詳しく公開されてゐる。立憲史上、まったく変な話だ。）この憲法で言ふ国とは、Secular State としての色彩が著しく、もともと世俗の権力構造にすぎない。やたらと「国事」の法概念にこだはることもあるまいと思ふのだが、それは私の一所見で、日本人（とくに神道人）には、近代法的世俗国家理論とはなじみ難い伝統心理があって、「最高の重儀は国事」としたい感想をもつ人が少なくない。

この米国製日本国憲法を、どう解釈して行くがいいか。神社本庁の理論家の今後の共同討議の結論がどうなるか、私には予想しがたい。ただここには、私が明治神宮編『帝国憲法制定史』を研究してゐたころから考へつづけて来た一私人の所感を書いた。私が五年前の中外日報（昭和五十四年一月一日号）で「天皇祭祀と日本人」を書き、「日本人社会」の語を用ゐ、ことさらに「日本国」の語をさけ、法学解釈論は二義の問題としたのも、そんな感想があったからのことでもあった。

その「天皇祭祀と日本人」の小論で書いたことの大綱は、今も変はらない。祭祀に関する法学説は、いつの時代にも学者間に必ずしも一致しがたく諸説が相対立して存する。同一人でも研究中に、その説は、発展し進歩もして行くだらう。しかし、神道人にとって大切なのは、祭祀がいかなる心と礼とをもって執行されるかといふ精神事実が第一義であって、その事実をいかに法学的に解釈し、理論づけるかといふことではない。この一義を根底に有しない法学形式論は、無意味である。

皇室祭儀私事説は、理論的にも貧弱であるし、祭儀を重んずる精神からしても決して同感しがたい。さればとて、それを直ちに国政国務の「国事説」で固めることが適切とも思はない。社会公共の天下の重儀と解するもよく、皇室尊貴の大事と解するもいいのではないか。問題は、井上毅の語法によれば、一代の君主の任意に制作するところに非ず、国務の干渉するところにも非ざる祖宗の制を厳守する精神の問題である。

（編者注）本文は、最初『中外日報』に掲載されたため現代仮名遣ひであったが、歴史的仮名遣ひに改めた。

(三)「この書を読まれる方へ」『共同研究　現行皇室法の批判的研究』挟み込み

神社新報社　昭和六十二年十二月

本書は、敗戦後の連合国占領下で、異常変則的に立法され、今日まで続いてきてゐる現行皇室法についての共同研究書である。その問題点と不備欠陥については、われわれは本文のなかで明確に指摘したつもりである。しかし、この研究報告では、重大な問題について、特に力説しなかったことがある。それは、皇室の事に関して徒らに世論を刺戟することを遠慮したからである。だが今は、敢へて力説しておくべきだと判断、二三の点につき、ここに付記する。

その一は、皇室法立法の当時に、政府（金森国務相）は、内廷（特にその神事）を、皇室の私事に関するところと解釈するのが対占領軍政策として当座の有利と考へたが、祖宗の神器の祭りや宮中三殿の事については、直接に明記することをさけ、皇室経済法第七条で「皇位とともに伝わるべき由緒ある物は、皇位とともに、皇嗣が、これを受ける。」に於て規定されてゐると議会で説明し、その祭儀を守る問題をさけた。

だがこれは、条文から見て七条の物件は、国家が国法を以て指定し、皇嗣の私意を以て処分するを得ないと解するほかない。そこでこの七条の物件の法的性格を明らかにせよと問はれて、政府は、「ほんとうの意味の私有財産、それから公的意味の財産とのまた中間的にくらいする」と称して、論理的には「公的性格」の否定し得ざることを認めた。しかもそれが、神器、宮中三殿等の外にいかなるものがあるかを質されて、

「かような財産をきめまするにつきましては―財産であることの認定と、その認定を公の帳簿により、はっきりと確認させておくこと、財産の今後の扱い方につき、若干の保證をすると言うか、間違いのないように注意をして行くという、この三つの任務が、はっきりしなければならぬ、これは皇室の権能のみとすることは不十分であろう。これに対しては、何か国と皇室の両方面の人たちが関係するところの正式な委員会のようなものがあって、それが終始この問題を扱って行くことにしたならばいいのではないか。」（昭和二十一年十二月十八日、皇室典範案委員会、金森国務大臣）

と答弁してゐる。

しかしその後池田内閣の時に衆議院に対して「伊勢神宮の神器をもふくむ」ことが明示されたのみで、いかなる物件がふくまれるのかの認定確認の記録は勿論、「若干の保證」もなされてゐない。しかも七条の物件について皇室と国との間で、金森国務相言明の「両方面の人たちが関係するところの正式な委員会のようなもの」が設けられたこともない。

この点については、皇室祭儀の荒廃について「週刊文春」その他の新著が問題にした時に、神社本庁は特に、宮内庁長官に対して、金森国務相が議会に対して公約した「皇位とともに伝わる

べき由緒ある物」の「認定」について質した。それに対して長官は、皇室にとっても国家にとっても重要なる諸物件が、内廷所属とも国家所属（皇室用国有財産）とも「未定」のままに放任されてゐることを告白した。この議会への公約を四十有余年も果さないでゐるのは、政府の重大なる怠りであり、また皇室内廷の法的性格研究にとっても一つの支障である。

この昭和五十八年の「皇室祭儀の荒廃」を憂慮する論に対して、当時の宮内庁官僚のなかに、皇祖皇宗の神霊に対する神事は「すべて内廷の私事」と放言する者があって、皇室崇敬者を怒らせた。神社本庁では、賢所での祭儀が、公然と国会の異議なき同意を得て「国事」とされ、あるいは「公事」とされて行はれた法的事実等を示し、右の下級官僚の放言を取り消し、世論を鎮静するためには、責任者たる宮内庁長官の文書による回答が必要と迫った。

これに対して宮内当局は「富田長官への質問」に対する答弁として、「宮中三殿をお護り致してゐる責任者」東園掌典長名の文書回答をして、

「賢所の祭儀を今後も、国事たり得る場合もあり、公事として行はれることもある」

と明記して「内廷の神事は、すべて私事」との放言を改めるべき旨を通告して来た。以後は、われわれの関知する限り、宮内当局の言明に、「神事は私事」との語は慎重になってゐる。

ここに記した二点のみを見ても明らかなやうに、皇室法に関する問題は、立法当時から、東宮御結婚式、その他の宮中行事等についての国会諸委員会でのたび重なる質疑応答、皇室崇敬者と政府との公的交渉の文書等の複雑なる経過を綜合しなければ分らない。とくに昭和五十八年の宮

内当局対衆参議員との懇談、神社本庁への回答文書等は重要である。ただ神社新報の当時の記録は、宮内当局者への世論の激化を好まず、部分的に未発表のままにした点もある。本研究報告は、その四十有余年の公文記録経緯を基にしてゐる。

世間では、ただ通俗教科書の類を見て、「内廷の神事は、すべて私事」と割りきった考への人も少なくない。本書の報告研究は、昭和二十一年の議会での立法経過から、国会における相錯綜せる各委員会記録を通して、昭和五十八年の富田宮内庁長官（東園掌典長経由）の回答書に至るまでの諸資料を主とし、詳しく検討し研究してきたことをここに追記して、今後の皇室法研究のいよいよ精細なる発展を望みたい。

（四）『現行皇室法の批判的研究』—その出版までの本社の歴史—

澁川謙一

「神社新報」昭和六十三年一月十一日付

近刊『現行皇室法の批判的研究』は、本社創立いらい四十有余年の間、終始して宿願として来た問題の出版である。発刊直後から、識者の関心をひき、問ひ合はせなどもあるので、一通りのこの書の出版にいたるまでの、わが社の法研究についての四十年余の経過説明を試みたいと思ふ。

本社の創立は、昭和二十一年の七月、憲法審議がほぼ進行してゐるころで、全マスコミの無条件的礼讃のなかで可決された。その時、わが社は社説「新日本国憲法制定に際して」で異色の主張を表明した（昭和21年10月14日号）。

それは、新憲法には「不備、欠陥、未整」の存在の否定し得ないものがあると断定した。その主たる問題点としては、天皇大権の規定と、宗教条文にあるとした。

天皇大権については、当時社会的にも著名だった美濃部博士（雑誌『世界』21年1月号）と、佐々木博士の新憲法改正反対論（貴族院本会議）等を高く評価した。宗教条文については、特に詳しく日本の国情を説明しつつ、それが成立せる以上は、「この憲法が再び改訂されざる限り」それまでは、各宗教者間の「良識」により解釈、運用に努める外にないとした。端的に現憲法が、改正されることを望む意思を表明して、まづその良識的解釈と運用の必要を力説した。

その解釈と運用の理論構築には、故井上孚麿先生、大石義雄先生や、戦前の法学に詳しい高官の意見をもとめて、社では専ら、葦津珍彦氏が研究につとめ、私はデータの収集を命ぜられるにすぎなかった。

占領が終って昭和三十四年、西田広義君が入社したが、西田君は京大法科の出身で法学基礎があるので、わが社の独自解釈学も能率的となり、政教問題についての対政府、対裁判所の交渉の助言活動などが活潑化した。私の考へでは、最高裁の津地鎮祭の憲法判決などで、わが社の占領いらいの解釈論の一端を、公認させる助言活動について、西田君の功は、評価すべきものだった。

〇

憲法改正問題につづいて、新しい皇室典範が議決された。本紙の時局展望では、「神器と大嘗祭の規定なき新しき皇室典範の成立」（昭22・1・20）で論評し、その立法手続きそのものに無理があるとしながらも、神器・大嘗祭等の大事について、新皇室法に明文規定の消えてゐるのは、それが決して否定されたと解すべきでなくして、それは「不文の大法」として厳に生きてゐると宣言した。神器・大嘗祭のほかに「元号」の語も消えてゐたが、これは当時にあっては、一般に不文法的に用ゐられてゐたので、この時点では特記してゐない。

しかし、この皇室法解釈は、わが社の確信にもかかはらず、一般の法学者の支持する著述が公刊書として現はれなかったのみでなく、わが社の論に反対の否定的著書のみが、書店を独占した。

われわれは、立法当局者（法制局担当者）や、立法府の議員と会合を重ね、議会速記を慎重に研究して、わが社の主張が孤立してゐるのは、その説が当時にあっては「超法的」な占領軍権力の「好まざるが故のみ」であることを知り得た。わが社の法理は、決して新憲法下でも誤りでないと確かめた。だから占領中でも、参議院で、元号廃止法案が問題として現はれた時には、断然と国民大衆にアピールして、廃止法案を葬った。これは後に、現在の元号法成立のスタートともなった。

○

けれども占領中にゆがめられた法解釈（神器及び大嘗祭以下の皇室祭事）を良識的解釈に戻すのは、ことのほか困難だった。

伊勢・熱田の神器の法的性格を明らかにし、それが「皇位とともに伝わるべきもの」との公権解釈を固めること（池田内閣より衆議院への回答文書）、「皇室の祭儀は私事に限定される」との俗説を修正させること（東宮御成婚式）、「天皇行幸にさいし神器を捧持される古儀は、永久に復活しない」との佐藤首相の議会言明を取り消す事実を作ること、いづれも現皇室法立法の事情からして少しも無理ないことなのだが、その一つ一つに理論武装を必要とした。

一例をあげれば、現皇室法は、占領下の緊急立法なので、不備欠陥の多いのは提案した政府当局も初めから公然と認めてゐた。それで、大嘗祭についての議会質問に対しては「それを国事とするか、皇室の事とするかは未定だが研究させていただく」といふ条件で議会の承認を得てゐる。

今日流の語法では「国事行為の儀式とするか、皇室内廷の事とするか未定研究」といふので、大嘗祭その事が行はれるとの前提で議会承認を得てゐる。まさに不文法たるを認めて、速記中止で承認立法されてゐる。それが行はれるのは当然の事としての立法なのに、「それが行はれるか否か」すらが、後年の元号法問題討議の際に問題として改めて論議されるやうな情況を呈する世相となった。

○

「皇室法の解釈」がこのやうではやっかいだから、もともと不備欠陥の多いことを提案の政府自らが公認した「現皇室法」の良識的解釈を明らかにし、また不備欠陥がどこにあるかの共同研究をしてまとめておくことの大切さを、本社役員の川井清敏君が葦津珍彦氏に対して希望した。葦津氏は、たまたま明治神宮で『大日本帝国憲法制定史』の委員長をされた大石義雄博士が、新旧憲法時代の二つの時代の公法学専門家としての稀な存在であり、その指導をもとめたいと提案して、その同意を得た。以後数十回の研究会をした。委員には新進研究者を集めたいとして、東大法科から英国サセックスでも公法を研究した田尾憲男君が幹事役となり、約二十数名の学者経験知識者や新進公法弁護士も集めた。

研究は、学問的に真摯熱烈につづけられた。法の学理で不一致の生ずるのは当然である。大綱的には間もなく一致したが、大石博士、葦津氏の間でも一、二点については、七時間も八時間もの白熱的な数回の討議があり、新進研究者間にも賛否の論があった。それを一人づつの論を書くと学術書としては興味あるが、一般的良識啓蒙書としては、一般人に分りにくい嫌ひもある。それで、簡明に文を集約して、研究者に将来学術的に多少でも新見解を自由に発言しやすいやうに、共同研究者の名を明記公表しないこととして、新進の委員の中で、全員に最も信頼された田尾君のみが代表となって、文責をとって編集の任に当ることにした。

私は、全く法学知識はないが、本社創立いらい対ＧＨＱ、対政府、対議会の担当記者としての資料保持者として委員会に参加させられ、新進英才の若い法学研究者の討論を聞き、その主張や意見が、四十年間の私の素人ながらの所信を理論的に証明されて行くのに、非常な喜びの感激をおぼえた。わが社の創立以来の苦心を理論づけして下さった田尾君をはじめ、匿名多数の共同研究者に心から深甚の謝意を表する。

（神社新報社論説主幹）

(五)『葦津珍彦選集(第一巻)—天皇・神道・憲法—』「第三部　皇室法・憲法」解説(抄)

田尾憲男

神社新報社　平成六年六月

(前略)

葦津の功績の第三は、現行皇室法の批判的研究の成果と、新憲法下でのはじめての御代替りに備へての法的解釈準備を行って日本皇室の伝統を護持しえたことである。

葦津の皇室法研究は、さきにあげた『天皇・神道・憲法』のなかで、すでにかなりまとまった研究がなされてゐる。しかし戦後いちばん最初にその基本姿勢を示したものとしては、ここに載せた「神器と大嘗祭の規定なき新しい皇室典範の成立」(『神社新報』第二十九号、昭和二十二年一月二十日付)がある。これは新憲法制定の時と同じく、新しい「皇室典範」が法律として帝国議会で立法された時点で、早くも「神社新報」紙上に書かれたものである。

明治の制度における皇室典範は、帝国憲法と一体を成し、ある意味ではそれ以上にも権威をもつものであったが、現在の新皇室典範は、憲法の下位法として、一般の法律と同等の効力しかもたず、従ってその改正も、国会の過半数の同意で容易に改変可能な「一法律」として、天皇の裁可もなく制定された。ここにまづ第一の問題点があるとして葦津は憂慮した。

さらにその法律の内容については、皇位継承が嫡男主義に固執して一切の庶子を認めないとしたことが、万世に一系連綿の皇統を維持しえなくなる危惧を抱かせた。しかも即位大礼については、最も大事な「神器」と「大嘗祭」の規定が法文から消えてしまったことの衝撃は大きかった。

またそれに加へて、皇室の経済に関しても大きな疑念があった。皇室財産に関しては、ＧＨＱによる解消目標があって、世界の憲法に類例をみない奇妙な新憲法の第八条及び第八十八条の規定ができたが、それらに対応する形で「皇室経済法」が、「皇室典範」とは切り離されて別立てのこれも法律として新規に制定された。しかもその内容は不備欠陥が目立ち、その解釈も学者間で分裂がはなはだしかった。

葦津は、これらの日本の皇室にとって極めて重大な問題につき、皇室典範と皇室経済法の研究を重ねた。自らははなはだ不満足ながらも、現行の規定のわく内ででも、できうる限りのそのまともな解釈と運用をはかるべく精魂をこめて取り組み、葦津でなければ成しえない見事な業績をうちたてた。その成果は、葦津が指導し、共同研究して発表した『現行皇室法の批判的研究』に顕著である。

ここに載せた「皇室法の沿革」「現行の皇位継承法」「皇室経済法（一）（二）」「皇室内廷の法的意義」「皇室の祭義」の六つの文は、いづれもこの『現行皇室法の批判的研究』の十章の文のなかからとりあげたものである。原文は葦津の執筆になるもので、共同研究者との意見一致を見たものと、葦津の独自の自説につき、その区別を明確にした上で書かれてゐるので、あへて葦津の論文としてここに取り上げた。

この研究書は、昭和五十六年秋に葦津の発想で「皇室法研究会」が作られ、新憲法下で初めて行はれることになる来たるべき御代替りに備へて、法的に可能な限りの万全の準備態勢を整へておくことをめざしてメンバーで研究を開始し、その討議検討の成果として出来上ったものである。

同書は、当初非公開とされたが、後に公刊することの意義を認め、類書のほとんどみられない皇室法の研究書として、代表メンバーの大石義雄、葦津珍彦の両人の諒解を得て、研究会幹事の筆者田尾憲男の責任において、一冊の書物として、非売品としてではあるが公にされたものである。それは昭和六十二年末の十二月のことであった（神社新報社より公刊）。本書は、政府、宮内庁当局の要路の関係者にも、しかるべき人物を通じて手渡された。その解釈と見解は大方の理解を得るところとなり、政府の方でも、これで法的自信をえて大筋で了解して受け入れるところとなった。

同書公刊のほぼ一年後の昭和六十四年一月七日、昭和天皇は長い御不例の末つひに崩御された。直ちに皇太子殿下が御即位（踐祚）になり、祖宗の神器を承けられた。元号法にもとづき、新しい元号は「平成」と定められた。

ここに上古いらいの皇室不文の大法が厳守されて、心配されてゐた神器継承の古儀が新憲法下でも断絶せずにともかくも行はれたことに、葦津は満足して次の如く記した。

「この践祚の御儀は、皇祖以来、天皇の御位を継がせ給ふための決定的第一条件として信ぜられてきた。『万世一系の正統の天皇』は『祖宗の神器を継承せられた上御一人に限る』とは日本民族の信條である。先帝崩御の直後に、おごそかにその旨を内侍所へ奉告なされ、同時に剣璽渡御の儀が執行されたことは、万世一系の伝統の揺るぎなきことを示され、先帝の御精神が、そのままに新帝へ御移りなされたことを意味する。先帝崩御を悲しみ奉悼する心は、そのままに新帝への忠誠を固め、高める心とならねばならない」。(「祖宗の神器御承継―萬世一系の荘厳なる古儀」〈『神社新報』号外、平成元年一月八日記〉。『天皇―昭和から平成へ』〈神社新報ブックス6、神社新報社、平成元年二月〉収載。)

平成二年十一月十二日、新帝の「即位の礼」が挙行された。つづく十一月二十二日夜から翌二十三日未明にかけて、聖上一世一代の「大嘗祭」を無事にとりおこなはせられた。

政府は、即位の礼を国家の行事と認めて天皇の「国事行為」に、神道儀式に係る大嘗祭を皇室内廷の重儀と認めて「皇室の御事」として執り行った。ここに、葦津珍彦をはじめとする長年にわたる神社新報社と在野の熱心な研究者による皇室法の研究と、とくに御大典にむけての周到な法の解釈準備が、大筋で日本国政府の採用するところとなり、新憲法下での初めての御大典が、戦後の法典の「不備欠陥」にもかかはらず、国民祝福のうちに実現なった。「不文の大法は赫々たり」と記して、葦津は最後に安堵した。

(六)［読書］「皇室法研究会編・神社新報社刊『現行皇室法の批判的研究』」　所　功

「神社新報」昭和六十三年二月一日付

ことし昭和六十三年戊辰（一九八八）は、は明治の即位礼と改元が行はれてから満百二十年、また昭和三年に御大典（即位礼と大嘗祭）が行はれてから満六十年になる。皇室を戴く日本にとって、ひとつの重要な歴史の節目を迎へたことにならう。

しかも、本年は明治二十二年（一八八九）に大日本帝国憲法と並んで皇室典範が公表されてから百年目、同四十二年に登極令など（前年に皇室祭祀令）が同附式と共に公布されてから八十年目にあたる。また昨年は昭和二十二年（一九四七）に日本国憲法のもとで一法律として皇室典範や皇室経済法が施行されてから満四十年であった。前者は旧法、後者は現行法だが、双方とも既に歴史的所産として客観的に検討し総合的に批判しうる段階を迎へたといってよいであらう。

このやうな秋、学界に先駆けて、本書が公刊された意義は極めて大きい。本書の出版に至るまでの経緯は、本紙の第一九七四号（1月11日発行）に論説主幹の渋川謙一氏が詳しく説明してをられ、本書の序文にも略述されてゐる。それによると、神社新報社では、すでに昭和二十一・二年の新憲法・新典範成立当初から、その「不備、欠陥、未整」を指摘すると同時に、新皇室法に明文規定のない神器・大嘗祭等も、「決して否定されたと解すべきでなく……不文の大法として厳に生きてゐる」と主張して憚らなかった。

このやうな指摘・主張を被占領下でもなしえたのは、神社本庁・神社新報の関係者に不退転の決意と不断の研鑽があったからであらう。その主張は四十余年後の今日まで持続され錬磨されて、折々に政府や裁判所の公権解釈を是正し、一般世論の啓蒙にも貢献してきた。本書はそれら有識者が数年前から続けてこられた現皇室法の研究成果を纏めたものにほかならない。

本書は前後両篇から成る。その前篇は、葦津珍彦氏執筆の草稿に大石義雄博士が修訂を加へ、それに法律専門家等十数名の意見も徴した上で、皇室法研究会幹事の田尾憲男氏が左の十章に成文化し、関係資料（神宮奉祀の御鏡に関する議員質問書と政府答弁書）を添へたものである。

①皇室法の沿革　②現行の皇位継承法
③皇族の自由権とその監督　④明治以後の皇室財産
⑤⑥皇室経済法（一）（二）　⑦⑧神道指令下の皇室と神道（一）（二）
⑨皇室内廷の法的意義　⑩皇室の祭儀

また後篇には、⑪大石博士の論文「皇室祭儀と憲法との関係」（本紙59年9月3日号所載）と、⑫葦津氏の六〇頁を越す論文「皇室典範研究」（ⅠⅡⅢ＝後掲）及び関連法令（㋑現行憲法抄・㋺新皇室典範・㋩皇室経済法・㋥皇室経済法施行法・同一部改正法・㋭元号法・㋬旧皇室典範・㋣旧典範増補）を収めてゐる。

このうち、前篇は共同研究の到達成果を本文とし、まだ論議すべき問題（天皇退位の可否等）については註記に留めてある。それに対して後篇の二論文は、「前篇をさらに補強するため」加へられたもので、論旨の大筋には変はりないが、筆者個人の見解が一層明快に示されてゐる。

特に⑫の葦津論文では、現行皇室法の前提をなす旧法制の特色や現行法下の内廷神事の意味などが的確に論じ尽くされてゐる。そこで、これ以下、⑫の要旨を中心に紹介し、他の部分は割愛させて頂く。

まづⅠ「明治憲法と皇室典範」では、明治時代に「政治国家の基本法としての帝国憲法と皇室の公法としての皇室典範との二系列の法体系を立てた」のは、井上毅らの周到な法思想に基づいてゐること、それが明治四十年の公式令により、以後は皇室典範増補も皇室法も「国家の大法」として有効性を確認するために、宮務専任の宮内大臣と総理以下の全国務大臣が副署するやうになったこと、しかも大正御大典の大礼使官制が「国務法上の勅令」で定められたことなどにより、「国務と宮務の原則的区別」が曖昧になったこと、しかし皇室典範も皇室令も「天皇が皇祖皇宗の遺範として行はれることに、いささかなりとも干渉をしてはならない大事を規定」したものとの根本義を再認識する必要がある、と指摘されてゐる。

つぎにⅡ「明治以後皇室財産制度の法思想史」では、明治時代に皇室財産の必要性を提唱した論者は民間にも多くある。たとへば福沢諭吉は、英国王室のごとく我が皇室も「政治圏外に超然として……世俗国家の力の及ばない社会全領域での高尚にして偉大な活動をなさる」ために相当の財源が必要と力説してゐたこと、その法理解釈としては、酒巻芳男氏の御料＝天皇用特殊財団説が最も妥当と認められること、この〝特殊財団〟は戦後ＧＨＱの圧力で実質上解消を余儀なくされたが、今後とも「皇室が、つねに国際的にも国内的にも、人道文明のために熱意と努力とをしめされる」には、「平素から皇室が必要とされる経費を、国会の支出予算の成立を待たずして支出することのできる程度の財団を用意することが大切」であり、このやうな皇室御用財団があれば特別の神事等も国民有志の献金により奉賛しうると指摘されてゐる。

さらにⅢ「天皇に私なし」では、この原則が古来皇室の根本思想であり、「現憲法の根底にも（象徴世襲）天皇は公のためにのみ進退して〝私なし〟との伝統通念がある」と解すべきこと、しかも現行皇室法では「天皇に直属するところで政府行政権の外にある……内廷」の存在を公認してゐるが、この「内廷における天皇の第一の御つとめは、賢所をはじめとする宮中三殿の御祭りである」から、「現行法は、天皇が祖宗以来の御祭りを、末永く保全なさるべきことを、国法をもって定めた」ものと解しうること、従って皇室経済法第四条の「内廷費」は、「国庫から支出された後には、行政機関の経理法による（一般）公金ではなく、国の象徴としての天皇の親裁下の〝皇室の公費〟となる」ものであり、「その公費をもって、天皇は内廷において天下の御祭りをなされる」と解してよい、と指摘されてゐる。

このやうに⑫は、先年大著『大日本帝国憲法制定史』を執筆され、占領軍との交渉等にも苦労された葦津氏ならではの卓説である。その特徴は、皇室法に関する歴史と法理と現実を充分にふまへながら、先人の叡智と法文の本質と現行の慣例とを繋ぎあはせ、最も常識的合理的な結論を導き出されてゐることであり、文章も判りやすい。しかもその結論が共同研究の基調となり、それが十分な討議をへて本書の前篇に見事結実してゐる。

本書は単なる研究書ではない。序文に「われわれは、本質的には皇室法の改正を希望する……しかしながら、現行法のもとにおいても、わが国二千年来の歴史を回顧し、不文の大法と国民の英知をもってすれば、良識ある解釈と健全なる法の運用が可能であることも少なくない……この考へにもとづいて、われわれは現行皇室法についての問題点の検討・研究を進めた」といふ。

このやうな前提があるからこそ、本書は従来ほとんど無視されたり曲解されてきた皇室経済法の第四条（内廷費）や第七条（皇位と共に伝はるべき由緒ある物）などについても、その本質的で現実的な重要性を明らかにしえたのであらう。

本書の論旨によれば、皇室祭儀＝内廷神事は現行法のもとでも皇室の「公事」として既に四十余年間公然と行はれてきた実績を有する。従って毎年の新嘗祭を大規模にした代始の大嘗祭も同様に斎行されうる筈である。その論拠を天下に明示した本書の功績は高く評価されよう。

しかも大嘗祭の費用は、通常の内廷費と同趣の特別内廷費を臨時支出すればよく、それが困難なら伊勢の御遷宮のごとく特別の財団を作り奉賛すればよいとの提言は、極めて説得力に富む。私共は今、これを単に理解するだけでなく、いかに具体化するかを考へなければならない。

（京都産業大学教授・日本法制史）

（七）『共同研究　現行皇室法の批判的研究』刊行の経緯ほか関連文献等略年譜

（昭和）

22年1月20日　葦津珍彦「神器と大嘗祭の規定なき新しき皇室典範の成立」神社新報（『葦津珍彦選集（一）』神社新報社）

29年12月　神社新報社政教研究室編『天皇・神道・憲法』神社新報社

38年10月　葦津珍彦「皇位継承と祖宗の神器」（『日本』13—10・『葦津珍彦選集（二）』）

56年秋　＊皇室法研究会で共同研究を始める。大石義雄・葦津中心に二十数名

57年11月　葦津珍彦『未定稿レポート（非公開）現皇室法の研究（前篇）』・12月『（後篇）』

58年2月25日　＊澁川謙一神社本庁事務局長名、富田宮内庁長官宛「宮中祭儀等についてお伺ひ」神社新報社法律・会計調査研究会

58年3月初　葦津珍彦『「現皇室法の研究」試論』（第一修正稿・8編）神社新報社法律・会計調査研究会

58年4月　＊宮中祭祀研究会、発足

58年5月13日　＊東園掌典長から澁川謙一宛「回答」

59年2月10日　葦津珍彦「皇室の祭儀礼典論—国事私事両説解釈論の間で—」中外日報（本書付

59年4月2日　上田賢治「皇室祭儀は国事たるべし」神社新報載）
59年4月20日　葦津珍彦「皇室祭儀と内廷の法的意味」（『現行皇室法の批判的研究』緒言）
59年7月19日　真弓常忠「葦津珍彦氏「皇室祭儀礼典論」について」（澁川謙一神社本庁教学研究室長宛提出）
59年7月24日　上田賢治「皇室祭祀について」（澁川謙一神社本庁教学研究室長宛提出）
59年8月2日　谷省吾「宮中祭祀〝国事〟論について」（澁川謙一神社本庁教学研究室長宛提出）
59年8月10日　高森明勅「皇室祭祀問題への視点―葦津珍彦氏の「皇室祭儀礼典論」をめぐって―」『道の友』407
59年8月20日　矢野徹（真弓常忠）「葦津・上田論に思ふ―「皇室祭儀礼典論」について―」神社新報
59年9月3日　大石義雄「皇室祭儀と憲法との関係」神社新報（『現行皇室法の批判的研究』収載）
59年末　＊現行皇室法共同研究の大綱固まる。第二修正稿・二百部タイプ印刷
60年1月7日　葦津珍彦「天皇に私なし―内廷神事の端的な意味」神社新報（『現行皇室法の批判的研究』収載）
62年12月　皇室法研究会編『共同研究　現行皇室法の批判的研究』公刊、神社新報社

＊前編10章　＊後編　皇室典範研究　Ⅰ明治憲法と皇室典範・Ⅱ明治以後の皇室
財産制度の法思想史・Ⅲ天皇に私なし

62年12月　「この書を読まれる方へ」『共同研究　現行皇室法の批判的研究』挟み込み（本書付載）

63年1月11日　澁川謙一「『現行皇室法の批判的研究』―その出版までの本社の歴史―」神社新報（本書付載）

63年2月1日　所功「読書　皇室法研究会編・神社新報社刊『現行皇室法の批判的研究』」神社新報（本書付載）

63年4月　新田均「書評　皇室法研究会編『共同研究　現行皇室法の批判的研究』」『皇學館論叢』21―2

63年6月　田尾憲男『現行皇室法の法理解釈と批判』神道政治連盟（63年3月講演録）

64年1月7日　＊昭和天皇崩御

（平成）

4年2月　『平成の大典を壽ぐ―全国奉祝活動記録―』（神社新報社）「第一章」に「神社界の皇室法研究会の活躍」記載

6年6月　『葦津珍彦選集（第一巻）―天皇・神道・憲法―』（神社新報社）「第三部　皇室法・憲法」に『共同研究　現行皇室法の批判的研究』のうち内6章収録。田尾憲

男氏「解説」に『共同研究　現行皇室法の批判的研究』公刊経緯、意義を論説（本書、抄出付載）

21年10月5日　田尾憲男「葦津珍彦生誕100年　葦津を読み解く（「皇室法研究会」の秘められた目的」『神社新報』）、（『次代へつなぐ葦津珍彦の精神と思想』神社新報ブックス16、神社新報社、平成24年7月）

29年9月　『共同研究　現行皇室法の批判的研究』増補改訂版刊行

以　上

昭和六十二年十二月十五日　印刷発行
平成二十九年　九月　一日　増補改訂
本体　二、七〇〇円（税別）
増補改訂　共同研究
現行皇室法の批判的研究
編者　皇室法研究会
発行　神社新報社
東京都渋谷区代々木一―一―二
電話　〇三（三三七九）八二一一（代）
印刷　富士リプロ㈱